D1668532

EIN SPIRITUELLER SPAZIERGANG

Ein spiritueller Spaziergang

Eine Hinführung zum Denken
des hl. Thomas von Aquin

an ausgewählten Beispielen

von

Pater Gerd Heumesser

Sarto
Verlag

Sarto Verlagsbuchhandlung GmbH
Dr.-Jaufmann-Str. 3
D-86399 Bobingen
www.sarto.de
ISBN: 978-3-96406-057-0

Inhalt

III. Teil
Der Weg der Erlösung

IV. Teil
Das Ergebnis der Erlösung

V. Teil
Die letzten Dinge

VI. Teil
Gott und die Welt

Einleitung

Eine Hinführung zum Denken des hl. Thomas von Aquin (1225-1274)
an ausgewählten Beispielen

In den 2000 Jahren Kirchengeschichte haben immer wieder gottbegnadete Denker über das nachgeforscht, was Christus uns geoffenbart hat und was die Kirche uns lehrt. Wie kaum ein zweiter ist der hl. Thomas von Aquin den Fragen nach Gott, der Welt und dem Menschen nachgegangen. Er trägt das Beste zusammen aus der christlichen Theologie und der abendländischen Philosophie und bringt eine erstaunliche Synthese zustande.

Seine theologische Leistung

Thomas von Aquin wurde um 1225 nahe bei Aquino in der Nähe von Frosinone in Italien geboren, studierte in Neapel, trat 1244 in den Dominikanerorden ein und begann 1252 mit seiner Lehrtätigkeit in Paris. In der folgenden Zeit lehrte er an verschiedenen Orten und legte sein immenses Wissen in einem gewaltigen schriftstellerischen Werk nieder. 1274 starb er, als er auf dem Weg zum 2. Konzil von Lyon war.

Thomas war überzeugt, dass der Glaube uns einen zusätzlichen Zugang zur Erkenntnis der Wirklichkeit bietet. Erst dem Glaubenden erschließt sich die *ganze* Realität. Über diese „ganze Realität" der natürlichen und der übernatürlichen Weltordnung denkt und forscht er nach. Der *eine* Gott hat den Menschen sowohl die Vernunft gegeben, als auch zu ihnen gesprochen durch die Propheten und vor allem durch seinen Sohn.

Somit gibt es zwei Quellen der Wahrheitserkenntnis, die einander nicht widersprechen können, weil sie beide Gott zum Urheber haben. Darum kann der Glaube nie unvernünftig sein. Von dieser Überzeugung geleitet, erklärt Thomas *argumentativ* mit vernünftigen Überlegungen, was die Kirche glaubt und durchdringt mit seinem überragenden Verstand, was Gott geoffenbart hat.

Thomas gilt als der größte Theologe der Kirche. Er wurde 1323 heiliggesprochen und 1567 zum Kirchenlehrer ernannt. Papst

Leo XIII. erklärte in seiner Enzyklika *Aeterni patris* die Lehre des hl. Thomas zur Grundlage der katholischen theologischen Ausbildung.

Das Hauptwerk dieses heiligen Kirchenlehrers ist die *Summa theologiae,* die „Summe der Theologie", also ein Lehrbuch. Darin verbindet er, was wir aus der Heiligen Schrift und der Lehre der Kirche wissen mit dem, was unsere Vernunft erkennen kann bzw. was wir mit dem Licht unseres natürlichen Verstandes selbst durchdringen können. Er zeichnet ein ganz und gar realistisches Bild von Gott, der Welt und dem Menschen mit allen seinen Schwächen und Stärken. Er legt systematisch dar, was Gott zu uns Menschen gesprochen hat (den Inhalt der übernatürlichen Offenbarung); er geht dem Geheimnis der Menschwerdung und Erlösung nach und erklärt, wie die Erlösung von Jesus Christus zu uns ins Hier und Jetzt kommt.

Sein Hauptwerk: die Summa theologiae

Das ist seine Stärke: Er entwickelt nicht realitätsfremde Theorien, sondern er fragt immer nach dem *Wesen* der Dinge: Wie *ist* etwas? Wie verhält es sich wirklich? So entstand ein unsterbliches Lehrbuch, das auch 750 Jahre nach dem Tod seines Urhebers immer noch aktuell ist und auch heute noch jenem viel Licht bringen kann, der sich auf die Lehrmethode des 13. Jahrhunderts einlässt.

Die *Summa theologiae* ist gegliedert in ca. 3000 einzelne Artikel. Jeder Artikel wirft eine Frage auf, z.B.: „Ist es passend, dass der Sohn Gottes Mensch wird?" Dann setzt sich Thomas sehr systematisch mit dieser Frage auseinander und zwar jeweils in vier Schritten: Zuerst führt Thomas *Einwände* an, bei diesem Beispiel also Argumente, die scheinbar aufzeigen, dass es unangemessen sei, dass Gott Mensch wird.

Dann stellt er diesen Einwänden *seine Lehrmeinung* entgegen und zwar meist nicht in eigenen Worten, sondern er führt einen Satz aus der Heiligen Schrift an, oder aus einem Kirchenvater oder von sonst einer Autorität. In dieser Frage, ob es angemessen sei, dass Gott Mensch wird, zitiert er z.B. den Römerbrief, und den hl. Johannes von Damaskus, die lehren, dass es sehr wohl angemessen ist, dass das Unsichtbare an Gott sichtbar wird.

Erst jetzt, nach den Einwänden und einem hochrangigen Zitat, spricht er selber und legt seine Lehre dar. Das ist der *Hauptteil* eines jeden Artikels. Danach greift er die Einwände einzeln wieder auf und widerlegt sie. Jeder Artikel der *Summa theologiae* hat somit diese vier Teile: die Einwände, das gewichtige Zitat, den Lehrtext und die Widerlegung der Einwände.

Zu diesem Buch:
das Erlösungswerk an ausgewählten Beispielen erklärt

Thomas' Werke sind eine Schatztruhe voll unvergänglicher Weisheit. Dieses Büchlein ist ein Versuch, ausgewählte Artikel aus der *Summa theologiae* in verständlicher Sprache zugänglich zu machen. Es vereinigt in sich Beiträge, die von 2013 bis 2021 in der katholischen Monatszeitschrift „Kirchliche Umschau" erschienen sind. Schätze aus dem Denken des hl. Thomas werden hier für Leser ohne theologische Vorbildung erschlossen. Der Leser wird eingeladen zu einem „Spaziergang", wo es einiges zu entdecken gibt; ein einfacher Spaziergang soll es sein, nicht eine schweißtreibende Bergbesteigung.

Der Weg beginnt da, wo Gott sich zu uns herabgelassen hat und fassbar geworden ist: bei Jesus Christus. Der erste Teil behandelt sein Leben. Wer war Jesus Christus? Was tat er hier auf Erden?

Dann kommt im zweiten Teil der unerlöste Mensch in den Blick, für den der Gottessohn herabgestiegen und Mensch geworden ist. Wie steht es um uns Menschen? Hier werden die Schwächen des Menschen, seine Sünden und seine Erlösungsbedürftigkeit sichtbar, wie Thomas sie ganz realistisch schildert.

Der Mensch bleibt aber nicht seinem Elend überlassen, Christus bringt ihm Erlösung. Damit beschäftigt sich der dritte Teil. Er zeigt, wie die Erlösung zum Menschen kommt: Was muss der Mensch tun, damit er besser wird. Hier geht es um Gnade, Sündenvergebung, gute Werke und die Sakramente.

Der vierte Teil beleuchtet, was die Erlösung im Menschen bewirkt: Was bringt die Erlösung dem Menschen? Sie macht ihn tugendhaft!

Der fünfte Teil weitet den Horizont und blickt auf das, was am Ende kommen wird – am Ende des persönlichen Lebens und am Ende der Welt. Beim sichtbar gewordenen Gott hat der Spaziergang begonnen, beim unsichtbaren Gott endet er: Gott, der im Himmel thront und auf die Erde schaut, ist der Gegenstand des letzten Teils der vorliegenden Betrachtungen aus der *Summa theologiae.*

Am Ende des Buches wird zu jedem Kapitel die Stelle aus der *Summa theologiae* angegeben, die in dem jeweiligen Kapitel besprochen wurde. Die Zitate von Thomas und den Kirchenvätern sind diesen Abschnitten der *Summa theologiae* entnommen.

I. Teil

Jesus Christus

Geboren von einer Frau

Auf den ersten Blick passt es nicht so recht zum Gottessohn, dass er im Schoß einer Frau empfangen wird, dass er darin 9 Monate wächst, wie jedes gewöhnliche Menschenkind.

Der Prophet Jeremias (23,24) überliefert uns ein Wort des Herrn: „Ich bin es, der Himmel und Erde erfüllt, ist des Herrn Spruch." Wie kann sich dieser unendliche Gott in den Schoß einer Frau einschließen?

Thomas gesteht zu, dass Gott sich auf ganz anderem Wege eine menschliche Natur hätte erschaffen können. Aber der passendste Weg war es, diese in einer Frau zu bilden und sich in einer Frau damit zu verbinden.

Hätte der Gottessohn sich auf eine andere Art und Weise einen menschlichen Leib und eine menschliche Seele geformt, dann hätten wir daran zweifeln können, ob Christus ein wirklicher, echter Mensch war. Es hätte die Vermutung aufkommen können, Christus besitze einen Scheinleib.

Wenn er aber aus einer Frau geboren wird, dann ist klar, dass er ein echter Mensch ist, wie wir auch. Thomas lässt Ambrosius zu Wort kommen. Christus wurde von einer Jungfrau empfangen und geboren, damit wir glauben, dass er Gott war. Und er hat sich der Natur gemäß im Schoß einer Frau aufgehalten, damit wir glauben, dass er ein Mensch war, der entsprechend der Natur aus einem Menschen geboren wurde.

Und Augustinus sagt dazu: „Wie wäre es, wenn der allmächtige Gott einen Menschen irgendwo gebildet und den nicht aus dem Mutterschoße Geschaffenen plötzlich uns vor Augen gestellt hätte? Hätte er dann nicht die irrige Meinung bestätigt? Wäre dann überhaupt noch geglaubt worden, dass er eine wahre menschliche Natur angenommen hat?" (Ep. 137 an Volusianum; zit. n. III, q. 31, a. 4)

Thomas selbst fügt noch einen dritten Grund hinzu, der uns das Gespür des heiligen Lehrers für die Ordnung in der Schöpfung zeigt. Es war passend, dass Christus aus einer Frau geboren wurde, „weil so alle Möglichkeiten des menschlichen Entstehens ausgeschöpft werden." Denn der erste Mensch, Adam, ist ohne Mann und ohne Frau erschaffen worden; Eva ist aus dem Mann ohne das Zutun einer Frau entstanden; alle gewöhnlichen Menschen werden aus Mann und Frau gezeugt; es bleibt also noch eine vierte Möglichkeit: aus einer Frau ohne einen Mann. „So blieb dieses Vierte als ein Eigenrecht Christi übrig, dass er aus einer Frau ohne Mann hervorgehe."

Der Einwand, dass sich der große Gott doch nicht von dem Schoß einer Frau einschließen lässt, wurde schon von Augustinus entkräftet. Der Sohn Gottes schloß sich nicht so völlig in den Schoß der Jungfrau ein, dass er nicht auch noch außerhalb hätte sein können. Obwohl er im Schoß der Jungfrau war, hat er sich doch nicht vom Vater entfernt und die Leitung des Himmel und der Erde nicht aufgegeben.

Nur wer sich Gott wie einen Körper vorstellt, kann nicht verstehen, dass er gleichzeitig im Himmel und im Schoß der Jungfrau sein kann. Gott aber ist Geist. Gott ist nicht an einen Körper gebunden. „Er kann überall ganz sein und kann doch von keinem Raum eingeschlossen werden. Er kann kommen, ohne sich von dort zu entfernen, wo er war. Er kann fortgehen, ohne das zu verlassen, woher er kam." (Ep. 137 an Volusianum)

Thomas nennt einen weiteren Grund, der beinahe modern anmutet: Gott wollte, dass sich weder die Männer noch die Frauen durch seine Menschwerdung zurückgesetzt fühlten. Auch bei diesem Gedanken beruft er sich auf den heiligen Augustinus. Beide Geschlechter, Mann und Frau, sollten mitwirken an der Befreiung der Menschen aus der Macht des Teufels. Wenn Gott ein Mann werden wollte, dann war es angemessen, dass dieser Mann aus einer Frau geboren wurde. So werden beide Geschlechter geadelt.

Und nochmals lässt Thomas den heiligen Augustinus sprechen: „Männer! Verachtet euch nicht selbst! Der Sohn Gottes nahm einen Mann an. Frauen! Verachtet euch nicht selbst. Der Sohn Gottes ist aus einer Frau geboren!" (De agone christiano)

Mutter Gottes

In den Evangelien wird Maria „Mutter Christi" genannt, und es wird gesagt, sie sei Mutter des Kindes in der Krippe. Nirgends aber wird sie „Mutter Gottes" genannt.

Außerdem ist Christus nur seiner göttlichen Natur nach Gott. Seine göttliche Natur aber hat er nicht von Maria empfangen, sondern von seinem Vater im Himmel.

Und schließlich gilt die Bezeichnung „Gott" für alle drei Personen, den Vater, den Sohn und den Heiligen Geist. Wäre Maria „Mutter Gottes", dann würde daraus folgen, dass sie Mutter des Vaters, des Sohnes und des Heiligen Geistes wäre – und das ist offensichtlich falsch.

Diese drei Einwände legt der heilige Thomas vor und stellt ihnen ein Wort des Konzils von Ephesus entgegen: „Wenn jemand nicht bekennt, dass Gott in Wahrheit der Emanuel ist und dass darum die heilige Jungfrau Gottesgebärerin ist – sie hat das fleischgewordene Wort Gottes nämlich leiblich geboren –, der sei im Banne."

Diese Verurteilung durch das Konzil hat ihre guten Gründe. Thomas erklärt sie uns:

Einen Menschen mit einem sportlichen Leib können wir „Sportler" nennen. Und er wird sich nicht wehren und sagen: Sportlich ist nur mein Leib, nicht meine ganze Person, bitte nenne mich nicht so. Dieser Sachverhalt klingt bei unserem heiligen Gelehrten so: „Ein Name, der eine konkrete Natur bezeichnet, kann der Person beigelegt werden, die diese Natur trägt."

Christus ist Gott und Mensch, aber er ist nicht zwei Personen, sondern nur eine: die göttliche Person, das Wort oder der Sohn Gottes. Und diese eine Person trägt eine menschliche Natur. Dem Sohn Gottes gehört also seine menschliche Natur, wie dem Sportler sein Leib. Darum dürfen wir seiner göttlichen Person zulegen, was zu seiner menschlichen Natur gehört, und sagen: Der Sohn Gottes ist Mensch. Oder: Der Sohn Gottes schläft im

Boot. Oder: Der Sohn Gottes ist am Kreuz gestorben. Oder auch: Der Sohn Gottes wurde empfangen und geboren.

„Die Person des Sohnes Gottes hat sich im ersten Augenblick der Empfängnis mit der menschlichen Natur verbunden. Daraus folgt, dass man wirklich sagen kann: Gott wurde von der Jungfrau empfangen und geboren."

Nur unter zwei Voraussetzungen könnte man leugnen, dass Maria die Mutter Gottes ist: erstens: wenn die Menschheit Christi empfangen und geboren worden wäre, bevor der Sohn Gottes diese Menschheit als seine eigene angenommen hätte; zweitens: wenn die Menschheit Christi nicht mit der Person des Sohnes Gottes vereinigt gewesen wäre. Beides aber trifft nicht zu.

Auf die Einwände der Gegner antwortet der gelehrte Heilige:

In der Heiligen Schrift wird zwar nicht ausdrücklich gesagt, dass die allerseligste Jungfrau die Mutter Gottes ist. Aber es wird ausdrücklich gesagt, dass Jesus Christus wahrer Gott ist (1 Joh 5,20). Und es wird ausdrücklich gesagt, dass Maria die Mutter Jesu Christi ist. Daraus folgt zwingend, dass sie Mutter Gottes ist.

Den zweiten Einwand erledigt Thomas mit einem Wort des hl. Cyrillus: „Die menschliche Seele wird zusammen mit ihrem Körper geboren. Beides wird als ein einziges betrachtet. Wenn jemand sagen würde: Diejenige, die die Gebärerin meines Fleisches ist, ist darum noch nicht die Gebärerin meiner Seele, der würde Unsinn reden. Etwas Ähnliches aber ist bei der Geburt Christi geschehen. Das Wort Gottes wurde aus dem Wesen Gottvaters geboren. Weil es aber Fleisch angenommen hat, muss man bekennen, dass es dem Fleische nach aus einer Frau geboren wurde." Und Thomas fügt noch hinzu: Die allerseligste Jungfrau wird nicht deshalb „Mutter Gottes" genannt, weil sie Mutter seiner Gottheit wäre, sondern weil sie menschliche Mutter einer Person ist, die Gottheit und Menschheit umschließt.

Auch der dritte Einwand ist nicht stichhaltig: Die Bezeichnung „Gott" ist zwar allen drei göttlichen Personen gemeinsam. Aber sie wird manchmal verwendet, um allein die Person des Vaters zu benennen oder allein den Sohn oder allein den Heiligen Geist. Sagt man: Maria ist die „Mutter Gottes", dann ist mit dem Wort „Gott" allein der Sohn Gottes gemeint.

Wunderbare Geburt

Die Geburt des Herrn war wunderbar, er wurde aus der Jungfrau geboren. Maria wusste davon und Josef auch. Und die anderen? War das Wunderbare für alle offensichtlich? Ging vom Kind in der Krippe eine überirdische Herrlichkeit aus? War es für alle offensichtlich, dass dieses Kind ein himmlisches Kind ist?

Thomas stellt diese Frage auch, nur mit anderen Worten: Hat Christus durch sich selbst seine Geburt offenbaren wollen? Und er antwortet darauf: Nein! Christus hat bei seiner Geburt nicht selbst gezeigt, dass er der Messias ist, der Gottessohn, der vom Himmel herabgestiegen ist. Man sah es diesem Kind nicht an. Thomas erinnert an das Wort des Papstes Leo des Großen in seiner Predigt an Erscheinung: „Die Weisen fanden und beteten an den Knaben Jesus, der in nichts sich von anderen Kindern unterschied."

Nicht Jesus selbst hat gezeigt, dass er der Gottessohn ist, sondern andere haben das gesagt: Die Hirten auf Bethlehems Wiesen erfuhren es von den Engeln. Die Weisen aus dem Morgenland haben es in den Sternen geschaut. Wer am vierzigsten Tag im Tempel war, als Maria und Josef das Jesuskind in den Tempel trugen, hörte es von Simeon und Anna. Andere also haben die Geburt des Gottessohnes bekannt gemacht, nicht das Jesuskind selbst.

Und warum? Wäre es nicht passender gewesen, das Jesuskind selbst hätte einen solchen Lichtglanz ausgestrahlt, dass dieser Glanz die Bewohner Bethlehems angelockt hätte?

Nein, das wäre nicht passender gewesen. Denn warum wurde Jesus geboren? Zum Heil der Menschen! Dieses Heil hängt ganz und gar ab vom Glauben daran, dass Jesus Mensch ist und gleichzeitig Gott. Nur als Gott und Mensch kann er für uns Menschen sühnen. Nur als Mensch ist er einer von uns und kann an unserer Stelle Sühne leisten. Nur weil er Gott ist, ist diese Sühne wertvoll in den Augen des himmlischen Vaters. Wer das Heil erhalten will, muss beides glauben: dass Jesus Mensch ist und dass er Gott ist.

Darum hat Christus seine Geburt auf eine solche Weise bekannt gemacht, dass es dem Glauben nicht schadet, weder dem Glauben an seine Gottheit, noch dem Glauben an seine Menschheit. Um uns zu zeigen, dass er ein wirklicher Mensch ist, hat er sich bei seiner Geburt so schwach gezeigt wie jedes andere Menschenkind. Um in uns den Glauben an seine Gottheit zu wecken, hat er andere Geschöpfe verkünden lassen, dass in diesem Kind göttliche Macht steckt – die Engel nämlich und den Stern. Durch ihr Erscheinen zeigt er seine göttliche Macht.

Wäre in der Krippe ein Jesuskind gelegen, das himmlischen Glanz verbreitet, ein Kind, das schon redet und prophezeit, ein Kind, das mit himmlischer Weisheit lehrt, das wunderbaren Duft ausströmt, keine Windeln braucht und nicht weint, dann würden wir zweifeln, ob dieses Kind ein echtes Menschenkind sei. Diesen Zweifel wollte Jesus uns ersparen.

Ist aber eine Weisheit, die in einem Menschenherzen verborgen bleibt und nicht wahrgenommen wird, nicht eine nutzlose Weisheit? Hätte das Jesuskind seine göttliche Weisheit nicht gezeigt, dann hätte Gott seinem Sohn diese Weisheit ja nutzlos gegeben. Das passt nicht zu Gott.

Der heilige Lehrer antwortet darauf, dass ganz verborgene Weisheit zwar nutzlos ist, doch echte Weisheit zeigt sich nicht nur im Reden, sondern auch im Schweigen. Der wirklich Weise schweigt, wenn das Schweigen passender ist als das Reden: „Christus hat seine Weisheit zur passenden Zeit gezeigt. Und schon dass er sie verbarg, als das Verbergen passend war, ist ein Zeichen seiner Weisheit."

Aber gibt es nicht verschiedene Wundergeschichten aus der Kindheit Jesu? Die gibt es zwar, aber alle diese Geschichten sind nicht echt. Der hl. Johannes Chrysostomus sagt: „Der Herr wirkte vor der Hochzeit zu Kana keine Wunder, wie Johannes im zweiten Kapitel ausdrücklich sagt. [...] Es war passend, dass Jesus als Kind keine Wunder wirkte, denn sonst hätte man gemeint, sein Menschsein sei ein Phantasiebild." Und das hätte unserem Glauben an die wirkliche Menschheit Jesu geschadet.

Warum so arm?

Arme Eltern hat sich der Gottessohn ausgesucht. Als Kind liegt er in einer Krippe, als Erwachsener hat er nicht, wohin er sein Haupt legen kann (Mt 8, 20). Diese Armut hat ihre Gründe. Vier zählt der hl. Thomas auf:

Erstens: Wer anderen predigen will, ist am besten arm. Wer das Wort Gottes weitergeben will, muss ganz frei sein von allen weltlichen Sorgen. Das gelingt aber denen nicht, die reich sind. Darum sagte Christus als er die Apostel zum Predigen aussandte: „Verschafft euch nicht Gold, noch Silber, noch Kupfergeld." (Mt 10, 9) Christus ist gekommen, um uns den Glauben zu verkünden, darum war er arm.

Zweitens: Wie Christus den leiblichen Tod auf sich genommen hat, um uns das geistige Gnadenleben zu verdienen, so hat Christus auch auf sich genommen, dem Leibe nach arm - im Sinne von sterblich – zu sein. Dadurch hat er uns geistige Reichtümer geschenkt. Darum sagt der hl. Paulus: „Ihr wisset, dass unser Herr Jesus Christus um euretwillen arm geworden ist, da er reich war, damit ihr durch seine Armut reich würdet." (2 Kor 8, 9)

Drittens: Wäre Christus reich gewesen, hätte man meinen können, er predige aus Habgier. Thomas zitiert Hieronymus: „Wenn seine Jünger reich gewesen wären, hätte es so ausgesehen, als ob sie nicht predigen, um anderen das Heil zu bringen, sondern ihrer Habgier wegen." Darum war Christus arm.

Viertens: Die Macht Gottes zeigt sich um so deutlicher, je ärmer und niedriger das Werkzeug angesehen wird, durch das sie wirkt. Christus hat das Arme und Niedrige erwählt, damit man erkennt, dass die Macht seiner Gottheit die Erde umgewandelt hat. Es gibt aber auch einiges, was man gegen die Armut Christi einwenden kann. Hätte Christus nicht so leben müssen, wie es für die meisten Menschen erstrebenswert gewesen wäre? Für die meisten aber ist es am besten, wenn sie weder arm noch reich sein wollen. So heißt es im Buch der Sprichwörter (30, 8): „Gib mir nicht Armut noch Reichtum, sondern schenke mir das, was ich zum Leben brauche."

Außerdem hat Christus doch sonst so gelebt, wie alle anderen auch. Er hat sich so gekleidet, wie es üblich war, und sich so benommen wie die anderen auch. Darum hätte er doch auch so viel besitzen sollen, wie die meisten Menschen damals und nicht so besonders arm sein.

Und schließlich war es Christus doch ein wichtiges Anliegen, die Menschen zur Demut einzuladen: „Lernet von mir", sagt er, „denn ich bin sanft und demütig von Herzen." (Mt 11,29) Die Demut wird aber besonders den Reichen ans Herz gelegt. Also hätte Christus reich und demütig sein sollen, um so den Reichen ein Vorbild zu geben.

Der erste Einwand hat seine Berechtigung. Thomas gibt zu, dass großer Reichtum ebenso wie bittere Armut Anlass zur Sünde werden können. Der Reichtum kann zum Hochmut verführen, die Armut zum Stehlen und Lügen. Doch das war für Christus kein Grund, nicht arm sein zu wollen. Er brauchte sich nicht vor der Gelegenheit zur Sünde schützen. Er konnte nicht sündigen. „Nicht jede Armut ist Anlass zum Stehlen und Lügen; sondern allein die Armut, die ein Mensch unwillig trägt. Nur weil er sie beseitigen will, stiehlt und lügt er. Die freiwillige Armut birgt diese Gefahr nicht; und eine solche hatte Christus sich erwählt."

Auf den zweiten Einwand entgegnet der große Lehrer: Um sich so zu kleiden und um so zu essen, wie die meisten anderen, muss man nicht selbst Vermögen besitzen, sondern kann das dazu Notwendige sich auch von anderen geben lassen. So ist es bei Christus gewesen: Ihm folgten Frauen nach, die ihm dienten mit ihrem Vermögen (Lk 8, 2). So konnte Christus leben, wie es üblich war, und wurde doch nicht am Predigen gehindert durch die Sorge um seinen Besitz.

Und zum dritten sagt er: Nicht die Demut dessen ist empfehlenswert, der arm ist, weil ihn die Umstände dazu zwingen, sondern die Demut dessen, der freiwillig arm ist. Christus war freiwillig arm. Das ist Zeichen der größten Demut und darum das beste Beispiel.

Anbetung an der Krippe

Wenn wir das Christkind in einer Weihnachtskrippe anschauen, können wir die Figur selbst untersuchen. Wir können Christus übersehen und allein auf das Material blicken, aus dem es gemacht ist, ob aus Holz geschnitzt oder aus Gips gegossen. Wir können die Farben untersuchen, mit denen es bemalt ist, auch den Stoff, mit dem es bekleidet ist – und dabei ganz den übersehen, den diese Figur darstellt, nämlich Christus. Wir können aber auch auf Christus blicken, und ganz darüber hinwegsehen, welche Eigenschaften das Material hat, aus dem die Figur besteht.

Das Holz, die Farben und die Bekleidung einer Christus-Figur dürfen wir nicht verehren und nicht das Knie vor ihnen beugen. Sie sind so gut wie wertlos und haben keine Kraft. Insofern die Figur aber Christus darstellt, dürfen wir das Bild verehren, denn diese Verehrung gilt dann nicht dem Bild, sondern Christus, den es darstellt.

„Das Bild Christi, insofern es bloß ein Ding ist, z.B. ein geschnitztes oder bemaltes Holz, darf man auf keine Weise verehren, denn verehren darf man nur eine Person. Man darf dem Bild aber Ehre erweisen, insofern es eine Abbildung ist. Daraus folgt, dass man den Bildern Christi dieselbe Ehre erweisen darf wie Christus selbst."

Darin unterscheidet sich die christliche Bilderverehrung ganz wesentlich vom Götzendienst. Die Heiden meinten, in den Bildern selbst wohne eine göttliche Kraft: „Manche beteten die Bilder als Sache selbst an und glaubten, in ihnen wohne eine göttliche Kraft, wegen der Antworten, die die Dämonen in den Bildern gaben und wegen anderer derartiger wunderlicher Wirkungen ... Wir aber beten das Bild Christi an, der der wahre Gott ist, nicht wegen des Bildes an sich, sondern wegen der Sache, die es darstellt."

Wie man ein Bild in zweierlei Hinsicht betrachten kann – einerseits das Bild an sich, andererseits, was es darstellt –, so ähnlich kann man auch die Menschheit Christi betrachten.

Man kann auf die Menschheit Christi an sich blicken und davon absehen, dass die göttliche Person in ihr handelt. So betrachtet, ist die Menschheit Christi ein Geschöpf aus Fleisch und Blut.

Doch im Unterschied zum Bild dürfen wir auch die Menschheit Christi als solche verehren. Die Menschheit Christi ist an sich betrachtet nicht wertlos wie Holz, Öl und Leinwand, sondern sie wurde vom Hl. Geist gebildet, sie ist vollkommen in jeder Hinsicht, sie ist von Gnade erfüllt, und darum darf man die Menschheit Christi verehren, auch wenn man davon absieht, dass der Gottessohn sie angenommen hat. Aber man darf sie nicht anbeten, sie ist ein Geschöpf, anbeten darf man nur Gott.

Blickt man durch die Menschheit Christi hindurch auf den Gottessohn, dem sie gehört, dann darf man sie mit vollem Recht anbeten. Sie verweist noch viel mehr auf die göttliche Person als jedes Bild. Wer vor der Menschheit Christi eine Kniebeuge macht, betet damit die göttliche Person an, die diese Menschheit angenommen hat.

So sahen die Weisen die Menschheit Christ und fielen vor dem Kind nieder und beteten es an. So berichtet der Evangelist Matthäus von den Weisen (Mt 2,11). Die Ehre, die sie der Menschheit Christi erweisen, gilt dem ewigen Gottessohn.

Die Ehre, die wir einem anderen erweisen, erweisen wir immer seiner Person. Wenn früher dem Papst der Fuß geküsst wurde, dann nicht, um den Fuß zu ehren, sondern um den Papst zu ehren.

„Wir sagen nicht, dass die Hand eines Menschen geehrt wird, sondern dass der Mensch geehrt wird … In diesen Teilen wird das Ganze geehrt."

In Christus ist nur eine einzige Person, nämlich die göttliche Person. Wenn die Menschheit Christi angebetet wird, dann wird damit die göttliche Person angebetet. Wer vor dem Kind in der Krippe niederfällt und es anbetet, der sieht nicht nur auf das Kind, er sieht dahinter die göttliche Person, den Sohn Gottes.

Darstellung Jesu im Tempel

Maria trug Jesus zum Tempel, um ihn im Tempel Gott darzustellen, um ihn bewusst vor Gott zu bringen. Wofür soll das gut sein? Jesus war doch der Gottessohn, niemand war jemals näher bei Gott als die Menschheit Christi. Näher kommt die Menschheit Christi an Gott nicht heran, auch nicht, wenn man das Jesuskind in den Tempel trägt. Wozu also der Gang in den Tempel?

Außerdem war Christus das Opfer schlechthin, das Lamm Gottes, das sein Leben hingeben wird für die Sünden der Welt. Alle Opfer des Alten Testamentes waren nur Schatten und Vorbild von ihm. Wie passt es da, dass für Christus im Tempel ein Opfer dargebracht wird. Ein vorbildliches Opfer für das wahre Opferlamm?

Christus ist gekommen, um die zu erlösen, die unter dem Gesetz standen. Für die Israeliten war es eine schwere Last, das Gesetz des Moses einhalten zu müssen. Jesus kam, um die Menschen von dieser Last zu befreien. Er nahm die Last auf sich und nahm so die Last uns Menschen ab. So sagt Paulus: „Gott sandte seinen Sohn, dem Gesetze unterworfen, um die loszukaufen, die unter dem Gesetze standen." (Gal 4,5)

Im Gesetz des Moses gab es zwei Vorschriften, die nach der Geburt eines Kindes beachtet werden mussten. Eine Vorschrift betraf alle Kinder, die andere galt nur für die Erstgeburt.

Nach der Geburt eines jeden Kindes mussten die Eltern im Tempel für ihren Sohn oder ihre Tochter ein Opfer darbringen. So liest man im zwölften Kapitel des Buches Levitikus, da wird von der Mutter gesagt: „Wenn die Tage ihrer Reinigung vorüber sind, sei es für einen Sohn oder für eine Tochter, soll sie ein einjähriges Lamm zum Brandopfer, und eine junge Taube oder eine Turteltaube zum Sündopfer vor den Eingang des Zeugnisses bringen und dem Priester übergeben. Dieser soll es vor dem Herrn darbringen und für sie beten." (Lev 12,6–7) Im folgenden Vers wird noch hinzugefügt, dass diejenigen zwei Tauben darbringen dürfen, die sich ein Lamm nicht leisten können.

Das mosaische Gesetz betrachtete eine Frau, die geboren hatte, als unrein. Durch dieses Sündopfer wurde die Unreinheit weggenommen. Außerdem wurde durch das Brandopfer das Kind gewissermaßen dem Dienste Gottes geweiht.

Die zweite Vorschrift im Gesetz des Moses betraf nicht alle Kinder, sondern nur die erstgeborenen. Gott hatte nämlich angeordnet, dass jede Erstgeburt – egal ob Mensch oder Tier – ihm gehöre. Das hatte Gott vom Volk Israel verlangt als Gegenleistung dafür, dass er beim Auszug aus Ägypten die Erstgeburt der Ägypter getötet und die der Israeliten verschont hatte. Dieses Gesetz steht im dreizehnten Kapitel des Buches Exodus: Du sollst „alles, was zuerst den Mutterleib öffnet, und das Erstgeborene unter deinem Vieh, dem Herrn absondern; was immer männlichen Geschlechtes ist, sollst du dem Herrn weihen. [...] Jeden Erstgeborenen unter deinen Söhnen sollst du mit Geld auslösen." (Ex 13,12–13)

Damit wir heute die Neugeborenen nicht mehr zum Tempel tragen müssen und damit wir nicht mehr ein Lamm und eine Taube opfern müssen zur Reinigung und damit wir die Erstgeborenen nicht mehr freikaufen müssen, nahm Christus diese Gesetze auf sich und erfüllte sie so für uns alle ein für alle Mal.

Lukas sagt uns, dass Christus sowohl das Gesetz der Erstgeborenen erfüllte – „Sie brachten ihn nach Jerusalem, um ihn dem Herrn darzustellen; wie geschrieben steht im Gesetze des Herrn: Jede männliche Erstgeburt soll dem Herrn geheiligt werden" (Lk 2,22–23) – als auch die Vorschrift, die alle betraf, denn Lukas fügt gleich an: „und um ein Opfer darzubringen, wie es im Gesetze des Herrn geboten ist, ein Paar Turteltauben, oder zwei junge Tauben." (Lk 2,24).

Für uns also wollte der Herr im Tempel dargestellt werden, und Thomas fügt hinzu: „damit wir lernen, uns Gott zu übergeben." Und Christus wollte, dass für Ihn das Opfer dargebracht werde, um so die Wirklichkeit mit dem Vorbild zu verbinden. Christus ist die wahre Opfergabe, die Opfer von Tauben und Lämmern waren ein Vorbild für ihn.

Mariä Lichtmeß

Zwei alttestamentliche Gesetze schrieben vor, was zu tun ist, wenn ein Kind geboren wird. Das eine Gesetz ordnete an, dass die Mutter 40 Tage lang als unrein gilt; nach diesen 40 Tagen mussten im Tempel zwei Opfer dargebracht werden: ein Sündopfer und ein Brandopfer (Lev 12). Das Sündopfer sollte die gesetzliche Unreinheit wegnehmen, das Brandopfer sollte das Neugeborene gewissermaßen Gott weihen; zu diesem Zweck soll das Neugeborene zum ersten Mal in den Tempel kommen. Dieses Gesetz betraf alle Neugeborenen, ohne Ausnahme.

Daneben gab es ein zweites Gesetz, es richtete sich nur an die Erstgeborenen, sowohl von den Tieren als auch von den Menschen. Jedes Erstgeborene gehört dem Herrn (Ex 13,2). Dadurch sollten die Israeliten immer erinnert werden, dass der Herr ihre Erstgeborenen verschont hat, als der Würgeengel die Erstgeburt der Ägypter tötete. Die Erstgeborenen mussten ausgelöst werden. Die Eltern brachten Geld in den Tempel und kauften so ihr Erstgeborenes von Gott ab (Num 18,15f.).

Soweit die Gesetzeslage. War es aber nicht unpassend, dass Maria sich daran hielt? Das Gesetz sagt ausdrücklich: „Weihe mir alles, was bei den Kindern Israels den Mutterschoß durchbricht" (Ex 13,2). Jesus öffnete bei seiner Geburt den Mutterschoß aber nicht, sondern verließ den geschlossenen Leib Mariens, wie er das geschlossene Grab verließ. Er wollte ihre Jungfräulichkeit nicht verletzen.

Außerdem ist Christus die Opfergabe schlechthin, alle Opfer des Alten Bundes bildeten ihn vor. Also passt es nicht, wenn stellvertretend für ihn eine andere Opfergabe dargebracht wird.

Und warum sollte Maria im Tempel ein Reinigungsopfer darbringen? Man reinigt nur, was schmutzig ist. Maria war aber nie befleckt. Sie hat Jesus durch das Wirken des Hl. Geistes empfangen.

Warum ging sie dann trotzdem nach 40 Tagen in den Tempel und tat, was das Gesetz vorschrieb? Lukas (2,22f.) berichtet, dass sie beide Gesetze erfüllt hat: „Sie brachten ihn [Jesus] nach Jerusalem, um ihn dem Herrn darzustellen, wie geschrieben steht im Gesetze des Herrn: Jede männliche Erstgeburt soll dem Herrn geweiht werden." Damit erfüllten sie, was für die Erstgeborenen vorgeschrieben war. Und auch das Reinigungsgebot, das für alle Neugeborenen aufgestellt war, hielten sie ein und brachten das Sünd- und das Brandopfer dar, „wie es im Gesetz des Herrn ausgesprochen ist: ein Paar Turteltauben oder zwei junge Tauben" (Lev 12,8) (Lk 2,23).

Verschiedene Gründe führt Thomas an, warum Christus und Maria diese beiden Gesetze erfüllen wollten:

Wie Christus nicht für sich selbst Mensch geworden ist, sondern für uns, um uns durch die Gnade zu Gotteskindern zu machen, so wurde er auch nicht zum eigenen Nutzen Gott im Tempel dargestellt, sondern unseretwegen, damit wir lernen, uns selbst Gott hinzugeben.

Christus wollte die alttestamentlichen Gesetze erfüllen, um so zu zeigen, dass auch sie von Gott stammen. Der Gott, den Christus verkündet, ist derselbe, der die alttestamentlichen Gesetze gab.

Maria wollte Christus in seiner Demut ähnlich werden, denn dem Demütigen gibt Gott seine Gnade. Christus war nicht verpflichtet, die alttestamentlichen Gesetze zu erfüllen, und hat sie trotzdem eingehalten; sogar beschneiden ließ er sich. So gab er ein Beispiel der Demut und des Gehorsams. Außerdem wollte er seinen Zeitgenossen keinen Anstoß geben; das hätte er aber getan, wenn er sich nicht an die Gesetze gehalten hätte. Maria beobachtete aus denselben Gründen die Gesetze, auch wenn sie nicht dazu verpflichtet war.

Sie vollzog die Vorschrift der Reinigung, nicht weil sie Reinigung nötig gehabt hätte, sondern nur, um dem Gesetz Genüge zu tun. Lukas deutet das an, wenn er ausdrücklich darauf hinweist, dass es geschah wegen des Gesetzes: „Als die Tage ihrer Reinigung nach dem Gesetz des Moses sich erfüllten ..." (Lk 2,22).

Im Buch Leviticus heißt es wörtlich: „Eine Frau, die Samen empfangen hat (suscepto semine) und einen Jungen gebiert, bleibt sieben Tage unrein." (Lev 12,2) Thomas vermutet, dass Moses bewusst so gesprochen hat, um Maria auszunehmen von dieser Regel. Maria brachte Christus zu Welt, ohne dass sie Samen empfangen hat, also trifft dieses Gesetz nicht auf sie zu.

Konnte Christus beten?

Keiner von uns betet am Abend darum, dass am nächsten Morgen die Sonne wieder aufgehe. Wir sind sicher, dass es wieder Tag wird. Dafür beten wir nicht. Niemand betet um etwas, von dem er weiß, dass es sowieso ganz sicher geschieht. Und ebensowenig beten wir um etwas, von dem wir hundertprozentig wissen, dass es nie geschehen wird. Keiner betet, dass ein Dreieck vier Ecken haben soll oder der Tag 26 Stunden.

Christus, der Gottessohn, ist allwissend. Er weiß genau, was geschehen wird, und ist sich auch hundertprozentig sicher, was nicht geschehen wird. Also – so der Einwand – kann Christus nicht beten.

Jesus ist aber nicht nur allwissend, sondern außerdem allmächtig. Er kann tun, was er will. Wozu dann beten? Wir bitten doch nur um das, was wir nicht selbst können. Kein Gesunder betet darum, dass Gott ihn von einem Zimmer in ein anderes trage; er kann selber gehen.

Noch einen dritten Einwand legt Thomas vor: Beten heißt, seine Seele zu Gott zu erheben. War Christi Seele nicht immer zu Gott erhoben? Sicherlich immer. Also braucht er sie nicht erst zu erheben.

Das klingt zwar alles plausibel, die Hl. Schrift aber beweist das Gegenteil: Christus hat gebetet: „In diesen Tagen war es, dass er [Jesus] wegging auf den Berg, um zu beten; und er verbrachte die ganze Nacht im Gebet mit Gott." (Lk 6,12)

Thomas antwortet mit einer Definition des Gebetes: „Das Gebet ist eine Erklärung des eigenen Willens vor Gott, damit er ihn erfülle." Zum Gebet braucht es also einen Menschen, der etwas will und das Gewollte Gott vorträgt. Hätte Christus nur einen einzigen Willen gehabt, und zwar den des Sohnes Gottes, dann hätte er tatsächlich nicht beten können. Gott braucht sich nicht selbst vorzutragen, was er will. Was Gott will, geschieht sowieso. Wollen und Ausführen sind bei Gott dasselbe: „Gott sprach: Es werde Licht, und es ward Licht." (Gen. 1,3) „Alles, was der Herr will, das vollbringt er." (Ps 134 (135),6)

Christus hat aber nicht nur einen Willen als der Sohn Gottes, sondern auch einen Willen als der Mensch Jesus. Er ist ganz Mensch und ganz Gott. Zu einem ganzen Menschen gehört ein eigener Wille. Und wenn wir Menschen etwas wollen, dann sind wir nicht aus eigener Kraft schon mächtig genug, das Gewollte auch umzusetzen. Beim Menschen Jesus war das nicht anders. Er war nicht als Mensch allmächtig und allwissend, sondern nur als der Sohn Gottes. „Daher kommt es, dass es Christus – insofern er Mensch war und einen menschlichen Willen hatte – zukam zu beten."

Das vorausgeschickt, lassen sich jetzt die Einwände auflösen: Zwar wußte Christus, was in Zukunft geschehen würde; aber er wußte auch, dass manches davon eintreten würde, gerade wegen seines Gebetes.

Und natürlich konnte Christus alles in die Tat umsetzen, was er wollte – aber nur insofern er der Sohn Gottes war, nicht als der Mensch Jesus. Denn als Mensch war er nicht allmächtig.

Im Ölgarten wird er als Mensch beten: „Laß diesen Kelch an mir vorübergehen." (Lk 22,42) Aber Christus betete auch in Situationen, wo er ganz klar als Gottmensch handelte, zum Beispiel bei der Auferweckung des Lazarus. So tat Christus „zu unserer Unterweisung". Er betete öffentlich zu seinem Vater im Himmel, um uns Menschen zu zeigen, dass er vom Vater ausgegangen ist. Darum sagt er selbst nach diesem Gebet zu seinem Vater: „Wegen des anwesenden Volkes habe ich es gesagt, damit sie glauben, dass du mich gesandt hast." (Joh 11,42)

Außerdem wollte er uns Vorbild sein: Augustinus kommentiert das Gebet Christi mit den Worten: „Der Herr in Knechtsgestalt hätte, wenn es nötig gewesen wäre, schweigend beten können; jedoch wollte er sich vor dem Vater als Bittender zeigen, um uns daran zu erinnern, dass er unser Lehrer ist." (In Joh tr. 104)

Dem dritten Einwand entgegnet der heilige Lehrer: „Der Verstand Christi erhob sich ständig zu Gott, denn er betrachtete ihn immer, wie er über ihm war."

Die Taufe Christi

Christus wurde von Johannes im Jordan getauft. Ist das nicht irgendwie unpassend? Die Taufe ist dazu da, die Sünden abzuwaschen. An Christus aber gab es gar nichts abzuwaschen. Er ist der ganz Sündenlose, der ganz Heilige.

Beides ist zwar richtig, die Taufe ist die Abwaschung der Sünden und Christus ist sündenlos – und trotzdem war es passend, dass Christus sich taufen ließ. Und zwar nicht, um selbst abgewaschen zu werden, sondern um etwas anderes dadurch zu erreichen.

Thomas zählt drei Dinge auf, die die Taufe Christi bewirkte: Durch seine Taufe heiligte Christus das Wasser und gab ihm die Kraft, im Sakrament der Taufe von Sünden zu reinigen. Christus ließ sich also nicht taufen, um selbst gereinigt und geheiligt zu werden, sondern um das Wasser zu reinigen und zu heiligen.

Außerdem ließ Christus sich nicht als Privatperson von Johannes taufen, sondern als neues Haupt der Menschen, als neuer Adam. Er wollte so zeigen, dass durch ihn alle Menschen gewaschen werden von ihren Sünden. Thomas zitiert den hl. Gregor von Nazianz, der sagt: „Christus wurde getauft, um den ganzen alten Adam im Wasser abzuwaschen."

Und schließlich wollte Christus zuerst selbst tun, was er dann allen Menschen vorschrieb. Bevor er das allgemeine Gebot gab, dass jeder sich taufen lasse, ließ er sich selbst taufen. Diesen Grund führt Jesus selbst an, als Johannes es ablehnt, ihn zu taufen: „Laß es nur zu", sagte er zu Johannes, „denn so ziemt es sich, dass wir jegliche Gerechtigkeit erfüllen." (Mt 3,15) Durch seine Taufe erfüllte Christus, was er für alle als Recht vorschrieb.

Dieses Beispiel Jesu muss uns umso mehr bewegen, je weniger Jesus die Taufe selber nötig hatte. Wenn er sich taufen lässt, obwohl er es gar nicht braucht, wie viel mehr müssen dann wir uns taufen lassen, die wir die Gnade der Taufe dringend brauchen!

Wenn Christus sich taufen ließ als Vorbild für uns, wieso ließ er sich dann von Johannes mit der bloßen Wassertaufe taufen?

Wäre es nicht passender gewesen, wenn er sich von einem seiner Apostel im Namen des Vaters und des Sohnes und des Heiligen Geistes hätte taufen lassen? Wir sollen uns ja nicht mit der Johannestaufe taufen lassen, sondern mit der christlichen Taufe. Johannes taufte nur mit Wasser, nicht mit dem Heiligen Geist. Jesus ließ gerade diese Taufe an sich vollziehen, um dadurch zu zeigen, dass er die Taufe mit dem Heiligen Geist nicht nötig hat. Er war ja von seiner Empfängnis an ganz vom Heiligen Geist erfüllt. Weil Christus das nicht fehlte, was die christliche Taufe schenkt, nämlich die Reinigung von Sünden und die heiligmachende Gnade, darum war es passender, dass er sich von Johannes taufen ließ. Seine Taufe konnte beides nicht schenken.

Wenn Christus sich taufen ließ als Vorbild für uns, heißt das dann, dass wir uns auch erst im Alter von ungefähr dreißig Jahren taufen lassen sollen wie er? Das dürfen wir aus dem Vorbild Christi nicht schließen. Christus empfing die Taufe ja nicht, als bedürfe er der Reinigung und der Gnade. Darum war es für ihn gar nicht gefährlich, die Taufe bis zum 30. Jahr aufzuschieben. Wir lassen uns taufen, weil wir ohne die Gnade der Taufe nicht ins Reich Gottes eintreten können. Für uns wäre der Aufschub der Taufe höchst gefährlich. Wir würden den Eintritt ins Himmelreich aufs Spiel setzen. Es gab zwar Zeiten in der Kirchengeschichte, in denen es üblich war, sich erst spät taufen zu lassen. So hoffte man, die Taufgnade unbefleckt zu bewahren bis zum Tod. Thomas kommentiert diesen (Miss-)brauch mit den Worten: „Auch wenn es ein wertvolles Gut ist, nach der Taufe die Reinheit zu bewahren, so ist es doch besser, manchmal befleckt zu werden, als die Gnade gar nicht zu besitzen."

Der Ort der Taufe Christi ist ein Symbol für das, was die christliche Taufe bewirkt. Christus wollte im Jordan getauft werden. Der Jordan war die Grenze zum Gelobten Land. Die Israeliten zogen durch den Jordan ins Gelobte Land ein. So ziehen wir durch die Taufe in das Himmelreich ein.

Warum wollte Christus Schwächen haben?

Jesu Körper war nicht in jeder Hinsicht perfekt: Er wurde müde, hungrig, musste schwitzen, er konnte verletzt werden und sogar sterben. Wir kennen Christus nur so. Um das Geheimnis der Menschwerdung besser zu verstehen, fragt der hl. Thomas nach den Gründen. Ihm sind zunächst folgende Einwände gekommen:

Wenn der ewige Sohn Gottes Mensch werden wollte, wäre es da nicht passender gewesen, wenn er einen Leib angenommen hätte, der in jeder Hinsicht perfekt ist? Einen Leib ohne Müdigkeit, ohne Hunger, ohne Leiden und Tod? Wäre nicht ein Leib ohne diese schwachen Seiten gerade passend für den Gottessohn?

Zudem war die menschliche Seele Jesu von Anfang an in einem Zustand, als ob sie bereits im Himmel wäre: Sie durfte Gott schauen. Eine Seele aber, die Gottes Herrlichkeit schaut, ist so voller Leben und Kraft, dass sie den Leib, in dem sie wohnt, auch herrlich und unsterblich macht. Bei der Auferstehung von den Toten wird genau das geschehen: Die Seelen, die zur Anschauung Gottes gelangt sind, werden sich wieder mit ihren (von Gott auferweckten) Leibern verbinden und sie verklären, wie der Leib Christi verklärt ist. Darum wäre es an sich logisch, dass der Leib Jesu von Geburt an schon so gewesen wäre, wie die Leiber nach der Auferstehung der Toten sind: ohne Müdigkeit, ohne Hunger, ohne Schmerzen und Tod.

Und wäre es den Zeitgenossen Jesu nicht viel leichter gefallen, an ihn zu glauben, wenn Jesus nicht ein Mensch gewesen wäre, der Schmerz erleiden kann und sterben muss, sondern ein Mensch ohne Leiden und Tod? Wäre es für uns nicht einfacher, an den Sieg Jesu über Teufel und Tod zu glauben, und an die Macht Jesu, wenn Jesus ohne Schmerzen, ohne Hunger und Müdigkeit und ganz ohne Tod hier auf Erden gewandelt wäre?

Auf diese Einwände gibt Thomas die Antwort: Nein, das wäre nicht besser gewesen, sonst hätte Gott es so gemacht. Es war gut, dass der Gottessohn einen Leib annahm, der leiden und sterben konnte. Dafür führt er drei Gründe an:

Der Sohn Gottes wurde Mensch, um für die Menschen Wiedergutmachung zu leisten. Wiedergutmachen für einen anderen bedeutet aber, die Strafen auf sich zu nehmen, die der andere hätte tragen müssen. Wenn ein Schüler als Strafarbeit den Schulhof kehren muss, und sein Freund ihm diese Strafe abnehmen will, dann muss der Freund diese Arbeit auf sich nehmen. Wir Menschen haben eine Strafe erhalten für die Sünde Adams: Hunger, Durst, Mühe und der Tod sind Strafen für die Sünde. Wenn der Gottessohn nun für uns sühnen will, dann ist es nötig, dass er einen Leib hat, der diese Strafe tragen kann, einen Leib, der hungern, Schmerzen verspüren und sterben kann. „Unsere Schmerzen hat er getragen." (Jes 53,4)

Außerdem ist es für uns leichter, daran zu glauben, dass der Gottessohn wirklich Mensch geworden ist, wenn wir an ihm einen menschlichen Leib sehen, so wie wir ihn aus unserer Erfahrung kennen: einen Leib, der hungrig und müde werden und sterben kann. Hätten Christus diese schwachen Seiten gefehlt, könnten wir leicht denken, der Gottessohn sei hier auf Erden nur erschienen, so wie Engel erscheinen: ohne wahre Menschen zu sein. Der Gottessohn erschien hier aber nicht nur, sondern „er hat sich selbst entäußert, hat Knechtsgestalt angenommen, wurde uns Menschen gleich und im Äußeren erfunden als Mensch." (Phil 2,7)

Als dritten Grund nennt Thomas das gute Vorbild. In einem Leib, der Schmerzen spürt und leiden kann, konnte Jesus uns ein Beispiel geben, wie wir Leid und die menschlichen Schwächen ertragen sollen. Das Beispiel Jesu in seinem Leiden hat schon vielen Menschen geholfen, ihre eigenen Schwächen und Leiden zu tragen.

Die menschliche Seele Christi war dagegen ganz und gar ohne schwache Seiten. Sie war voll Tugend und Stärke. Denn das war nötig, um für uns Sühne zu leisten. Die Schmerzen und der Tod, den Jesus an seinem Leibe trug, waren deshalb so wertvoll, weil sie von einer Seele ertragen wurden, die voll Liebe war. Christus hatte also eine perfekte menschliche Seele und einen Leib, der Schmerzen tragen und sterben kann. Beides war notwendig für unsere Erlösung.

Warum leidet der Herr?

Ein geläufiges Wort spricht davon, dass man mehrere Fliegen mit einer Klappe schlägt. Hinter diesem alten Spruch verbirgt sich die Weisheit, dass eine Vorgehensweise umso passender ist, je mehr Dinge ich damit erreichen kann, die mir zu meinem Ziel verhelfen.

In den Worten des heiligen Thomas klingt das so: „Eine Handlungsweise ist umso passender für die Erreichung eines Zieles, je mehr darin zusammentrifft, was förderlich ist, um das Ziel zu erlangen."

Mit dieser Überlegung leitet er seine Antwort ein auf die Frage: Hätte es eine passendere Art und Weise gegeben, die Menschen zu erlösen, als durch das Leiden Christi?

Im vorherigen Artikel hatte Thomas klargestellt, dass es für Gott grundsätzlich möglich gewesen wäre, den Menschen anders zu erlösen als durch das Leiden Christi, denn „bei Gott ist kein Ding unmöglich" (Lk 1,37). Es wäre nicht gegen Gottes Gerechtigkeit gewesen, wenn Gott den Menschen allein durch einen Entschluß seines Willens die Sünden vergeben hätte, ohne Wiedergutmachung dafür zu verlangen. Thomas erklärt das mit einem Vergleich:

Ein Richter würde gegen die Gerechtigkeit verstoßen, wenn er einem Verbrecher seine Schuld einfach nachlassen würde, ohne von ihm zu verlangen, dass er denen Wiedergutmachung leistet, gegen die er sein Verbrechen begangen hat: der Privatperson, der er geschadet hat, oder seinem Vorgesetzten oder dem Staat. Der Richter steht in ihrem Dienst und muss für Recht und Ordnung sorgen. Gott aber hat keinen Vorgesetzten über sich, er ist der Allerhöchste. Wenn er eine Schuld nachlässt, die gegen ihn begangen wurde, ohne dafür Wiedergutmachung zu verlangen, dann tut er niemandem Unrecht. So ist es ja auch kein Unrecht, wenn ein Mann dem verzeiht, der sich gegen ihn selbst versündigt hat, ohne dafür Wiedergutmachung zu verlangen.

Warum sollte Christus dann trotzdem leiden? Weil Gott so viele Fliegen mit einer Klappe schlagen konnte: „Dadurch, dass der

Mensch durch das Leiden Christi erlöst wird, wird neben der Befreiung von der Sünde noch vieles erreicht, was zum Heil des Menschen förderlich ist." Der heilige Lehrer zählt es im einzelnen auf:

Erstens kann der Mensch aus dem Leiden Christi erkennen, wie groß Gottes Liebe zu uns Menschen ist. Dadurch wird der Mensch angespornt, Gott zu lieben, und das macht uns Menschen vollkommen. „Gott erweist seine Liebe zu uns dadurch, dass Christus für uns gestorben ist, da wir noch Sünder waren." (Röm 5,8)

Zweitens gab uns Christus durch sein Leiden ein Beispiel für alle Tugenden, besonders für den Gehorsam, die Demut, den Starkmut und die Gerechtigkeit. Diese Tugenden sind notwendig für unser Heil. „Christus hat für uns gelitten und euch ein Beispiel hinterlassen, damit auch ihr in seine Fußstapfen tretet." (1 Petr 2,21)

Drittens befreite Christus durch sein Leiden die Menschen nicht nur von den Sünden, sondern er verdiente ihnen auch die Gnade, die sie zu Gerechten macht, und die ewige Seligkeit. Christus litt nicht als Privatperson, sondern als Haupt seines Leibes, der Kirche. Was Christus durch sein Leiden verdiente, das gehört allen Gliedern seines geheimnisvollen Leibes. Also verdiente er für alle seine Glieder das ewige Heil.

Viertens sollen die Menschen durch das Leiden Christi nachdrücklich dazu bewegt werden, nicht mehr zu sündigen. Der Gedanke, dass Christus sein Blut vergossen hat, um meine Sünden zu sühnen, sollte mich abhalten, von neuem zu sündigen. „Um hohen Preis seid ihr erkauft. Verherrlicht Gott in eurem Leibe!" (1 Kor 6,20)

Fünftens trug das Leiden Christi zu unserer Würde bei. Der Mensch wurde im Paradies vom Teufel getäuscht und besiegt. Adam und Eva ließen sich durch die Worte der Schlange zur Sünde verleiten. Darum sollte jetzt ein Mensch den Teufel besiegen – sozusagen als Gegenschlag. Christus besiegt den Teufel dadurch, dass er durch seinen Tod die Strafe für die Sünden überwindet. Das dient uns zum Ruhm. „Gott aber sei Dank, der uns den Sieg verleiht durch unseren Herrn Jesus Christus." (1 Kor 15,57)

Und Thomas zieht die Schlußfolgerung: „Daher war es passender, dass wir durch das Leiden Christi befreit wurden, als allein durch einen Willensentschluß Gottes."

Hat Christus sich selbst getötet?

Hat Christus sich selbst getötet? – Eine erstaunliche Frage, aber nicht aus der Luft gegriffen. Johannes überliefert uns das Wort Christi: „Niemand nimmt mir das Leben, sondern ich gebe es selbst hin." (Joh 10,18). Wurde es ihm also nicht genommen? Hat er es selbst hingegeben? Oder sich selber genommen?

Was am Kreuz geschah, könnte man so deuten. Wer getötet wird, wird normalerweise nach und nach schwächer, und irgendwann verlässt ihn das Leben. Gerade Gekreuzigte werden immer schwächer und schwächer und geben dann ihren Geist auf. So sieht es aus, wenn jemand getötet wird. Und wie war das bei Christus? Matthäus sagt: „Er rief mit lauter Stimme und gab dann seinen Geist auf." (Mt 27,50) Das sieht nicht so aus, als wenn er von anderen getötet worden wäre.

Wer von anderen getötet wird, stirbt durch Gewalt, also unfreiwillig. Denn es ist ein Gegensatz, ob etwas mit Gewalt geschieht, oder ob es freiwillig geschieht. Augustinus aber sagt von Christus, dass seine Seele den Leib nicht unfreiwillig verlassen hat, sondern weil er wollte, wann er wollte und wie er wollte. Wer war also die Ursache für Christi Tod? Er selbst oder andere? Die Gewalt von außen oder sein eigener Wille?

Eine Ursache kann auf zwei verschiedene Weisen etwas bewirken, nämlich direkt oder indirekt. Die Henker Christi haben direkt seinen Tod bewirkt. Sie haben ihn gekreuzigt. Das reicht völlig aus, um einen Menschen zu töten. Mehr mussten sie nicht tun. Jeden gewöhnlichen Menschen hätte das umgebracht. Und die Henker hatten die Absicht, genau das zu tun, nämlich Jesus zu töten. Das, was sie taten, hatte den Tod zur Folge. So waren sie die direkte Ursache für seinen Tod.

Eine Ursache kann aber auch indirekt etwas bewirken. Jemand ist indirekt Ursache für ein Geschehen, wenn er es verhindern könnte und nicht verhindert. Wer bei Regen das Fenster nicht schließt, der ist indirekt Ursache für die Pfütze im Zimmer. Er hat zwar nicht selber das Wasser dahin geschüttet, aber er hätte verhindern können, dass es hereinkommt.

So war Christus indirekt die Ursache für sein Leiden und seinen Tod. Er hätte Leiden und Tod verhindern können und hat es nicht getan. Für Christus wäre es eine Kleinigkeit gewesen, seine Gegner umzustimmen, so dass sie ihn nicht mehr hätten töten wollen. Wie er Saulus auf dem Weg nach Damaskus umgewandelt hat, so dass er die Christen in Damaskus nicht mehr gefangennehmen wollte, so hätte er auch den Kaiphas und den Pilatus umstimmen können. Wie Christus den unfruchtbaren Feigenbaum hat vertrocknen lassen, so hätte er auch die Arme und Hände seiner Henker vertrocknen lassen können, so dass ihnen der Hammer aus den Händen gefallen wäre und die Nägel.

Außerdem war seine Seele mächtig genug, seinen Leib am Leben zu erhalten, egal was auf ihn eindringt. Die Seele Christi war verbunden mit dem Gottessohn, und darum war sie mächtig, den Leib am Leben zu erhalten, trotz aller Geißelhiebe, trotz Dornenkrone und Nägeln und trotz der eingeengten Lunge. Seine Auferstehung beweist, dass Christus die Macht hatte, selbst seinen toten Leib wieder lebendig zu machen. Diese Macht hätte auch einen gepeinigten und schwer verletzten Leib am Leben halten können. Er zeigt diese Macht durch den lauten Ruf, mit dem er stirbt.

Christus hat aber trotz seiner Macht die Einwirkungen auf seinen Leib nicht beseitigt, sondern er hat zugelassen, dass diese Schmerzen ihn töten. Und darum sagt man, er hat sein Leben hingegeben und ist freiwillig gestorben. Er hätte seinen Tod verhindern können und hat es nicht verhindert. Darum ist er indirekt die Ursache für seinen Tod.

Wenn Christus sagt: „Niemand nimmt mir mein Leben", dann ist damit gemeint *gegen meinen Willen*. Denn nur der nimmt dem anderen im eigentlichen Sinn etwas, der dem anderen etwas wegnimmt, was der andere nicht hergeben will. Christus aber wollte sein Leben hingeben.

Es sind Finsternisse entstanden

Der Evangelist Lukas berichtet, dass während der Kreuzigung Christi Dunkelheit herrschte: „Es war bereits etwa um die sechste Stunde, da brach eine Finsternis über das ganze Land herein, die bis zur neunten Stunde dauerte. Die Sonne verfinsterte sich." (Lk 23,14)

Thomas sieht in diesem Wunder ein kräftiges Argument für die Gottheit Christi. Er verweist auf einen vorhergegangenen Artikel (Quaestio 43, Artikel 4). Dort erklärt er, dass zwar alle Wunder Christi das Ziel haben, die Gottheit Christi zu beweisen. Manche Wunder zeigen Seine Macht aber offensichtlicher als andere. Eine Totenerweckung zeigt größere Kraft als die Heilung von einem Fieber. Wenn Christus Wunder tut, die jede Kraft eines Geschöpfes übersteigen, dann können sie nur durch die Kraft Gottes gewirkt sein. Als Beispiel für ein solches Wunder führt er die Heilung des Blindgeborenen an. „Solange die Welt steht, hat man noch nicht gehört, dass jemand die Augen eines Blindgeborenen geöffnet hat." (Joh 9,32)

Noch deutlicher sind die Wunder an den Himmelskörpern. Ein Wunder an Sonne, Mond und Sternen beweist das Gott-Sein Christi noch überzeugender als Veränderungen an Dingen hier auf der Welt. Denn in die irdischen Dinge können auch andere Ursachen eingreifen. In den Lauf der Himmelskörper kann dagegen niemand eingreifen als Gott allein.

Je schwächer der Gottessohn in den Augen der Menschen aussieht, desto dringender musste seine Gottheit durch Wunder gezeigt werden. Darum geschahen Wunder an den Himmelskörpern, als Jesus besonders schwach erschien: bei seiner Geburt im Stall und bei seinem Tod am Kreuz: „Deshalb erschien bei der Geburt Christi ein neuer Stern am Himmel." Beim Leiden Christi sah man eine noch viel größere Schwäche. „Deshalb mussten noch größere Wunder an den wichtigsten Leuchten der Welt zu sehen sein."

Thomas führt drei unterschiedliche Erklärungen an für die Finsternis beim Tode Christi.

Einige vertreten die Ansicht, dass die Dunkelheit entstand, weil die Sonne ihre Strahlen zurückhielt. Als Vertreter dieser Meinung zitiert Thomas Hieronymus: „Die große Leuchte scheint ihre Strahlen zurückgehalten zu haben, um den am Kreuze hängenden Herrn nicht zu sehen oder um den gottlosen Lästerern ihr Licht zu entziehen." (Matthäuskommentar 4,27) Thomas erläutert, wie das zu verstehen ist. Es liegt nicht in der Gewalt der Sonne, ihre Strahlen zurückzuhalten oder auszusenden. „Es heißt vielmehr, die Sonne halte ihre Strahlen zurück, insofern die Macht Gottes bewirkt, dass die Sonnenstrahlen nicht zur Erde gelangen."

Eine andere Erklärung bietet Origines. Er sieht in dunklen Wolken den Grund für die Finsternis: „Folgerichtig muss man annehmen, dass eine Menge großer, ganz dunkler Wolken über Jerusalem und das Land Judäa heraufzogen, wodurch es zu jener tiefen Finsternis von der sechsten bis zur neunten Stunde kam" (Matthäuskommentar tr. 35). Origines hält dafür, dass die Finsternis nur in Jerusalem und im Lande Judäa geschehen ist.

Die dritte Ansicht sieht den Grund der Dunkelheit in einer Sonnenfinsternis. Der Mond sei vor die Sonne getreten, obwohl zur Zeit des jüdischen Osterfestes Vollmond war. Diese Sonnenfinsternis sei durch ein besonderes Eingreifen Gottes entstanden. Der Mond habe seine natürliche Bahn verlassen und sich während dieser drei Stunden vor die Sonne gestellt. Danach sei er wieder an seinen natürlichen Platz zurückgekehrt. Thomas gibt dieser dritten Erklärung den Vorzug, denn sie stützt sich auf einen Brief, den Dionysius an Polykarp (Epistel 7) geschrieben hat. In diesem Brief schildert Dionysius, wie er von Heliopolis aus die Sonnenfinsternis beim Tod Jesu beobachtete. Dieser Dionysius wurde zur Zeit des Thomas von Aquin für einen Apostelschüler gehalten. In Wirklichkeit entstanden diese Schriften aber im 5. oder 6. Jahrhundert. Als ehrlicher Wissenschaftler zieht Thomas diese Erklärung vor, weil er meint, sie stütze sich auf einen Augenzeugenbericht: „In dieser Sache muss man jedoch eher Dionysius Glauben schenken, der als Augenzeuge das Geschehnis miterlebte und behauptete, die Finsternis sei dadurch entstanden, dass der Mond sich zwischen uns und die Sonne stellte."

Priester und Opfergabe

Christus hat gepredigt, er hat Kranke geheilt, Tote auferweckt. Aber war er ein Priester? Auf den ersten Blick könnte man meinen, er sei keiner gewesen. Priester stammen schließlich aus dem Stamme Levi, so sagt es das Gesetz des Moses. Christus aber war aus dem Stamme Juda. Priester bringen Opfer dar. Kein einziges Mal hat Christus im Tempel ein Opfertier geschlachtet.

Thomas klärt in diesem Zusammenhang die Frage: Was macht den Priester aus? Ein einziges Merkmal führt er an: Ein Priester ist Mittler zwischen Gott und den Menschen. Er steht zwischendrin. Er empfängt Heiliges von Gott und gibt es an die Menschen weiter. Er nimmt die Bitten der Menschen und trägt sie vor Gott. Für die Sünden der Menschen bringt er Sühne vor Gott.

Als Zeugen zitiert Thomas den Hebräerbrief: „Jeder Hohepriester, der aus den Menschen genommen ist, wird für die Menschen bestellt in ihren Angelegenheiten bei Gott, damit er Gaben und Opfer für die Sünden darbringe." (Hebr 5,1)

Dieses Merkmal hat Christus verwirklicht. Er hat Heiliges von Gott an uns weitergegeben. „Er hat uns die kostbarsten und größten Verheißungen geschenkt, damit ihr durch sie der göttlichen Natur teilhaftig werdet." (1 Petr 1,4)

Er trägt unsere Bitten zu Gott und er sühnt für unsere Sünden: „Es hat Gott gefallen, ... durch ihn alles mit sich zu versöhnen, indem er Frieden stiftete durch das Blut seines Kreuzes." (Kol 1,19)

Der heilige Lehrer fasst zusammen: „Deshalb kommt es Christus im höchsten Maß zu, Priester zu sein."

Vor diesem Hintergrund ist es ganz unbedeutend, dass Christus nicht aus dem Stamme Levi war. Das alttestamentliche Priestertum war ja nur ein Vorbild für das Priestertum Christi. Christus unterschied sich von ihm wie die Wirklichkeit vom Vorbild.

Christus war also Priester, aber nicht nur das, er war auch Opfergabe.

Und auch dagegen lässt sich einiges einwenden: Die Opfergabe wird vom Priester geschlachtet. Christus aber tötete sich nicht selbst. Und außerdem wollte Gott nie, dass Menschen geopfert werden; nur die Heiden brachten Menschenopfer dar.

Diesen Einwänden stellt der gelehrte Heilige ein Pauluswort entgegen: „Christus hat euch geliebt und sich selbst für uns hingegeben als Opfer, Gott zum lieblichen Wohlgeruch." (Eph 5,2)

Thomas klärt zuerst ganz grundsätzlich, was ein Opfer ist, und beruft sich auf Augustinus: „Jedes sichtbare Opfer ist ein heiliges Zeichen für ein unsichtbares Opfer." Das unsichtbare Opfer ist also das Erste, das sichtbare Opfer ist nur das äußere Zeichen davon. Thomas erklärt, was unter einem „unsichtbaren Opfer" zu verstehen ist: „Nun ist es aber ein unsichtbares Opfer, wenn ein Mensch Gott seinen Geist darbringt, gemäß dem Psalmwort: ‚Ein reuiger Geist ist ein Gott wohlgefälliges Opfer' (Ps 50,19). Deshalb kann alles ‚Opfer' genannt werden, was Gott dargebracht wird, um den Geist des Menschen zu Gott zu erheben" (III, q. 22, a. 2).

Das Herzstück jedes Opfers ist also die Erhebung des Geistes zu Gott. Sie wird durch ein äußeres Zeichen sichtbar gemacht. Wenn im Tempel ein Schaf geopfert wurde, sollte dieser sichtbare Vorgang Zeichen sein, dass der Opfernde seinen Geist zu Gott erhebt.

Die Sünde wendet den Menschen von Gott ab. Wendet der Mensch seinen Geist wieder Gott zu und zeigt dies äußerlich, dann ereignet sich ein Sühnopfer. Wendet sich der Mensch Gott zu, um immer in Seiner Gnade und Seinem Frieden zu bleiben, dann spricht man von Friedopfer. Will er seinen Geist ganz mit Gott vereinigen, dann findet das Ausdruck in einem Brandopfer, wo die Opfergabe ganz verzehrt wird.

Das alles haben wir durch Christus erhalten: Er hat unsere Sünden getilgt, hat uns den Frieden mit Gott geschenkt und uns die Hoffnung gegeben, im Himmel ganz mit Gott vereint zu werden. „Und darum war Christus als Mensch nicht nur der Opferpriester, sondern auch die vollkommene Opfergabe für unsere Sünden und Friedopfergabe und Brandopfer."

Beim Tod Christi waren es nicht seine Henker, die die Opfergabe schlachteten. Sie begingen ein Verbrechen. Christus dagegen hat sich selbst dargebracht, indem er sich freiwillig ihrer Gewalt ausgesetzt hat.

Begraben, aber nicht verwest

Christus wurde vom Kreuz abgenommen und in ein neues Grab gelegt. Der hl. Thomas denkt darüber nach, ob das nicht hätte anders ablaufen können. Was wäre denn, wenn Christus nicht begraben, sondern gleich am Abend des Karfreitags wieder auferstanden wäre? Unangemessen wäre das, nach Meinung des heiligen Gelehrten, denn viel Gutes bringt das Begräbnis Christi mit sich:

Christus wurde begraben, um zu bekräftigen, dass er wirklich tot war. „Keiner wird ins Grab gelegt, wenn nicht bereits feststeht, dass er wirklich tot ist. Daher lesen wir [Mk 15,44], dass Pilatus erst dann gestattete, Christus zu begraben, nachdem er sorgfältig erforscht und erkannt hatte, dass Christus tot war."

Christus wollte vom Grab auferstehen, um allen in den Gräbern Hoffnung zu geben, auch wieder aufzuerstehen. Wäre er auferstanden, noch bevor er begraben war, könnten wir bezweifeln, ob Gottes Macht groß genug ist, die Begrabenen aufzuerwecken.

Als Drittes nennt Thomas einen geistlichen Grund: Wie Christus im Grab abgesondert war von den Menschen, ihren Quälereien entzogen, so sollen auch die Getauften geistigerweise abgesondert sein von der gottfernen Welt: Christus wurde begraben „als Vorbild derer, die durch den Tod Christi auf geistige Weise der Sünde gestorben sind. Diese sind nämlich abgesondert von der Bedrängnis der Menschen. Darum heißt es [Kol 3,3]: Ihr seid gestorben, und mit Christus vereint, ist euer Leben verborgen in Gott. Daher werden die Getauften durch das Untertauchen gleichsam mitbegraben, mit Christus, denn durch den Tod Christi sind sie für die Sünde gestorben."

Im folgenden Artikel nennt Thomas noch einen vierten Grund für das Begräbnis Christi: das gute Beispiel der Jünger. Sie halten zu Christus, dem Verachteten und schmählich Hingerichteten. Sie bereiten ihm ein ehrenvolles Begräbnis und lassen sich von den Feinden Christi nicht abhalten.

Am Kreuz war die Macht Christi ganz verborgen. Bei seinem Begräbnis wird sie offenbar: Die, die ihn töteten, wollten nicht, dass er ehrenvoll bestattet wird. Hingerichtete wurden verscharrt. Trotzdem konnten sie nicht verhindern, dass der Herr in ein Grabmal gelegt wurde: „An seinem ehrenvollen Begräbnis kann man die Macht des Sterbenden betrachten: Gegen die Absicht seiner Henker bewirkt er noch als Toter, dass er ehrenvoll begraben wird."

Wenn das Begrabenwerden so viel Gutes mit sich brachte, wäre es dann nicht noch besser gewesen, der Leib Christi wäre verwest und erst dann auferstanden? Wenn Christus begraben wurde, um uns die Hoffnung zu geben, aus den Gräbern aufzuerstehen, hätte er dann nicht auch verwesen müssen, um uns hoffen zu lassen, dass wir trotz der Verwesung auferstehen werden?

Es wäre ganz unpassend gewesen, wenn der Leib Christi im Grab vermodert wäre. Unsere Leiber verfaulen im Grab, weil unsern entseelten Leibern die Kraft fehlt, sich selbst im Dasein zu erhalten. Das Verwesen offenbart, wie schwach unsere Leiber tatsächlich sind.

Bei Christus aber gibt es keine Spur von Schwäche. Er starb nicht, weil er schwach war und sich nicht mehr am Leben erhalten konnte. Er starb nicht an einer Krankheit. Er gab sein Leben freiwillig hin. Er ließ zu, dass äußere Gewalt ihm das Leben nahm. Er hätte das verhindern können, aber er wollte sterben. Seine göttliche Macht zog sich am Kreuz zurück, sonst wäre er an den Leiden nicht gestorben. Im Grab aber soll sich die Macht seiner Gottheit zeigen: „Damit der Tod Christi nicht der Schwachheit seiner menschlichen Natur zugeschrieben würde, wollte er auf keine Weise, dass sein Leib verwest oder irgendwie aufgelöst wird. Sondern um die Kraft seiner Gottheit zu zeigen, wollte er, dass sein Leib unverwest bleibt."

Können wir dann dennoch hoffen, dass wir nach unserer Verwesung auferstehen? Ganz sicher: „Christus ist durch seine göttliche Kraft aus dem Grab auferstanden. Diese wird durch nichts eingeschränkt. Darum genügt seine Auferstehung aus dem Grab als Argument dafür, dass die Menschen durch die Kraft Gottes nicht nur aus den Gräbern auferstehen werden, sondern auch aus dem Staub."

Zwischen Karfreitag und Ostersonntag

In der Osternacht singt die Kirche im Exsultet: „Das ist die Nacht, da Christus als Sieger aus der Unterwelt emporstieg." Hinuntergestiegen war er am Karfreitag. Als seine Seele den Leib verließ, stieg sie hinab in die Unterwelt [infernum], in das Totenreich, so wie die Seelen aller Verstorbenen.

Der Tod ist eine Strafe für die Sünden. Ebenso das Hinabsteigen-Müssen in die Unterwelt.

Christus stieg in die Unterwelt hinab, sagt Thomas, „erstens, weil er gekommen war, um unsere Strafe zu tragen und uns so von der Strafe zu befreien. Durch die Sünde hat sich der Mensch nicht nur den Tod zugezogen, sondern auch den Abstieg in die Unterwelt. Wie es daher angemessen war, dass er starb, um uns vom Tod zu befreien, so war es auch angebracht, dass er zur Unterwelt hinabstieg, um uns vom Hinabsteigen zur Unterwelt zu befreien."

Was aber ist diese Unterwelt? Die Unterwelt umfasst alle Aufenthaltsorte der von ihren Leibern getrennten Seelen, außer dem Himmel. Thomas spricht von vier verschiedenen Bereichen in der Unterwelt: Da gibt es die Unterwelt der Verdammten [infernum damnatorum], dazu sagen wir gewöhnlich „Hölle". Dann gibt es dort den Reinigungsort [purgatorium], landläufig „Fegefeuer" genannt. Außerdem haben die Kinder, die mit der Erbschuld, aber ohne persönliche Sünde verstorben sind, einen eigenen Bereich, der allgemein als „Limbus" bezeichnet wird. Und schließlich befindet sich dort der Aufenthaltsort der Heiligen des Alten Bundes; Christus nennt diesen Ort „Schoß Abrahams" (Lk 16,22). Hier hatten die Gerechten keine Schmerzen zu erleiden, abgesehen von dem Schmerz darüber, dass sie noch nicht in die himmlische Herrlichkeit eingehen konnten.

Diese vier Bezirke der Unterwelt unterscheiden sich also gewaltig. Christus war nicht in allen vier Bereichen auf die gleiche Weise. Seine Seele stieg nur an einen einzigen Ort der Unterwelt hinab, an den Ort, an dem die Gerechten des alten Bundes warteten, bis sich ihnen der Himmel auftat.

„Die Seele Christi stieg nur an den Ort der Unterwelt, an dem die Gerechten festgehalten wurden; so besuchte Christus auch mit seiner Seele diejenigen an ihrem Aufenthaltsort, die er durch seine Gnade innerlich schon besucht hatte."

Von diesem Besuch Christi in einem Bezirk der Unterwelt blieben die anderen drei Bezirke nicht völlig unberührt. Auch dort spürten die Seelen, dass Christus sich in der Unterwelt aufhielt. Die Verdammten fühlten sich beschämt durch die Ankunft Christi in der Unterwelt. Sie hatten an ihn nicht geglaubt, jetzt wurde ihnen klar, dass sie im Unrecht waren. Den Seelen im Fegefeuer schenkte er Hoffnung, dass sie bald in die Seligkeit eingehen würden. Den Heiligen des Alten Bundes brachte er die ewige Glückseligkeit: „Den heiligen Vätern, die allein wegen der Erbsünde in der Unterwelt festgehalten wurden, goss er das Licht der ewigen Glorie ein." Damit befreite er sie aus der schmerzlichen Situation, noch nicht in die himmlische Herrlichkeit eingehen zu können.

Aber war denn dazu das Hinabsteigen in das Totenreich nötig? Genügten nicht sein Leiden und sein Tod, um alle von Schuld und Strafe zu befreien? Auf diesen Einwand antwortet der heilige Lehrer: „Das Leiden Christi war die allgemeine Ursache für das Heil der Menschen, sowohl der Lebenden als auch der Verstorbenen. Eine allgemeine Ursache muss aber den einzelnen Wirkungen durch etwas Spezielles zugewendet werden." Das Leiden und der Tod Christi allein bewirken nicht, dass alle das Heil erhalten. Jeder einzelne Mensch muss sich eigens damit verbinden. Wir Lebende verbinden uns mit dem Leiden und dem Tod Christi durch den Glauben, die Liebe und die Sakramente.

„Wie die Kraft des Leidens Christi den Lebenden durch die Sakramente zugewendet wird und sie so dem Leiden Christi gleichgestaltet werden, so wurde den Verstorbenen diese Kraft des Leidens Christi durch das Hinabsteigen Christi zugewendet."

Wie aber die Sakramente nur an denen wirken, die an Christus glauben und ihn lieben, so wirkte das Hinabsteigen Christi auch nur an denen, die an ihn geglaubt und ihn geliebt haben.

Warum erscheint Christus nicht öfter?

Nach seiner Auferstehung erschien Christus seinen Jüngern. Am Tag der Auferstehung erschien er fünfmal: den Frauen am Grab, den Frauen auf dem Weg, dem Petrus, den Emmausjüngern und am Abend den Aposteln. In den nächsten 40 Tagen werden seine Erscheinungen seltener. Die Evangelien berichten uns nur von wenigen Erscheinungen. Auch wenn die Evangelisten nicht lükkenlos alle Erscheinungen überliefern, so steht doch fest, dass Christus nicht alle vierzig Tage zwischen seiner Auferstehung und Himmelfahrt bei seinen Aposteln verbracht hat.

Wäre es aber nicht besser gewesen, er hätte in diesen vierzig Tagen bei den Aposteln gelebt, so wie in den drei Jahren vor seinem Tod?

Christus erscheint, damit die Apostel sicher sind, dass Christus auferstanden ist. Sie sollen fest überzeugt sein, dass er wirklich lebt; darum zeigt er sich ihnen mehrmals. Und er erscheint, um sie zu trösten. Hätte er beides nicht besser erreicht, wenn er die ganze Zeit bei ihnen gewesen wäre? Hätten dann die Apostel nicht noch fester an seine Auferstehung geglaubt, und wären sie nicht noch getrösteter gewesen?

Und wo war der auferstandene Christus, wenn er nicht bei den Aposteln war? Wäre es nicht am passendsten gewesen, er wäre einfach bei ihnen geblieben? Welcher Ort ist passender für Ihn, als bei seinen Aposteln zu sein?

Tatsächlich aber war Jesus nicht permanent vom Auferstehungstag bis zu seiner Himmelfahrt bei seinen Aposteln. Er erschien ihnen nur hin und wieder.

Der hl. Thomas erklärt sich das so: Die Apostel müssen zwei Dinge verstehen: Zum einen, dass Christus wirklich auferstanden ist. Es ist nicht ein Totengeist, der erscheint, sondern ein Leib, der wieder lebendig geworden ist.

Zum anderen müssen die Apostel verstehen, dass der Auferstandene zu einem neuen, herrlichen Leben auferstanden ist. Er ist nicht so lebendig geworden, wie er vorher war, sondern lebt ein neuartiges Leben. Er ist jetzt nicht mehr an die Grenzen von

Raum und Zeit gebunden. Die Gravitationskraft ist kein Hindernis mehr für seine Bewegung. Er kann blitzschnell von einem Ort zum anderen kommen, er ist herrlich, er ist strahlend. Anders also als vor seinem Tod.

Damit die Jünger das erste verstehen, erscheint ihnen der Herr und isst mit ihnen, er zeigt ihnen seine Wunden, lässt sich anfassen. Damit ist klar: Das ist kein Geist, denn ein Geist hat nicht Fleisch und Bein. Ein Geist isst und trinkt nicht. Wenige Erscheinungen des Auferstandenen genügen, um die Jünger zu überzeugen, dass er wirklich auferstanden ist; dazu muss er nicht vierzig Tage gemeinsam mit ihnen verbringen.

Wäre Christus in den vierzig Tagen dauernd bei seinen Jüngern gewesen wie vor seinem Tod, dann hätte das nichts wesentlich Neues beigetragen, um den Glauben der Jünger an sein wirkliches Auferstanden-Sein zu stärken. Wenn sie ihn einmal angefasst haben und einmal mit ihm gegessen haben, reicht das aus. Sein dauernder Aufenthalt bei den Aposteln hätte aber die Apostel daran gehindert, zu begreifen, dass er zu einem neuen Leben auferstanden ist. Es hätte dann so ausgesehen, als wäre alles wie vorher.

Darum erscheint Christus nur hin und wieder. So erreicht er beides: sowohl den Glauben an sein wirkliches Auferstanden-Sein als auch die Einsicht, dass er jetzt in einem ganz neuartigen Leben lebt.

Die Apostel hätten zwar aus der dauernden Anwesenheit des Herrn mehr Trost geschöpft als aus den sporadischen Erscheinungen. Aber den Trost seiner dauernden Gegenwart hat Christus seinen Jüngern nicht für hier verheißen, sondern für das zukünftige Leben: „Ich werde euch wiedersehen, und euer Herz wird sich freuen, und niemand wird euch eure Freude nehmen." (Joh 16,22)

Wo Christus war, wenn er nicht bei den Aposteln war, wissen wir nicht. Die Evangelien sagen nichts darüber. Wir müssen es nicht wissen. Es würde nichts zur Klärung beitragen. Christus verbrachte ja deshalb nicht die ganzen vierzig Tage bei seinen Aposteln, weil er so die Apostel besser unterweisen konnte, dass er in einem neuartigen Leben lebte – und nicht, weil er zwischendurch lieber an einem anderen Ort sein wollte.

Aufgefahren in den Himmel

Wozu ist Christus in den Himmel aufgefahren? Er ist herabgestiegen, um uns das Heil zu bringen. Er ist Mensch geworden, zu unserem Heil. Hätte es unserem Heil nicht mehr genützt, wenn er hier geblieben wäre? Würden nicht viel mehr Menschen das Heil erlangen, wenn Christus seit 2000 Jahren hier auf der Erde mit seinem auferstandenen Leib leben würde?

Thomas legt dar, dass dem nicht so ist. Seiner Gottheit nach ist der Herr immer unter uns. Bis zum Ende der Welt wird er bei uns sein: „Seht ich bin bei euch alle Tage, bis zum Ende der Welt." (Mt 28,20) Nur seinem sichtbaren Leib nach ist er nicht mehr da.

Die Erde ist nicht der passende Ort für einen auferstandenen, unsterblichen Leib. Die Erde ist der Ort der Vergänglichkeit. Ein unvergänglicher Leib passt hier nicht her. Darum ging Christus an den Ort wo alles unvergänglich ist: in den Himmel.

Und das ist gut so, sagt Thomas, sogar noch besser, als wenn er mit seinem Leib hiergeblieben wäre. Besser für unseren Glauben, besser für unsere Hoffnung und besser für unsere Liebe.

Wir können nur an das glauben, was wir nicht sehen. Was wir durch das Sehen erfasst haben, das wissen wir, wir brauchen es nicht mehr auf das Wort eines anderen hin zu glauben. Würden wir Christus hier auf der Erde sehen können, wie er vor 2000 Jahren hier zu sehen war, und würden wir seinen auferstandenen Leib berühren können, wie Thomas ihn berührt hat, dann bräuchten wir nicht mehr an Christus und seine Auferstehung glauben. Wir würden sie sehen. Wir hätten nicht den Verdienst, geglaubt zu haben. Christus aber will, dass wir an ihn glauben. Der Glaube an ihn wird das Merkmal sein, nach dem er die Menschen unterscheidet. Darin besteht das Gericht der Welt: Die Menschen werden unterschieden in Christus-Gläubige und Ungläubige. Thomas zitiert ein kommentierendes Wort des heiligen Augustinus (zu Joh 16,8): „Der Heilige Geist wird kommen und ‚die Welt überzeugen von der Gerechtigkeit', nämlich ‚derer, die glauben. Denn dieser Vergleich [der Ungläubigen] mit den Gläubigen ist die Verurteilung der Ungläubigen.'"

Außerdem ist Christus in den Himmel aufgefahren, um unserer Hoffnung zu helfen. Wenn es im Himmel gar keine menschlichen Leiber gäbe, wäre es schwer für uns, darauf zu hoffen, dass wir mit unseren Leibern in den Himmel kommen. „Christus hat die menschliche Natur, die er angenommen hatte, in den Himmel versetzt, um uns die Hoffnung zu schenken, einmal auch dorthin zu kommen." Christus selber hat auf seine Himmelfahrt hingewiesen, um in seinen Aposteln die Hoffnung auf den Himmel zu wecken: „Ich gehe hin, euch ein Heim zu bereiten. Wenn ich hingegangen bin und euch ein Heim bereitet habe, so komme ich wieder und will euch zu mir nehmen, damit auch ihr seiet, wo ich bin." (Joh 14,3)

Schließlich nützt die Himmelfahrt Christi unserer Liebe zu Gott. Sie zieht unsere Liebe von der Welt weg, zum Himmel hin. So sieht das wenigstens Paulus: „Suchet, was oben ist, wo Christus thronet zur Rechten Gottes! Was oben ist, habt im Sinn, nicht was auf Erden ist!" (Kol 3,1) Und der Herr selber sagte es: „Wo dein Schatz ist, dort wird auch dein Herz sein." (Mt 6,24) Der Heilige Geist ist die Liebe zwischen dem Vater und dem Sohn. Diese Liebe wird uns hinreißen zum Himmel. Wir haben ihn nötig, um in der Gottesliebe zu wachsen. Darum sagt der Herr: „Es ist gut für euch, dass ich hingehe; denn wenn ich nicht hingehe, wird der Tröster nicht zu euch kommen; gehe ich aber hin, so werde ich ihn zu euch senden. (Joh 16,7) Der heilige Augustinus deutet dieses Wort so: „Ihr könnt den Heiligen Geist nicht fassen, solange ihr hartnäckig dabei stehen bleibt, Christus seinem Leibe nach zu kennen. Als aber Christus seinem Leibe nach aufgefahren war, war nicht nur der Heilige Geist bei ihnen, sondern auch der Vater und der Sohn und zwar auf geistige Weise."

Pfingsten

Geister sehen wir nicht. Weder unsere Seele können wir anschauen, noch die Engel und schon gar nicht Gott. Doch manchmal machen sich geistige Wesen sichtbar: Engel erscheinen und sehen aus als wären sie Menschen in leuchtenden Gewändern. So machen sie sichtbar, dass sie da sind.

Auch der Heilige Geist hat sich einige Male hier auf Erden gezeigt. Nicht in einem leuchtenden Gewand wie die Engel, aber unter anderen Zeichen.

„Es entspricht der menschlichen Natur", sagt Thomas, „daß der Mensch durch die sichtbaren Dinge zu den unsichtbaren hingeführt wird. Darum wurde das Unsichtbare an Gott durch etwas Sichtbares den Menschen gezeigt." Darum wurde der unsichtbare Sohn Gottes ein sichtbarer Mensch, um uns so Gott zu offenbaren. Durch die sichtbare Menschheit Christi werden wir hingeführt zum unsichtbaren Gott.

Nicht nur der Sohn hat sich gezeigt, auch der Heilige Geist, aber auf ganz andere Weise. Der Sohn hat eine Menschennatur angenommen und sich mit ihr zu einer einzigen Person verbunden, und zwar so eng, dass man alles, was von dieser Menschheit gilt, auch vom Sohn Gottes sagen kann: Der Sohn Gottes wurde geboren, litt und starb.

Der Heilige Geist hat sich mit keiner Menschennatur zu einer einzigen Person verbunden und auch mit keiner anderen Natur, nicht mit der einer Taube und nicht mit der von Feuerzungen und auch nicht mit der Natur einer lichten Wolke.

Das alles waren nur äußere Zeichen, Symbole für seine Gegenwart. Die Feuerzungen, die am Pfingsttag über den Aposteln erschienen, waren wirklich äußerlich zu sehen. Sie waren nicht nur in der Vorstellungskraft der Zuschauer, wie das meistens bei den Visionen der Propheten der Fall ist, sondern sie waren wirklich äußerlich zu sehen. Auch Ungläubige sahen sie. Thomas hält es für wahrscheinlich, dass diese Feuerflammen denen am brennenden Dornbusch ähnlich waren, die man zwar sehen konnte, die aber den Dornbusch nicht verbrannten.

Die Zeichen, mit deren Hilfe der Hl. Geist seine Gegenwart anzeigt, sind nicht willkürlich gewählt. Sie sagen etwas aus über den Hl. Geist. Die Zungen wie aus Feuer zeigen, dass den Aposteln mit dem Hl. Geist die Aufgabe übertragen wurde zu lehren. Das Feuer der Liebe bewegt die Apostel, das Evangelium zu verkünden.

Wieso erschien der Heilige Geist nur unter verschiedenen Symbolen, der Sohn dagegen wurde wirklich Mensch? Thomas begründet diesen Unterschied durch die unterschiedliche Stellung von Sohn und Hl. Geist in der Dreifaltigkeit. Der Hl. Geist geht vom Vater und vom Sohn aus. Der Sohn ist also Urheber des Hl. Gesites. Das sollte auch bei ihrem Sichtbarwerden erkennbar sein. Darum wurde der Sohn in die Welt gesandt als Urheber der Heiligkeit und der Hl. Geist als Anzeichen der Heiligkeit. Wie im Himmel der Hl. Geist vom Sohn ausgeht, so geht hier auf Erden die Heiligkeit von Christus aus. Darum wurde Christus hier als Urheber der Heiligkeit sichtbar. Dazu musste er als Handelnder auftreten, der die Macht hat zu heiligen. Das hätte er nicht können, wenn er nur in der Gestalt einer Taube oder der von Feuerzungen erschienen wäre. Denn weder eine Taube noch eine Feuerzunge kann vernünftig handeln und andere heiligen. Deshalb kam Christus als Mensch. So konnte er lehren, Sakramente einsetzen und aus Liebe und Gehorsam leiden und sterben. Dadurch wurde Christus für alle Menschen Urheber der Heiligkeit. Durch sein Handeln hat er den Menschen die Heiligkeit verdient.

Der Hl. Geist kam nicht als Urheber der Heiligkeit, sondern er erscheint sichtbar, um das Geheiligt- Sein anzuzeigen. Er erschien bei der Taufe Christi als Taube, um dadurch sichtbar zu machen, dass in Christus die Fülle der Heiligkeit ist. Er erschien als Feuerzungen, um zu zeigen, dass die Apostel jetzt lehren können. In der Apostelgeschichte lesen wir, dass der Hl. Geist wahrnehmbar herabgekommen ist über die Familie des Kornelius (Apg 10,44f). Hier kam er äußerlich, um seine innere Ankunft in diesen Seelen zu zeigen. Um dieses innere Geheiligt-Sein sichtbar zu machen, ist es nicht nötig, dass der Hl. Geist Mensch wurde wie der Sohn. Dieses Geheiligt-Sein kann er durch irgendetwas Sichtbares anzeigen, durch eine Taube oder Feuerzungen oder irgendein anderes Zeichen.

II. Teil

Der unerlöste Mensch

Verstand, Wille und
die Entscheidung

Der Mann sitzt am Abend am Esszimmertisch. Er hat Feierabend, die Kinder sind im Bett. Seine Frau räumt die Küche auf. Was jetzt? Ein spannendes Buch lesen? Mit seiner Frau über die Kinder reden? Im Internet nach den neuesten Nachrichten suchen? Es steht eine Entscheidung an.

Der Verstand geht voran, erfasst die verschiedenen Möglichkeiten, wägt ihre guten und ihre schlechten Seiten ab. Mit dem Buch könntest du wunderbar abschalten, die Sorgen vergessen, das würde dir guttun. Andererseits wäre es wichtig, mal in aller Ruhe das eine oder andere mit der Frau zu besprechen. Aber man sollte auch informiert sein, was in der Welt so läuft. Der Verstand entscheidet sich für eine der Möglichkeiten und stellt diese dem Willen als etwas Gutes vor. Der Verstand sagt: Ich habe jetzt nicht den Kopf dafür, ein Buch zu lesen, das Gespräch mit meiner Frau wäre zwar wichtig, aber das ist mir jetzt zu anstrengend, also setze dich ans Internet. Was der Verstand als Gut beurteilt, greift der Wille auf und strebt es an.

Um eine Entscheidung zu treffen, müssen also zwei zusammenkommen: der Verstand und der Wille. Aristoteles sagt: Eine Entscheidung ist eine begehrende Erkenntnis oder ein erkennendes Begehren. Wie ein Mensch aus Leib und Seele besteht und erst beide zusammen den Menschen machen, so besteht jede Entscheidung aus der Tätigkeit des Verstandes und des Willens und erst wenn beide tätig sind, kommt es zu einer Entscheidung.

Der Mensch trifft seine Entscheidungen frei. Thomas führt zwei Gründe an. Zum einen hat jedes Ding eine gute und eine schlechte Seite. Der Verstand kann die guten Seiten einer Sache betrachten und sie als begehrenswert darstellen, dann strebt der Wille danach. Der Verstand kann aber auch die schlechten Seiten in den Vordergrund rücken, dann bleibt der Wille kalt. Er kann sagen: Endlich hast du mal Zeit, in Ruhe mit deiner Frau zu reden. Das ist wichtiger als die neuesten Nachrichten zu kennen, die sind morgen sowieso wieder veraltet. Dann wird der Wille das

Gespräch suchen. Der Verstand kann aber auch sagen: Du musst unbedingt wissen, was in der Welt läuft. Du musst mitreden können, du musst die Lage in der Gesellschaft einschätzen können. Informiere dich. Dann wird der Wille Richtung Internet streben.

Egal was der Verstand betrachtet, er wird an jedem Ding und jeder Handlung gute und schlechte Seiten finden. Darum ist es dem Menschen immer möglich, sich für oder gegen etwas zu entscheiden.

„Es ist möglich, dass zwei Dingen, die in einer Hinsicht genau gleich gut sind, sich in einer anderen Hinsicht unterscheiden und eines von beiden viel hervorragender ist und so den Willen mehr bewegt als das andere Ding."

Nur die ewige Seligkeit hat keine schlechte Seite. Deshalb sind wir Menschen nicht frei in unserer Entscheidung für oder gegen das ewige Glück. Jeder will notwendigerweise glücklich sein.

Der zweite Grund, warum unsere Entscheidungen frei sind, sieht Thomas darin, dass verschiedene Mittel zum gleichen Ziel führen. Würde man die Seligkeit nur auf einem einzigen Weg erreichen, müssten wir notwendigerweise diesen Weg gehen. Oft haben wir uns aber zu entscheiden zwischen Alternativen, von denen alle ermöglichen, die ewige Seligkeit noch zu erreichen: Am Abend ein Buch zu lesen, mit der Frau zu reden, Nachrichten zu lesen – keines versperrt direkt den Weg zum ewigen Ziel.

Einzige Ausnahme ist eine Entscheidung für oder gegen eine schwere Sünde. Die schwere Sünde versperrt den Weg zum ewigen Glück. Darum kann sich eigentlich niemand für eine schwere Sünde entscheiden, denn niemand will nicht glücklich sein. Und doch ist auch diese Entscheidung frei. Der Verstand betrachtet zum Beispiel einen Betrug nicht unter dem Blickwinkel, dass er vom ewigen Glück ausschließt, sondern sieht nur den Reichtum, den er einbringt. Der Verstand stellt darum den Betrug dem Willen als etwas Erstrebenswertes vor.

Das Gute wollen

Immer wieder muss unser Wille sich entscheiden: Ist es gut, diesem Menschen hier zu helfen? Ist es richtig, an dieser Party teilzunehmen? Soll ich an diesem Wochentag die hl. Messe besuchen? Wir entschließen uns zu diesem oder jenem, aber ist das immer das Gute? Wovon hängt es ab, dass unser Wille gut ist?

Thomas nennt drei Kriterien: Ob unser Wille gut ist, hängt ab vom Objekt, auf das er sich richtet, vom Urteil der Vernunft und von der Übereinstimmung mit dem Gesetz Gottes.

Da ist an erster Stelle also das Objekt des Willens. „Ob ein Willensentschluß gut oder schlecht ist, hängt vor allem vom Objekt ab." Thomas versteht darunter das, worauf sich unser Wille richtet: die Tat mit allen ihren konkreten Umständen. Zum Beispiel diesem Menschen eine Unterkunft zu geben; diesem Menschen, wie er jetzt ist, mit allen seinen Eigenschaften, mit seiner Vergangenheit, seinen Verhaltensweisen und seiner kulturellen Prägung. Zu diesem Objekt des Willens gehören auch die Umstände auf meiner Seite: in diesem Beispiel also die Situation in meiner Wohnung, die Anzahl der Zimmer, das Alter der Kinder, Zimmertüren, die sich nicht abschließen lassen, ein Badezimmer, das alle benutzen ... Ist es in dieser Situation gut, diesen fremden Menschen aufzunehmen, oder nicht?

An dieser Stelle setzt das zweite Kriterium ein, die Vernunft: Ist es vernünftig, das tun zu wollen, oder nicht? Die Aufgabe der Vernunft ist das Erkennen. Sie untersucht das Objekt des Willens. Wenn sie zu dem Ergebnis kommt: Es ist gut, das zu tun, dann ist der Wille gut, wenn er sich entschließt, es auszuführen. „Die Vernunft legt dem Willen das Objekt vor. Was die Vernunft als gut erkennt, ist ein passendes Objekt für den Willen."

Die Vernunft untersucht also die Tat an sich und die Umstände. An sich ist es ein gutes Werk, einen hilfsbedürftigen Fremden zu beherbergen. Durch die konkreten Umstände kann diese Tat aber unvernünftig sein und so zu einer schlechten Tat werden. Ein Familienvater, der eine zwielichtige Gestalt beherbergt, bringt seine Kinder in Gefahr. Seine Vernunft wird ihm sagen: Es ist unvernünftig, diesen Fremden aufzunehmen.

Die Vernunft ist aber nicht die letzte Instanz, die über Gut und Böse entscheidet. Sie muss sich selbst nach höheren Maßstäben richten. Dieser Maßstab ist das Gesetz Gottes. Dieses Gesetz erkennen wir aus der Ordnung, die Gott in seine Schöpfung hineingelegt hat, und auch aus der Offenbarung. Die Zehn Gebote sind ein Teil dieses göttlichen Gesetzes.

Unsere Vernunft kann nur deshalb die Regel unseres Willens sein, weil sie sich am Gesetz Gottes orientiert. Das dritte Kriterium ist daher das Gesetz Gottes. Unser Wille ist nur dann gut, wenn das, was er will, mit der Vernunft und dem Gesetz Gottes übereinstimmt. „Die menschliche Vernunft ist die Regel des menschlichen Willens. An ihr mißt man sein Gutsein. Diese Stellung hat die menschliche Vernunft aus dem ewigen Gesetz, das ist die Vernunft Gottes. ... Das Licht der Vernunft, das in uns ist, kann uns insoweit das Gute zeigen und Regel für unseren Willen sein, insofern es das Licht deines [Gottes] Angesichtes ist, das heißt von deinem Angesicht herkommt." Und Thomas zieht den Schluss: „Daher ist es offensichtlich, dass das Gutsein des menschlichen Willens mehr vom ewigen Gesetz [Gottes] abhängt als von der menschlichen Vernunft, und wo das menschliche Denken nicht mehr weiterkommt, muss man zurückgreifen auf die ewigen Grundlagen."

Im genannten Beispiel wird die Vernunft also bedenken, dass es eine Ordnung in der Nächstenliebe gibt und dass es der Natur der Sache entspricht, wenn der Familienvater zuerst für das Wohlergehen seiner Familienangehörigen sorgt.

Nicht nur die Vernunft stellt dem Willen Dinge vor, die er wollen kann, auch die Phantasie und die Sinne. Der Wille ist aber schlecht beraten, wenn er auf die Phantasie und auf die sinnlichen Reize hört, denn die Phantasie und die Sinne betrachten nur das, was ihnen selbst guttut, und nicht das Wohl des ganzen Menschen. Das hingegen, was dem Willen von der Vernunft vorgelegt wird, beachtet das Gute nach allen Seiten.

Warum sündigen wir?

Wie kommt es, dass ich die gefundenen zweihundert Euro behalte? Ist daran derjenige schuld, der sie verloren hat? Hätte er darauf aufgepasst, wäre ich erst gar nicht in Versuchung gekommen. Oder sind meine Freunde der Grund für diese Sünde? Denn die sagten: Du wärst ein Dummkopf, wenn du damit aufs Fundbüro gehen würdest! Oder ist meine Habgier dafür verantwortlich? Die stellt mir nämlich dauernd vor Augen, wie viel Schönes ich mit diesem Geld kaufen kann. Oder ist meine Vernunft Ursache für diese Sünde? Sie übersieht das siebte Gebot und redet mir ein: Der ist selber schuld, dass er das Geld verloren hat; der rechnet sicher nicht damit, dass er es jemals wiedersieht; der wird gar nicht aufs Fundbüro gehen. Oder trägt mein Wille die Verantwortung für diese Sünde? Denn er hat schlussendlich entschieden: Ich behalte dieses Geld.

Thomas antwortet eindeutig: Der Wille ist letztendlich die Ursache für die Sünde: „Die absichtliche Vollbringung des sündigen Entschlusses ist Sache des Willens, so dass dieser Willensentschluß auch Sünde wäre ohne seine Vorgeschichte."

Tatsächlich aber hat jeder Willensentschluss ein Vorspiel. Der gelehrte Heilige analysiert genau, was oft in Sekundenschnelle in uns vorgeht. Vier Abteilungen unserer Seele sind damit beschäftigt: die Wahrnehmung durch die Sinne, das Begehren, die Vernunft und der Wille.

Unsere Sinnesorgane nehmen etwas wahr, was begehrenswert ist, zum Beispiel sehen wir mit unseren Augen einen Geldbeutel auf der Straße liegen. Wir heben ihn auf, wir schauen rein, wir sehen zweihundert Euro. Unser Begehren wird davon angezogen. Die Habgier wird wach. Unser Begehren lockt unsere Vernunft. Sie soll es gutheißen, dieses Geld zu behalten. Die Vernunft urteilt jetzt nicht mehr unvoreingenommen. Sie ist durch das Begehren schon in eine Richtung gedrängt. Doch eigentlich hat sie die Aufgabe, die verbindlichen Regeln zu betrachten und auf den Einzelfall anzuwenden. Jetzt aber, gedrängt vom sinnlichen Begehren, wendet sie diese nicht recht an, sie ignoriert das siebte Gebot, sie heißt es gut, das Geld einzustecken, und präsentiert es so dem Willen. Der Wille akzeptiert, was die Vernunft ihm als gut vorlegt. Er stimmt zu und willigt ein und vollendet so die Sünde.

Thomas fasst das in der ihm eigenen Prägnanz zusammen: „Dadurch, dass etwas vorgelegt wird als für die Sinne begehrenswert und das sinnliche Begehren sich dazu hinneigt, unterlässt die Vernunft manchmal, die notwendigen Regeln zu betrachten; und so bringt der Wille die Sünde hervor." Der Wille ist also die letzte Instanz. Durch sein Ja vollendet er die Sünde. Ohne seine Zustimmung käme es nicht zur Sünde: „Nicht alle inneren Regungen gehören zum Wesen der Sünde. Diese besteht der Hauptsache nach aus dem Willensakt."

Die Sünde spielt sich nicht rein innerlich ab. Unsere Umwelt kann auf uns einwirken. Thomas beschreibt, wie: An der Sünde sind der Wille, die Vernunft und das Begehren beteiligt. Unsere Umgebung würde zur Sünde beitragen, wenn sie Einfluss ausüben würde auf diese drei.

Unseren Willen kann niemand innerlich bewegen, als Gott allein. Gott aber kann niemals zu einer Sünde antreiben. Von Seiten des Willens ist also ein äußerer Antrieb zur Sünde ausgeschlossen.

Anders ist das bei unserer Vernunft. Sie lässt sich von außen beeinflussen. Andere Menschen und selbst Dämonen können uns zur Sünde raten. Sie können unserer Vernunft Argumente vorstellen, die fürs Sündigen sprechen.

Das sinnliche Begehren ist erst recht anfällig für Einflüsse von außen. Unsere Sinnesorgane sind Einfallstore für alle möglichen Reize. Doch alle diese äußeren Einflüsse können uns nicht zur Sünde nötigen: Keine Überredung zwingt unsere Vernunft dazu, das Sündhafte gutzuheißen. Und egal wie heftig unser Begehren ist – es zwingt nicht unsere Vernunft und unseren Willen zum Nachgeben: „Daher kann etwas Äußeres gewissermaßen Ursache sein, die zur Sünde bewegt, dennoch genügt das Äußere alleine nicht, um zur Sünde zu führen; sondern die Ursache, die genügt, um die Sünde zu vollenden, ist allein der Wille."

Wie schädlich ist die Sünde?

Der hl. Thomas stellt sich die Frage, ob denn die Sünde nur unserem religiösen, übernatürlichen Leben schade, oder auch unseren natürlichen Fähigkeiten.

Bevor er die Antwort gibt, verweist er auf seine Überlegungen über den Ursprung der Tugenden.

Jedem Menschen wurden verschiedene Fähigkeiten in die Wiege gelegt. Wir alle wurden mit einem Verstand ausgerüstet und mit einem freien Willen. Außerdem hat unser Körper bestimmte Gene erhalten, der eine ist sportlich gebaut, der andere kräftig, ein dritter hat die Veranlagung zur Musik, ein vierter hat die Neigung zum Künstler und so fort.

Auf diese Weise fällt es dem einen leichter, tapfer zu sein, als einem anderen; dieser ist eher geduldig veranlagt, ein andere hat es leichter, mäßig zu sein. So ist dem einen diese, einem anderen jene Tugend beinahe natürlich, von Natur aus da. Zwar nicht vollkommen und ausgeprägt, aber wenigstens im Keim.

Ähnliches gilt auch für die Tugenden, die im Verstand ihren Sitz haben, wie z.B. die Klugheit. Der Verstand aller Menschen ist ausgestattet mit den grundlegendsten Prinzipien. Jeder begreift, dass sich widersprechende Gegensätze nicht gleichzeitig wahr sein können. Diese Prinzipien sind „Samen für die verstandesmäßigen Tugenden und für die moralischen Tugenden." Es ist vernünftig, die Tugenden zu üben. Thomas fasst zusammen: „So ist es also klar, dass die Tugenden als Eignung und wie ein Anfang von Natur aus in uns sind, nicht aber ihrer vollen Entfaltung nach."

Diese ganz natürliche Hinneigung zur Tugend besitzt der Mensch, weil er mit Vernunft begabt ist. „Die natürliche Neigung zur Tugend besitzt der Mensch, weil er vernunftbegabt ist. Darum handelt er, wie es der Vernunft entspricht, und das heißt zu handeln gemäß der Tugenden. [...] Diese natürliche Hinneigung zur Tugend wurzelt in der vernünftigen Natur des Menschen und ist auf das tugendhafte Gute hin ausgerichtet wie auf ein Ziel." Die Tugenden helfen uns also, unserer natürlichen

Neigung zu folgen und uns nicht durch unvernünftige Reize ablenken zu lassen.

Schadet die Sünde also dieser natürlichen Veranlagung? Der gelehrte Heilige antwortet mit Ja. Der Grund leuchtet ein: Wir Menschen gewöhnen uns an das, was wir häufig tun, sowohl im Guten, als auch im Bösen. Wer immer versucht, geduldig zu sein, gewöhnt sich daran und legt sich die Tugend der Geduld zu. Wer dagegen immer gleich losbrüllt, gewöhnt sich daran und kann so die von Natur aus vorhandene Neigung zur Geduld zerstören. „Die natürliche Hinneigung zur Tugend wird durch die Sünde vermindert. Durch das, was ein Mensch tut, entsteht nämlich eine gewisse Neigung zu ähnlichen Tätigkeiten." Wächst die Neigung zu der einen Handlungsweise, schrumpft die Neigung zum entgegengesetzten Handeln. „Da nun die Sünde das Gegenteil der Tugend ist, vermindert sich durch das Sündigen, das Gute, das von Natur aus in uns steckt, nämlich die Neigung zur Tugend."

Die Sünde kann diesen von Natur aus angelegten Keim der Tugend nicht völlig zerstören. Er wurzelt ja in der Vernünftigkeit des Menschen. Und keine Sünde nimmt dem Menschen die Vernunft ganz weg.

Die ständig wiederholte Sünde kann aber immer größere Hindernisse aufbauen, so dass diese Neigung ihr Ziel, nämlich die Tugend, nicht mehr erreicht. Endlos kann ein Mensch Hindernisse aufhäufen und so unmöglich machen, dass die Neigung zur Tugend, die von Natur aus in ihm steckt, noch irgendetwas Gutes bewirken kann: „Es ist offensichtlich, dass diese Neigung grenzenlos vermindert werden kann, denn es können endlos viele Hindernisse aufgehäuft werden, der Mensch kann nämlich unbegrenzt eine Sünde zur anderen hinzufügen."

Thomas vergleicht diese Neigung mit einem transparenten Glas. Es bleibt zwar seinem Wesen nach immer transparent, wenn es aber beschmutzt wird, kann irgendwann kein Licht mehr durchscheinen. Der Keim der Tugend bleibt zwar immer im Menschen, die Sünden aber verhindern, dass er sich noch auswirkt. So ist die Sünde auch vom natürlichen Standpunkt aus betrachtet, ohne jede Rücksicht auf die Gnade, ein gewaltiges Übel für den Menschen.

Knechtschaft und Freiheit

Zur Zeit des heiligen Thomas war die Gesellschaft durch verschiedene Stände geordnet. Sehr anschaulich erklärt er, warum man vom „Stand" eines Menschen spricht:

„Es ist ganz natürlich, dass der Kopf des Menschen sich nach oben richtet, die Füße auf dem Boden stehen und dass sich die übrigen Glieder dazwischen in der ihnen zukommenden Lage befinden. Das trifft so nicht zu, wenn der Mensch liegt oder sitzt, sondern nur, wenn er aufrecht steht. Auch sagt man nur dann, dass er steht, wenn er in Ruhe ist, nicht wenn er sich bewegt."

Wie im stehenden Menschen jedes Körperteil an dem Ort ist, der ihm von Natur aus zukommt, so haben auch die verschiedenen Glieder der Gesellschaft ihren Platz. Diesen Platz nennt man „Stand".

Der Stand entscheidet, ob jemand über sich selbst bestimmen kann, oder Knecht eines anderen ist (prout aliquis est sui iuris vel alterius). Darum ist der Stand des Menschen entweder die Freiheit oder die Knechtschaft.

Nach der Abschaffung der Leibeigenschaft – so könnte man meinen – ist diese Unterscheidung bedeutungslos. Jetzt gibt es nur noch freie Menschen. Dass dem nicht so ist, erfährt man im 4. Artikel derselben Quaestio. Knechtschaft oder Freiheit spielten nicht nur im gesellschaftlichen Leben des Mittelalters eine wichtige Rolle, sondern auch zu jeder Zeit im geistigen Leben der Menschen. Auch hier gibt es Knechtschaft und Freiheit, und zwar beides gleich doppelt:

„Der Stand bezieht sich auf die Freiheit oder die Knechtschaft. In den geistigen Dingen findet man eine doppelte Knechtschaft und eine doppelte Freiheit. Die eine ist die Knechtschaft der Sünde, die andere ist die Knechtschaft der Gerechtigkeit. Ähnlich gibt es auch eine doppelte Freiheit: die eine ist die Freiheit von der Sünde, die andere die Freiheit von der Gerechtigkeit."

Thomas begründet diese doppelte Freiheit und doppelte Knechtschaft mit einem Wort des hl. Paulus aus dem Römerbrief „Als *ihr Knechte der Sünde wart, seid ihr frei gegenüber der Gerechtigkeit gewesen. Jetzt aber, befreit von der Sünde, seid ihr Knechte Gottes geworden."*

Knecht der Sünde nennt Thomas den, der gewohnheitsmäßig zur Sünde geneigt ist. Diener der Gerechtigkeit ist der, der gewohnheitsmäßig geneigt ist, gerecht zu sein.

Dabei sieht Thomas Knechtschaft und Freiheit als zwei Seiten einer einzigen Medaille. Wer Knecht der Sünde ist, hat mit der Gerechtigkeit nicht viel zu tun, er ist „frei" von der Gerechtigkeit. Wer dagegen Knecht – oder besser Diener – der Gerechtigkeit ist, der ist frei von der Sünde.

Diese zwei Paare von Knechtschaft und Freiheit stehen nicht gleichberechtigt nebeneinander. Es ist nicht gleich, ob jemand Knecht der Sünde oder Knecht der Gerechtigkeit ist. Wenn der Mensch alles leidenschaftslos mit seiner Vernunft betrachten würde, würde er sich immer so entscheiden, wie es gerecht ist. Thomas führt hier wieder das Argument an, auf das er immer zurückgreift, wenn von der Sünde die Rede ist: „Die Sünde ist der natürlichen Vernunft entgegengesetzt." Daraus zieht er eine eindeutige Folgerung: „Die Freiheit von der Sünde ist die echte Freiheit. Sie ist verbunden mit der Dienstbarkeit der Gerechtigkeit, denn durch beides richtet sich der Mensch auf das, was ihm angemessen ist. Und auf gleiche Weise ist die Knechtschaft der Sünde die wirkliche Knechtschaft, denn durch sie wird der Mensch von dem abgehalten, was sein Wesen ausmacht." Nämlich so zu handeln, wie es der Vernunft entspricht.

Im Unterschied zur alten Leibeigenschaft wird man in diese geistige Knechtschaft nicht hineingeboren. Jeder Mensch sucht sich aus, ob er Knecht der Sünde sein will oder Diener der Gerechtigkeit. Vom Eifer des Einzelnen hängt alles ab:

„Ob der Mensch Knecht der Sünde oder Knecht der Gerechtigkeit ist, hängt von seinen eigenen Bemühungen ab, denn so sagt der Apostel (Röm 6,16) *,Ihr seid dessen Knecht und müßt dem gehorchen, dem ihr euch als Knechte zum Gehorsam gebt. Entweder Knechte der Sünde zum Tod, oder des Gehorsams zur Gerechtigkeit.'"*

Der Tod – die natürlichste Sache der Welt oder Strafe für die Sünde?

Eine Säge ist aus Eisen. Aus diesem Material kann man leicht die Zähne formen, die eine Säge haben muss, und außerdem ist Eisen härter als Holz. So kann man damit das Holz bearbeiten. Dieses Material entspricht der Funktion einer Säge.

Das Eisen hat aber einen Nachteil: Es rostet. Und darum rostet auch die Säge. Der Hersteller der Säge beabsichtigt zwar nicht, dass die Säge rosten soll. Das lässt sich aber so leicht nicht verhindern. Wenn er könnte, würde er die Säge aus Eisen machen, das nicht rostet.

Wir Menschen sind nicht aus Eisen, sondern aus Fleisch und Knochen. Dieses Material passt tadellos zu der Aufgabe, die es erfüllen soll. Wir können gehen, Dinge berühren, sehen, hören und vieles mehr. Dieser Leib rostet zwar nicht, aber er ist aus Gewebe und Zellen zusammengesetzt, die nicht ewig halten, die ihrer Natur nach sich irgendwann auflösen und zerfallen.

Das, was unserem Leib die Form gibt, ist unsere Seele. Diese ist geistig und darum ewig. Sie hätte kein Problem, wenn auch der Leib ewig „halten" würde. Die Seele setzt nicht voraus, dass unser Leib zerfallen muss; so wenig wie für eine Säge notwendig ist, dass sie rostet.

Zwischen Gott und dem Hersteller einer Säge besteht ein großer Unterschied: Der Sägenmacher kann nicht bewirken, dass Eisen nicht rostet, Gott aber kann bewirken, dass der Leib nicht stirbt!

Mit diesem Vergleich erklärt Thomas, wieso der Tod einerseits mit unserer menschlichen Natur gegeben und andererseits doch eine Strafe für die Sünde ist.

Gott ist allmächtig. Darum hat er von Adam die Sterblichkeit weggenommen, die sich aus seinem Leib notwendigerweise ergab.

Vor dem Sündenfall von Adam und Eva „waren ihre Leiber nicht etwa darum vor dem Vergehen bewahrt, weil in den Leibern irgendeine unsterbliche Lebenskraft wohnte, sondern ihre Seelen besaßen eine gewisse übernatürliche, von Gott verliehene Kraft, durch die die Seele den Leib vor der Vergänglichkeit bewahren konnte, solange die Seele Gott unterworfen blieb". (I, q. 97, a. 1)

Dieses großartige Geschenk hat Gott den Menschen wieder genommen, als sie gesündigt hatten. Darum ist der Tod heute eine ganz natürliche Sache und er ist trotzdem eine Strafe für die Sünde.

Thomas geht wie immer auch auf die Einwände ein. Den vierten Einwand formuliert er so: „Alle Menschen stammen auf gleiche Weise von Adam und Eva ab. Wäre der Tod eine Strafe für die Sünde der ersten Menschen, müssten alle Menschen auf gleiche Weise den Tod erleiden. Das scheint aber falsch zu sein, denn manche sterben schneller als andere und manche schwerer. Also ist der Tod nicht die Strafe für die Sünde von Adam und Eva."

Antwort: Die Strafe besteht darin, dass Gott uns das übernatürliche Geschenk der Unsterblichkeit wieder weggenommen hat. Das hat nicht für alle dieselben Folgen. Durch dieses Geschenk wären die einen vor einem frühen, die anderen vor einem schweren Tod bewahrt worden.

Thomas zieht einen Vergleich heran, der uns moderne Menschen etwas befremdet, der aber deutlich macht, um was es geht: Wenn Verbrechern zur Strafe für ihre Vergehen das Augenlicht genommen würde, dann kann diese Strafe für jeden eine andere Folge haben. Der eine stolpert dadurch und bricht sich das Bein, der andere stößt sich und zieht sich eine Beule zu. So hat die eine Strafe unterschiedliche Folgen.

Uns wurde als Strafe für den Sündenfall nicht das Augenlicht weggenommen, sondern die Bewahrung vor dem Tod. Jetzt kann uns der Tod ganz unterschiedlich treffen.

Wenn der Tod aber eine Strafe ist, wie kann er dann zu einem verdienstlichen Werk werden, wie es von den Märtyrern gesagt wird?

Darauf antworte der heilige Lehrer mit einem Wort von Augustinus: „Wie die Ungerechten nicht nur die Übel zum Bösen gebrauchen, sondern auch die guten Dinge, so nutzen die Gerechten nicht nur die guten Dinge zum Guten, sondern auch die Übel." (Civ. Dei 13.)

Die Selbstliebe und die Sünde

Liebt der Sünder sich? Zuviel? Zuwenig? Gar nicht?

Die Sünde ist „die bis zur Verachtung Gottes gesteigerte Selbstliebe", sagt der hl. Augustinus (Civ. 14,28), also lieben sich die Sünder – und zwar viel zu viel. Im Psalm 10,6 (Vulg.) aber heißt es: „Wer die Ungerechtigkeit liebt, hasst seine Seele." Also liebt sich der Sünder gar nicht, sondern hasst sich sogar. Aber kann ein Mensch sich selbst hassen? Jedes Ding und jedes Tier bemüht sich von Natur aus darum, weiterzuexistieren, es wehrt sich gegen den, der es kaputtmachen will. Das gilt auch für den Menschen, er will leben, er findet es gut, dass er da ist. Das aber ist Selbstliebe. Die Selbstliebe ist also etwas ganz Natürliches.

Offensichtlich geht es hier um ganz unterschiedliche Weisen, sich selbst zu lieben. Dreierlei Arten der Selbstliebe zählt Thomas auf: „Sich selbst lieben ist in einer Weise allen Wesen gemeinsam; in einer anderen Weise ist es den Guten eigen; in einer dritten Weise ist es den Bösen eigen."

Alle Wesen, der Mensch eingeschlossen, halten für gut, dass sie das sind, was sie sind. Jeder Mensch findet es gut, dass es ihn gibt, dass er einer ist aus der Spezies Mensch. „Und so lieben alle Menschen, gute und böse, sich selbst, insofern sie ihre Selbsterhaltung lieben." In dieser Art der Selbstliebe stimmen Gute und Sünder überein.

Diese Übereinstimmung endet aber, wenn die Liebe sich nicht nur allgemein auf die menschliche Existenz richtet, sondern konkreter werden soll: Was ist die Hauptsache am Menschen? Was muss er besonders lieben? Hier antworten Gute und Böse ganz verschieden.

Die Guten lieben das, was die Hauptsache ist am Menschen: die vernünftige Seele.

Wenn die Bundeskanzlerin einen Vertrag unterschreibt, dann sagt man: Deutschland hat unterschrieben. Denn vom politischen Blickwinkel aus betrachtet, ist die Kanzlerin die Hauptsache in Deutschland, auch wenn Deutschland aus vielen Millionen Bürgern besteht. Mit einem derartigen Vergleich erklärt Thomas, warum die Vernunft die Hauptsache ist im Menschen. Auch wenn der Mensch aus vielen anderen Elementen besteht: die vernünftige Seele ist sein vornehmster Bestandteil und leitet ihn. Was die vernünftige Seele tut, das gilt als vom ganzen Menschen getan. „Die Guten betrachten die vernünftige Natur oder den inneren Menschen als das Hauptsächlichste an sich." Die Selbstliebe der Guten ist auf die vernünftige Seele gerichtet.

Anders die Sünder. Für diese ist der sinnliche Teil des Menschen die Hauptsache und sie lieben ihre Sinnlichkeit. Die Selbstliebe der Bösen zielt auf den sinnenhaften Teil des Menschen. Diese Selbsteinschätzung ist falsch. Und weil sie sich nicht richtig erkennen, lieben sie sich auch nicht richtig.

Dass in diesem Punkt die Guten recht haben und die Bösen falsch liegen, beweist Aristoteles, indem er eine Parallele zieht zur Freundschaft: „Jeder Freund will zuerst, dass der Freund existiert und lebt; zweitens will er für ihn nur Gutes; drittens tut er ihm Gutes; viertens ist er gern und froh mit ihm zusammen; fünftens ist er eines Sinnes mit ihm und freut sich und trauert mit ihm." (Ethik 9.4)

Diese fünf Eigenschaften der Freundschaft findet man bei den Guten: sie sind die Freunde ihrer Seele, ihres inneren Menschen: Sie möchten, dass ihre Seele lebt, sie wollen für sie das Gute, sie tun ihr Gutes, sie kehren gern in ihrer Seele ein und sie sind einig mit sich selbst.

Ganz entgegengesetzt handeln die Sünder: Sie kümmern sich nicht darum, dass ihre Seele lebt, sie wünschen nicht das Gute für ihre Seele, sie geben sich keinerlei Mühe, ihrer Seele etwas Gutes zu tun. Es macht ihnen keine Freude, im eigenen Herzen Einkehr zu halten. Und sie sind mit sich selbst nicht einig, wegen ihres schlechten Gewissens.

Daraus wird klar: Nur die Weise der Selbstliebe, die die Guten üben, verdient auch diesen Namen. Die Selbstliebe, aus der die Sünde entspringt, liebt nicht das, was das Wesentliche ist am Menschen, sondern nur das Sinnliche: „Die Bösen gieren so nach äußeren Gütern, dass sie die geistigen verachten."

Eitle Ehre

Dürfen wir uns darum bemühen, gelobt und geehrt zu werden? Oder sollen wir davor fliehen?

Einiges spricht für das Suchen nach Ehre. Gott sucht ja auch seine Ehre, und wir sollen doch Gott nachahmen, sagt Paulus (Eph 5,11). Außerdem hat es gute Wirkungen auf uns, wenn wir nach Ehre suchen – das macht uns eifrig, das spornt uns an. Viele Menschen hätten in ihrem Leben viel weniger geleistet, wenn der Hunger nach Anerkennung und Lob sie nicht angetrieben hätte. Und fordert uns Paulus im Römerbrief nicht geradezu auf, Ehre bei den Menschen zu suchen, wenn er schreibt: „Seid auf Gutes bedacht nicht nur vor Gott, sondern auch vor allen Menschen?" (Röm 12,17)

Das ist die eine Seite. Auf der anderen Seite kann die Liebe zum Geehrt-Werden geradezu zu einem Laster werden. Augustinus nennt sie so: „Ein gesundes Auge sieht, dass auch Ruhmsucht ein Laster ist" (De Civ Dei 5,13). Was also? Ein Laster oder ein Ansporn zum Guten? – Beides!

Es gibt gute Ehre, und es gibt eitle Ehre. Thomas gibt die Kennzeichen an, wodurch sich beide unterscheiden.

Ehre ist eitel, leer, lasterhaft, wenn sie einen dieser drei Mängel hat:

Erstens: Man will gelobt werden für etwas, was man nicht hat, oder für etwas, was nicht der Ehre wert ist. Wer also geehrt werden will für Leistungen, die er gar nicht erbracht hat, oder wer Ruhm erhalten will für seine Trinkfestigkeit, der sucht nach eitler, lasterhafter Ehre.

Zweiter Fehler der eitlen Ehre: Man will von Leuten gelobt werden, die kein sicheres Urteil haben. Von Menschen bejubelt werden zu wollen, die nur selten ihren Denkapparat gebrauchen, ist Suchen nach eitler Ehre.

Dritter Mangel: Man will gelobt werden, ohne damit einen guten Zweck zu verbinden. Wer geehrt werden will, einfach nur um sich über diese Ehrung unnütz zu freuen oder damit zu prahlen, der sucht eitle Ehre.

Die gute Ehre hat keinen dieser Mängel, im Gegenteil:

Gute Ehre sucht, wer erstens gelobt werden will für Dinge, die der Ehre wert sind, nämlich für gute Werke; wer zweitens diese Ehre sucht von Personen mit guter Urteilskraft, und wer drittens diese Ehre sucht für einen guten Zweck.

Ein solcher guter Zweck kann sein, dass Gott dadurch mehr von den Menschen geehrt wird. Wie es Christus selbst sagt: „Euer Licht leuchte vor den Menschen, damit sie eure guten Werke sehen und euren Vater preisen, der im Himmel ist." (Mt 5,16)

Man darf auch Ehre suchen in der Absicht, dass die Mitmenschen durch die Ehre, die wir erhalten, angespornt werden, selber das Gute zu tun. Thomas sieht darin eine Nachahmung Gottes: „Gott sucht seine Ehre nicht für sich selbst, sondern unseretwegen." – Uns nützt es, wenn wir die Herrlichkeit Gottes erkennen. Wir würden ihn nicht erkennen, wenn er seine Herrlichkeit uns nicht gezeigt hätte. „Auf diese Weise ist es auch für uns Menschen eine gute Sache, Ehre zu suchen zum Nutzen der anderen." Und auch für den eigenen Ansporn ist es erlaubt, Ehre zu suchen.

Wir dürfen also danach streben, dass andere unsere guten Eigenschaften und Leistungen erkennen, „insoweit es zu etwas nützlich ist; nämlich dass Gott von den Menschen verherrlicht werde; oder dass die Mitmenschen Fortschritte machen im Guten, wenn sie das Gute im anderen erblicken; oder dass der betreffende Mensch kraft des Zeugnisses des Lobes, das er von anderen erhält, nun um so mehr im Guten verharrt und zu Besserem fortschreitet."

Wenn wir Ehre nicht von Menschen, sondern von Gott suchen, dann sind diese drei Bedingungen von selbst erfüllt. Denn von Gott werden wir keine Ehre erwarten für Dinge, die wir gar nicht haben, oder für Belangloses. Außerdem urteilt Gott besser als jeder Mensch, und schließlich dient die Ehre, die wir von ihm erwarten, immer einem guten Zweck: dem Ansporn im Guten und der Ehre Gottes.

Darum sagt Thomas: „Die Ehre, die wir von Gott erhalten, ist keine eitle Ehre, sondern echte Ehre. Eine solche Ehre wird den guten Werken als Lohn verheißen."

Ist es erlaubt, zu hassen?

Hassen muss erlaubt sein. Die Heilige Schrift sagt nämlich, dass Gott hasst : „Verhaßt vor Gott ist der Gottlose und sein gottloses Werk." (Weish 14,9) Gott nachzuahmen kann aber nicht verkehrt sein. Und Paulus schreibt an die Römer: „Hasset das Böse, hänget an dem Guten." (12,9)

Dieses Pauluswort führt direkt zum Kern der Frage: Weder ist jeder Hass erlaubt, noch ist jeder Hass verboten. Das Böse muss man hassen, das Gute darf man nicht hassen. Doch wo fängt das Böse an, das man hassen muss? Und wo hört das Gute auf, das man nicht hassen darf?

Thomas bringt viel Klarheit mit Hilfe einer Unterscheidung: Es gibt zweierlei Übel: das wirklich Üble (malum verum) und das nur scheinbar Üble (malum apparens). Wirklich übel ist, was der gottgeschaffenen Natur widerspricht. Nur scheinbar übel ist, was für ein Übel gehalten wird, obwohl es in Wirklichkeit etwas Gutes ist und der von Gott geschaffenen Natur entspricht. Die Sünde ist ein wirkliches Übel. Die Anstrengung, die mit dem Almosengeben verbunden ist, ist nur ein scheinbares Übel. Ein wirkliches Übel muss man hassen, ein nur scheinbares Übel darf man nicht hassen.

Wie sieht das beim Nächsten aus? Ist es immer eine Sünde, wenn man ihn hasst ? Kann der Nächste nicht so übel sein, dass der Hass gerechtfertigt ist? Nein, das kann er nicht, antwortet der heilige Gelehrte. Jeder Mensch hat etwas Gutes an sich, wenigstens sein Menschsein, das er von seinem Schöpfer erhalten hat. Das ist etwas wirklich Gutes und darf nicht gehasst werden. Seine Sünden und Fehler dagegen sind etwas Übles und dürfen gehasst werden.

Thomas bringt es auf den Punkt: „Dem Nächsten ist Liebe geschuldet hinsichtlich dessen, was er von Gott erhalten hat, nämlich seine (menschliche) Natur und die Gnade. Nicht aber ist ihm Liebe geschuldet im Hinblick auf das, was er von sich selbst und vom Teufel hat, nämlich die Sünden und den Mangel an Gerechtigkeit."

Wer also den Nächsten als solchen hasst, der sündigt, wer dagegen die Fehler seines Nächsten hasst, der tut etwas Gutes: „Wenn wir im Nächsten die Schuld und den Mangel des Guten hassen, dann gehört das zur Nächstenliebe, denn es ist im Grunde dasselbe, dass wir das Gute für einen Menschen wollen und dass wir das Böse an ihm hassen." Genau so handelt Gott. Er hasst nie die Natur eines Menschen, sondern immer nur die Schuld, die der Mensch auf sich geladen hat.

Trotz allem gibt es aber unter den Menschen den Hass, der sich nicht nur auf das Üble richtet, sondern auf die Person des Nächsten als solchen. Thomas untersucht diese Sünde näher. In einer Hinsicht ist diese Sünde die schwerste, die man gegen den Nächsten begehen kann. Sie schadet ihm zwar nicht so unmittelbar wie Diebstahl, Ehebruch, Mord. Aber der Hass bringt am meisten den Willen in Unordnung. Wer stiehlt, raubt, die Ehe bricht, dessen Wille ist nicht primär gegen den Nächsten gerichtet, sondern er sündigt, weil er für sich selbst etwas haben will. Wer dagegen den Nächsten hasst, dessen Wille richtet sich direkt gegen den Nächsten, den er lieben müsste.

Der Hass ist nicht der Anfang vieler Sünden, so wie die Trägheit, der Zorn oder die Habgier Anlass zu vielen weiteren Sünden sind. Der Hass ist vielmehr das letzte, wozu ein Sünder kommt. Es ist nämlich ganz natürlich, dass die Menschen das Gute lieben. Das ist ihnen natürlicher, als ihre Trägheit und ihre Habgier zu überwinden. Je natürlicher aber etwas ist, desto weniger weicht der Mensch davon ab: „Man rückt notwendigerweise zuerst von dem ab, was weniger der Natur gemäß ist, und erst zuletzt von dem, was am meisten der Natur gemäß ist ... Was aber am meisten und zuallererst dem Menschen natürlich ist, ist, dass er das Gute liebt, vor allem das Gutsein Gottes und das Gute am Nächsten."

Wenn an einem Menschen die Tugenden zerstört werden, beginnt die Zerstörung also nicht mit dem Hass. Der Hass ist vielmehr der Beweis dafür, wie weit die Zerstörung schon vorangeschritten ist.

Üble Nachrede

„Mein Kollege ist fähig, aber er lügt." Ein kurzes Wort. Es kann viel bewirken. Vor allem eines: den guten Ruf des Kollegen zerstören. Thomas nennt solche Worte „detractio" – mit der ursprünglichen Bedeutung: „Wegnahme, Entziehung", nämlich des guten Rufes, und definiert diese Verhaltensweise als Anschwärzung des Rufes eines anderen durch Worte. Übersetzt wird „detractio" meistens mit „Ehrabschneidung" oder „üble Nachrede".

Thomas unterscheidet sie von der Beschimpfung. Wer einen anderen beschimpft, der wirft ihm offen und unverhüllt Worte an den Kopf, die seine Ehre verletzen, er zeigt, dass er ihn geringschätzt. Wer dagegen einem anderen übel nachredet, sagt hinter seinem Rücken Schlechtes über ihn. Er erweckt den Anschein, er würde ihn schätzen und achten. Aber wer die üble Nachrede hört, bekommt eine schlechte Meinung vom Angeschwärzten. Und genau das beabsichtigt der Sprecher: die Zuhörer sollen seinen Worten glauben.

„Die Beschimpfung unterscheidet sich von der üblen Nachrede in zwei Punkten: Erstens in der Art und Weise, wie die Worte gesagt werden: Der Beschimpfende spricht offen gegen jemanden; wer übel nachredet, dagegen im Verborgenen. Zweitens durch das beabsichtigte Ziel oder den zugefügten Schaden, denn der Beschimpfende verletzt die Ehre des anderen, der übel Nachredende den guten Ruf."

Der gute Ruf ist aber eine wertvolle Sache. Thomas sagt sogar, die wertvollste unter den äußeren Dingen, denn „er ist den geistigen Dingen näher." Im Buch der Sprüche heißt es: „Besser ist der gute Ruf als großer Reichtum." (Spr 22.1) Darum ist es eine schwere Verfehlung, anderen am guten Ruf zu schaden. Der gelehrte Heilige stellt sich sogar die Frage, ob die üble Nachrede wohl die schwerste aller Sünden sei, die gegen den Nächsten begangen werden. „Wie schwer eine Sünde gegen den Nächsten ist, muss man daran messen, wie groß der Schaden ist, den sie ihm zufügt. Der Schaden ist aber um so größer, je größer das Gut ist, gegen das er sich richtet.“

Thomas lokalisiert genau, wo der gute Ruf in der Rangordnung der menschlichen Güter seinen Platz hat: Der Mensch besitzt drei verschiedene Arten von Gutem: seelische Güter, Güter des Leibes und äußere Güter. Die Güter der Seele sind die wertvollsten. Diese kann ein anderer aber nicht wegnehmen, außer er gibt Anlass zum Sündigen. Die Güter des Leibes sind wertvoller als die äußeren Güter. Äußere Güter können von anderen weggenommen werden.

Den guten Ruf zählt Thomas – wie gesagt – zu den äußeren Gütern. Er ist das wertvollste von allen äußeren Gütern: wertvoller als Reichtum, weniger wert als Gesundheit und Leben.

Die üble Nachrede steht darum in der Rangordnung der Sünden hinter dem Mord, aber vor dem Diebstahl. Sie ist schwerer als der Diebstahl, weil der gute Ruf wertvoller ist als Geld und Schmuck; sie ist aber nicht so schwer wie Mord, weil sie sich nur gegen ein äußeres Gut richtet und nicht gegen den Leib.

Der heilige Gelehrte gesteht aber zu, dass eine unüberlegte üble Nachrede eine nur kleine Sünde sein kann: Betrachtet man eine Sünde nicht nur an sich, sondern ihre Umstände, „hängt die Schwere einer Sünde von dem ab, der sündigt. Er sündigt schwerer, wenn er aus Überlegung sündigt, als wenn er aus Schwachheit oder Leichtsinn sündigt. Darum sind die Zungensünden gewissermaßen leicht, da sie ohne große Überlegung leichtsinnig herausplatzen.“

Noch einer erstaunlichen Frage geht Thomas nach: Sündigen die schwer, die eine üble Nachrede anhören? Wer widerstandslos eine üble Nachrede hört, scheint zuzustimmen. Dadurch nimmt er teil an der Sünde des übel Redenden. Wer andere zur üblen Nachrede veranlasst oder wem diese gefällt, weil er den Angeschwärzten nicht leiden kann, der sündigt nicht weniger als der übel Redende und manchmal sogar noch mehr. Gefällt dem Hörer dagegen nicht, was gesagt wird, aber aus Furcht oder Nachlässigkeit widerspricht er nicht, dann sündigt er zwar, aber viel weniger als der Redende selbst und meistens nicht schwer.

Der Zorn

Der Zorn sei keine Sünde, meinen die einen, denn er lasse sich ja gar nicht vermeiden, niemand sündige aber durch etwas Unvermeidliches. Der Zorn sei eine schwere Sünde, meinen die anderen, schließlich sage der Herr: „Jeder, der seinem Bruder zürnt, verfällt dem Gericht." (Mt 5,22)

Thomas erklärt, warum keiner der beiden Standpunkte voll und ganz zutrifft.

Der Zorn ist eine Leidenschaft, wie auch die Traurigkeit oder die Furcht Leidenschaften sind. Und wie jede Leidenschaft ist auch der Zorn gut, wenn er der Vernunft gehorcht, er ist dagegen schlecht, wenn er unvernünftig ist.

Wer zornig wird, der will Vergeltung, der will den bestrafen, auf den er zornig ist. Wer sich zum Beispiel über einen anderen Autofahrer ärgert, der sagt: „Dem sollte man den Führerschein wegnehmen."

Ist dieser Wunsch nach Vergeltung vernünftig, dann ist der Zorn gut. „Wenn jemand begehrt, dass dem anderen vergolten wird, wie es der vernünftigen Ordnung entspricht, ist der Zorn lobenswert." Der Zorn Christi über die Händler im Tempel war gut. Die Vergeltung, die er hnen antat, war gerecht: Er vertrieb sie aus dem Tempel, denn sie hatten hier nichts verloren.

Der Zorn kann aus verschiedenen Gründen unvernünftig sein. Zuallererst durch die Art und Weise, wie er geschieht. „Der Zorn kann ungeordnet sein durch die Art und Weise des Zürnens, nämlich dann, wenn er innerlich zu sehr aufflammt oder sich äußerlich zu sehr durch Zeichen kundtut." Beides entspricht nämlich nicht der gesunden Vernunft.

Er kann aber auch ungeordnet sein durch das, was er begehrt. Hier zählt der gelehrte Heilige vier Arten auf, wie der Zorn die Ordnung der Vernunft verletzen kann:

Erstens ist er ungeordnet, wenn er sich gegen jemand richtet, der es gar nicht verdient. Wer mit einer gebrechlichen, alten Frau zornig wird, weil sie so langsam geht, dessen Zorn ist unvernünftig, schließlich kann die alte Frau nichts für ihre Gebrechlichkeit.

Zweitens ist er unvernünftig, wenn er jemanden mehr bestrafen will, als er es verdient hätte. Wer mit einem Kind zornig wird, weil es keinen Spinat essen will, und es darum zwei Tage in den Keller sperrt, der sündigt durch seinen Zorn, denn diese Strafe ist unverhältnismäßig.

Drittens übertritt der Zorn die rechte Ordnung, wenn er auf eine Art und Weise dem anderen vergelten will, die nicht erlaubt ist. Wer einem Auto, das unerlaubt vor der Garageneinfahrt parkt, mit dem Fuß eine Beule in die Tür tritt, dessen Zorn ist unvernünftig. Der Gesetzgeber sieht fürs Falschparken andere Strafen vor.

Viertens ist der Zorn eine Sünde, wenn er den anderen nicht bestrafen will, um die Gerechtigkeit wieder herzustellen oder eine Schuld wiedergutzumachen, sondern in einer schlechten Absicht, zum Beispiel um Macht zu demonstrieren.

Thomas zieht klar die Grenze, an der der Zorn zur schweren Sünde wird: „Wenn jemand nach einer ungerechten Vergeltung begehrt, ist der Zorn seiner Art nach eine schwere Sünde, denn das widerspricht der Liebe und der Gerechtigkeit. Es kann aber trotzdem sein, dass ein solches Begehren nur eine lässliche Sünde ist." – Dann nämlich, wenn die Zornesregung so plötzlich entsteht, dass unsere Vernunft davon überrumpelt wird, und den Zorn erst bemerkt, nachdem er schon ausgebrochen ist. Ein solcher Zorn war nicht absichtlich und darum keine schwere Sünde.

Er ist auch dann nur eine lässliche Sünde, wenn er zwar ungerechte Vergeltung begehrt, aber dieses Unrecht nur eine Kleinigkeit ist.

Das Wort Christi: „Wer seinem Bruder zürnt, verfällt dem Gericht," gilt also nicht für jeden Zorn. Das wird klar, wenn man den Zusammenhang betrachtet, in dem Christus dieses Wort gesprochen hat: „Der Herr spricht dieses Wort über den Zorn, um dadurch dem Wort aus dem Gesetz ‚Wer tötet, verfällt dem Gericht' etwas hinzuzufügen. Daher spricht hier der Herr über den Zorn, der begehrt, den Nächsten zu töten, oder ihm schwer zu schaden. Wenn die Vernunft diesem Begehren beipflichtet, ist der Zorn ohne Zweifel eine schwere Sünde."

Was macht uns zornig?

Keiner wird aus heiterem Himmel zornig. Der Zorn braucht immer einen Auslöser. Darüber macht sich Thomas Gedanken, denn wer Heilmittel angeben will für den Zorn, muss wissen, wie es zum Zorn kommt.

Zorn ist nichts anderes als das Begehren, sich zu rächen. Rächen will man sich nur, wenn man irgendwie verletzt wurde. Zornig wird nur der, dem selbst ein Unrecht geschehen ist. „Der Beweggrund für den Zorn ist immer ein Schaden, der der eigenen Person angetan wurde", schreibt Thomas.

Aber zeigt die tägliche Erfahrung nicht, dass es anders ist? Werden nicht Menschen zornig, denen niemand etwas zuleide getan hat? Sie werden zornig, weil anderen Unrecht geschehen ist. Zum Beispiel hört einer, dass jemand seinem Freund bei einer Demo einen Stein an den Kopf geworfen hat, und ihn packt die Wut.

Andere Beispiele gibt es genug: Ein Mathematik-Professor wird zornig, wenn jemand verächtlich über die Mathematik spricht, auch wenn er ihm selber nichts antut.

Und durch Schweigen schaden wir niemandem, und trotzdem kann es andere in Wut bringen. Der heilige Johannes Chrysostomus sagt: „Wer schweigt gegen denjenigen, der ihn schmäht, regt ihn dadurch um so mehr zum Zorn an."

Hat sich der heilige Lehrer hier also vielleicht getäuscht? Nein, sein Grundsatz ist trotzdem wahr: Zornig wird der, dem ein Schaden zugefügt wird.

Wer zornig wird, nicht weil ihm selbst, sondern weil seinem Freund geschadet wird, der identifiziert sich mit seinem Freund. Was dem Freund angetan wird, das betrachtet er so, als wäre es ihm selber angetan. Würde dasselbe einem Kulturfremden auf einem anderen Kontinent geschehen, wäre von Zorn keine Spur. Ähnliches gilt für den Mathe-Professor. Die Mathematik ist seins. Er betrachtet sie als sein eigenes Gut. Wer sie verachtet, trifft den Mathematiker selbst.

Und warum wird jemand zornig, wenn derjenige schweigt, den er beschimpft? Schweigen kann als Zeichen der Verachtung wahrgenommen werden. Wer sich verachtet fühlt, sieht sich als geschädigt an, darum wird er zornig.

Der Beweggrund für den Zorn ist also immer ein Schaden, der der eigenen Person zugefügt wird, oder dem, was die Person als das ihre betrachtet.

Aber zählt da jeder Schaden? Ein Kater, nach einer feucht-fröhlichen Feier? Kann dieser ein Grund sein für einen Zornausbruch? Wohl kaum. Thomas beschreibt den Schaden näher, der die Ursache für den Zorn ist: Es ist die Geringschätzung in verschiedenen Varianten.

Seine Begründung leuchtet ein: Der Zornige will sich am anderen rächen. Gerechte Rache gibt es nur, wo etwas zu Unrecht geschehen ist. Was zum Zorn führt, muss also immer als ein Unrecht wahrgenommen werden. Aristoteles sagt: „Wenn die Menschen meinen, sie seien gerechterweise verletzt worden, so zürnen sie nicht." Am meisten tut uns jemand unrecht, wenn er uns absichtlich aus Bosheit schadet. Wer uns vorsätzlich unrecht tut, der scheint uns zu verachten. Das macht uns zornig. Wer uns aus Dummheit oder Schusseligkeit schadet, der reizt uns nicht so stark zum Zorn, sondern erregt eher unser Mitleid.

Und er nennt noch einen zweiten Grund, warum wir jeden Schaden als Geringschätzung wahrnehmen: Jeder Mensch will irgendwie hervorragend sein, besser als der Durchschnitt. Keiner will für gering gehalten werden.

Alles, was wir haben, benutzen wir dazu, irgendwie über andere hinauszuragen. Wer also irgendeinem unserer Güter schadet, sei es Gesundheit oder Ansehen oder Eigentum, der schadet unserem Verlangen, hervorzuragen, der verletzt unsere Würde und macht uns zornig:

„Aus allem, was wir Gutes haben, versuchen wir andere zu überragen. Wer uns also an irgendeinem Gut schadet, der schadet unserem Verlangen, andere zu übertreffen. Darum nehmen wir jeden Schaden als Geringschätzung wahr." Und werden zornig.

In der Einleitung dieser Quaestio sagt der heilige Lehrer, dass er die Ursache des Zorns betrachten will und seine Heilmittel.

Tatsächlich spricht er dann aber nur über die Ursache und nennt keine Heilmittel. Aber ist nicht allein das Wissen darüber, wie es zum Zorn kommt, schon ein Heilmittel?

Habgier, Geiz und Verschwendung

Was soll daran verkehrt sein, Geld, Häuser, Kleidung, Lebensmittel besitzen zu wollen? Wir sind auf solche Dinge angewiesen. Von Natur aus brauchen wir sie, sie halten uns am Leben. An diesen Dingen festzuhalten, richtet sich nicht gegen Gott. Wir versäumen es dadurch weder, Gott zu verehren, noch an ihn zu glauben und ihn zu lieben. Und auch dem Nächsten schaden wir durch dieses Haben-Wollen nicht. Wir tun ihm ja kein Unrecht, wenn wir festhalten, was uns gehört. Und wir sündigen auch nicht gegen uns selbst. Wenn sich das Haben-Wollen also weder gegen Gott richtet, noch dem Nächsten oder uns selbst schadet, kann es dann eine Sünde sein?

Sind Habsucht und Geiz also in Ordnung? Tun wir damit wirklich niemandem unrecht? Thomas antwortet, wie so oft: Es kommt auf das rechte Maß an.

Gut kann nur sein, was dem richtigen Maß entspricht. Überschreitet man das Maß oder unterschreitet man das Maß, wird die Sache schlecht. Das gilt auch von unserem Verhältnis zu Geld, Haus, Kleidung und Nahrung.

Aber wo kann man das Maß abnehmen? Wie viel Geld dürfen wir uns wünschen, ohne dass wir darin übertreiben? Und wieviel Wohnraum und Kleidung dürfen wir begehren, ohne unmäßig zu sein?

Der heilige Lehrer antwortet mit einem anschaulichen Vergleich: Wenn der Kranke wissen will, wieviel Medizin er einnehmen soll, wird der Arzt die Dosis an dem bemessen, was die Arznei bewirken soll. Das Maß richtet sich nach dem Zweck einer Sache. Sinn und Zweck der Arznei ist die Gesundheit – also ist sie der Maßstab. Man nimmt soviel ein, wie der Gesundheit nützt.

Wie die Arznei ein Mittel ist, um gesund zu werden, so sind Geld, Wohnraum, Kleidung, Nahrung, Mittel, um uns Menschen das Leben zu erhalten. Wir können nicht ständig im Freien leben, können nicht ohne Kleidung sein, brauchen etwas zum Essen. Wenn diese Dinge also Mittel sind, um uns das Leben möglich zu machen, dann erhalten sie von daher ihr Maß: Die rechte Menge unseres Besitzes lässt sich danach bestimmen, wieviel für unser Leben nötig ist.

Die Habsucht und der Geiz übersteigen dieses Maß: sie wollen mehr haben, als zum Leben nötig ist. Ein Zuviel in diesem Begehren ist durchaus eine Sünde.

Zwei Arten von „Unmäßigkeiten" im Besitzen-Wollen führt der gelehrte Heilige an:

Man kann das rechte Maß dadurch überschreiten, dass man tatsächlich mehr erwerben oder mehr behalten will, als man braucht. Die Habsucht kann Maßlosigkeit bedeuten, „so dass der Mensch mehr erwirbt und aufbewahrt, als sein müsste. In dieser Hinsicht ist die Habsucht eine Sünde direkt gegen den Nächsten. Denn zeitliche Güter können nicht gleichzeitig von vielen besessen werden. Darum kann nicht ein Mensch darin Überfluß haben, ohne dass ein anderer daran Mangel leidet."

Nicht nur wer tatsächlich kauft und festhält, kann vom richtigen Maß abweichen, sondern auch wer sich wünscht, was ihm nicht zusteht. Wer sich unmäßigen Reichtum wünscht oder sich darüber freut, der bringt seine Seelenregungen (Affekte) in Unordnung. Und das ist nach dem Urteil des hl. Thomas eine Sünde gegen einen selbst und auch eine Sünde gegen Gott, „insofern der Mensch wegen der zeitlichen Güter die ewigen geringschätzt."

Wenn die Habsucht vom rechten Maß durch ein Zuviel abweicht, dann muss es auch ein Laster geben, das von diesem Maß durch ein Zuwenig abweicht. Thomas nennt es Verschwendung und sagt dazu: „Der Habsüchtige hängt zu sehr am Reichtum und liebt ihn mehr, als er soll. Der Verschwenderische tut zu wenig, er sorgt sich weniger darum, als er müsste. Zur Verschwendung gehört es, zu viel von den äußeren Dingen herzugeben, zu wenig aber zu erwerben und zu behalten. Die Habsucht dagegen gibt zu wenig her, übertreibt aber im Erwerben und Behalten."

Was für alle sittlichen Tugenden gilt, trifft also auch hier zu: Die Tugend steht in der Mitte zwischen zwei Extremen.

Knauserei und Verschwendung

Auf den ersten Blick scheint es nicht schwer zu sein, Geld auszugeben. Bei genauerem Hinsehen ist es eine Gratwanderung zwischen Knauserei und Verschwendung. Wie bei jeder Tugend gibt die Vernunft das rechte Maß an. Es geht hier aber nicht nur ums Geldausgeben, sondern der Grundsatz, den Thomas hier angibt, gilt ganz allgemein vom Aufwand, den wir für eine Sache treiben.

Ist es nicht das Beste, den Aufwand immer so gering wie möglich zu halten, bei allem, was wir tun? Wenn weniger geht, warum dann mehr tun? Wenn man weniger ausgeben kann, warum dann mehr aufwenden? Genau diese Haltung ist Knauserei. Oberstes Ziel des Knauserers ist es, wenig aufzuwenden; möglichst wenig Geld, wenig Zeit, wenig Mühe in eine Sache zu stecken. Er fragt sich nicht, ob es die Sache vielleicht wert wäre, dass man sich mehr Mühe gibt, mehr Zeit investiert, mehr Geld dafür locker macht. „Aristoteles sagt: ‚Er [der Knauser] strebt danach, so wenig wie möglich aufzuwenden‘; nur weil er es mit wenig Aufwand haben kann, will er das Kleine; er weist es nicht von sich, wenn es nur nicht viel kostet."

Der Knausrige kleidet sich zum Beispiel so billig wie möglich. Auch sonntags trägt er eine schludrige Jeans, und im Extremfall geht er in der Jogginghose zu einer Hochzeitsfeier. Für ihn kommt gar nicht infrage, für ein Kleidungsstück Geld auszugeben, solange im Schrank noch irgendetwas liegt – egal für welchen Anlass. Der Fehler an dieser Haltung besteht darin, dass nicht gefragt wird, ob es vielleicht angemessen wäre, für diesen Anlass mehr aufzuwenden. Der Sonntag wäre es tatsächlich wert, dass er auch durch bessere Kleidung hervorgehoben wird.

Und damit beachtet der Knausrige nicht, dass Aufwand und Werk sich entsprechen müssen. Das zu beachten aber, würde der Vernunft entsprechen. Knauserei ist also unvernünftig und damit ein Laster.

Der Fehler liegt nicht darin, auch dem Kleinen Aufmerksamkeit zu schenken, denn wenn man ihm so viel Aufmerksamkeit schenkt, wie ihm vernünftigerweise zukommt, dann ist das tugendhaft: „Knausrig wird nämlich nicht der genannt, der Kleines regelt, sondern der bei der Regelung von Großem oder Kleinem vom Maß der Vernunft abweicht."

Aber ist es nicht lobenswert, wenn jemand genau auf jede Kleinigkeit seines Besitzes achtet und sorgfältig damit umgeht, nichts verlieren will? Ja, das ist es, wenn es vernünftig bleibt! Der Knausrige aber fürchtet in ungeordneter Weise und auch in den kleinsten Dingen, dass er etwas von seinem Besitz verliert. Und das ist tadelnswert, denn er lässt seine Habgier nicht von der Vernunft zurechtrücken, sondern er lässt seine Habgier über die Vernunft herrschen: „Er richtet sein Streben nicht nach der Vernunft aus, sondern stellt vielmehr den Gebrauch der Vernunft in den Dienst seines ungeordneten Strebens."

Knauserei ist also unvernünftig, aber nicht allein sie – auch ihr Gegensatz ist unvernünftig: die Verschwendung. Man kann nicht nur zu wenig aufwenden wollen für eine große Sache; man kann auch zu viel aufwenden wollen für eine kleine Sache: „Wie es vorkommt, dass der Aufwand verglichen mit dem Werk zu klein ist, so kommt es auch vor, dass der Aufwand im Verhältnis zum Werk zu groß ist, indem das vernunftgemäße Verhältnis des Aufwands zum Werk überschritten wird." Viele hundert Euro für ein Faschingskostüm auszugeben, einen ganzen Tageslohn für eine Flasche Wein aufzuwenden, sich zu überschulden, weil man mit dem neuen Auto den Nachbarn übertrumpfen will, das ist Verschwendung. Das Verhältnis passt nicht.

So haben der Knausrige und der Verschwender also etwas gemein: Beide wenden nicht so viel auf, wie vernünftig wäre, sondern weichen vom vernunftgemäßen Maß ab. Die Tugend steht zwischen diesen beiden Extremen, oder besser: sie ist der Gipfel über diesen beiden Abgründen. Sie besteht darin, jeder Sache den Aufwand angedeihen zu lassen, der ihr entspricht.

Ist der Genuss gut oder schlecht?

Ganz entgegengesetzte Standpunkte treffen in dieser Frage aufeinander. Jeder Genuss ist schlecht, meinen die einen, jeder Genuss ist gut, sagen die anderen. Beide führen handfeste Argumente ins Feld.

Der Genuss beeinträchtige die Vernunft, je größer das Vergnügen, desto weniger könne man dabei vernünftig denken. Die vernunftlosen Tiere und unvernünftige Kinder liefen den Genüssen nach, nicht aber tugendhafte Menschen. Damit sei bewiesen, dass das Genießen schlecht ist.

Die Gegenseite beruft sich auf Aristoteles. Er sagt in seiner Ethik: Gut ist, was alle begehren. Jeder wolle genießen, also sei das Genießen grundsätzlich gut. Es wäre geradezu lächerlich, wollte man jemanden fragen: „Warum willst du genießen?" Die Menschen suchen das Vergnügen nicht um eines anderen willen, sondern das Lusterlebnis selbst ist das Ziel. Was nicht um eines anderen willen gesucht wird, sondern um seiner selbst willen, müsse gut sein.

Beide Standpunkte weist Thomas zurück. Er betrachtet die Sache differenzierter. Es sind weder alle Vergnügen gut, noch alle schlecht. Der Mensch braucht ein bestimmtes Maß an Genuss: „Es kann niemand leben ohne jede sinnenhafte und leibliche Lust."

Bevor er auf die einzelnen Argumente eingeht, definiert er, was denn Genuss ist: „Genuss ist das Ruhen des Begehrens in einem geliebten Gut." Ob ein Vergnügen gut oder schlecht ist, hängt vom Gut ab, aus dem es besteht. In welchem Gut ruht das Begehren? Ist das etwas wirklich Gutes? Darf das Begehren darin ruhen?

Der heilige Gelehrte greift auf ganz grundsätzliche Regeln zurück: Der Mensch ist mit Vernunft begabt. Darum muss er handeln, wie ein vernünftiges Wesen. Das heißt, er muss sich von seinem Verstand leiten lassen. Daraus folgert er: Gut ist, was der Vernunft entspricht, schlecht ist, was von der Vernunft abweicht. Die Gebote Gottes stellt Thomas der Vernunft gleich: Es ist nicht vernünftig, zu morden, die Ehe zu brechen, zu lügen, zu stehlen. Darum ist alles schlecht, was nicht der Vernunft und nicht den Geboten Gottes entspricht.

Mit dieser Regel lassen sich die Vergnügen beurteilen: Ruht das Begehren in einem Gut, das vernunftgemäß ist? - Dann ist das Vergnügen gut! Ist es unvernünftig oder gegen die Gebote Gottes? - Dann ist der Genuss schlecht.

Diese allgemeingültige Regel kann im Einzelfall zu unterschiedlichen Ergebnissen führen. Das ist dem gelehrten Heiligen klar. Solange der Mensch etwas begehrt, was an sich gut ist, zum Beispiel Gott, solange ist auch sein Begehren gut und das Ruhen in diesem geliebten Gut. Das ist vernünftig.

Tatsächlich begehren wir Menschen aber nicht nur Dinge, die ganz und gar gut sind, sondern Dinge, die uns gut zu sein scheinen, es aber in der Tat nicht sind. Wir können etwas für vernünftig halten, was in Wirklichkeit unvernünftig ist. Wir können etwas für begehrenswert halten, was tatsächlich abscheulich ist. Der Ehebrecher zum Beispiel begehrt etwas, was unvernünftig ist. Er tut seinem Ehepartner Unrecht, er zerstört das Glück eines anderen, er übertritt ein Gebot Gottes. Wenn so etwas geschieht, spricht Thomas von einem Scheingut. Es scheint gut zu sein, ist es aber nicht wirklich.

Nachdem das geklärt ist, setzt er sich mit den Argumenten der pauschalen Gegner und Befürworter der Genüsse auseinander.

Genüsse sind nicht grundsätzlich schlecht. Es gibt zwar zweifellos Vergnügen, die die Vernunft behindern. Sie nehmen den Körper so in Beschlag, dass das Sinnliche keinen Raum mehr lässt für vernünftiges Denken. Es gibt aber auch Genüsse innerhalb der Vernunft. Wenn ein Forscher etwas Neues entdeckt, dann erlebt er Genuss. Und zwar einen Genuss, der die Vernunft nicht blockiert. Auch der Genuss Gottes im ewigen Leben, behindert nicht unsere Vernunft, weil er ein geistiges Vergnügen ist.

Lusterlebnisse sind aber auch nicht grundsätzlich gut. Thomas gesteht zu, dass Genüsse nicht um eines anderen willen gesucht werden. Das Vergnügen selbst ist das Ziel. Aber ein Ziel kann gut oder schlecht sein. Nicht jedes Gut, das begehrt wird, ist ein wahres Gut und darum ist nicht jeder Genuss ein guter Genuss.

Unkeuschheit

Die Unkeuschheit ist der unerlaubte Gebrauch der Sexualität. Darum stellt sich Thomas zuerst die Frage, was denn erlaubt ist im sexuellen Bereich. Hier grenzt er sich gleich von den Irrlehrern ab, die den Gebrauch der Sexualität grundsätzlich für Sünde halten. Es ist nicht alles verboten. Aber wo ist hier die Linie, die das Erlaubte vom Verbotenen abgrenzt?

Diese Frage klärt Thomas mit einer ganz grundsätzlichen Überlegung. Maßstab ist die Vernunft: „Eine menschliche Handlung ist dann eine Sünde, wenn sie nicht dem entspricht, was die Vernunft sagt." Die Vernunft ordnet jedes Ding auf sein eigenes Ziel hin. Es ist unvernünftig, in das Flugzeug nach Moskau zu steigen, wenn das Ziel der Reise Paris ist. Dagegen ist es vernünftig, ein Messer zu verwenden, um das Fleisch zu schneiden. Dazu wurde das Messer gemacht. Das ist sein Ziel, das ihm der gegeben hat, der es hergestellt hat.

Wer die Dinge zu dem Zweck nutzt, zu dem sie gemacht sind, und das in einer Situation, die passt, der sündigt nicht – vorausgesetzt der Zweck ist gut. Wer Pornographie anschaut, nutzt diese zwar zu dem Zweck, zu dem sie gemacht wurde, aber der Zweck der Pornographie ist schlecht, und darum sündigt er. Wer ein Volksmessbuch verwendet, um damit den Gebeten der hl. Messe folgen zu können, nutzt das Buch zu dem Zweck, zu dem es gemacht wurde, und dieser Zweck ist gut. Darum handelt er gut.

In unserem Leib gibt es unterschiedliche Bereiche mit unterschiedlichen Zwecken. Der Verdauungsapparat ist da, um unseren Leib durch die Nahrung am Leben zu halten. Das ist eine gute Sache. Noch besser als den Einzelnen am Leben zu halten ist es, das Menschengeschlecht am Leben zu halten. Daraufhin ist die Sexualität des Menschen ausgerichtet. Darum hat sie einen guten Zweck: „Wie es ein echter Wert ist, dass die Natur eines einzelnen im Dasein erhalten wird, so ist es ein hervorragender Wert, dass die Menschennatur im Dasein erhalten wird." Und Thomas führt das prägnante Wort des hl. Augustinus an: „Was die Nahrung für das Wohlergehen des Einzelnen ist, das ist die sexuelle Vereinigung für das Wohlergehen des Menschengeschlechtes." (De bono conjugali 16)

Diese Parallele zwischen Nahrung und Sexualität führt Thomas noch weiter aus. Wie es keine Sünde ist, zu essen, solange das auf die richtige Art und Weise geschieht, so ist es auch keine Sünde, die Geschlechtskraft zu gebrauchen, solange das auf die richtige Art und Weise geschieht. Und Thomas fügt gleich hinzu, wie die richtige Art und Weise aussieht: Sie muss passen zum Ziel der Sexualität, nämlich zur Weitergabe des Lebens. Alle Praktiken, die dieses Ziel der Sexualität verfehlen, entsprechen nicht der Vernunft und sind damit eine Sünde. „Unkeuschheit" umschreibt genau diese falsche Handlungsweise: „Das macht das Wesen der Unkeuschheit aus: Die vernunftgemäße Ordnung in der Sexualität und die vernunftgemäße Art und Weise werden nicht eingehalten." Und wie gesagt: Was vernunftgemäß ist, hat Thomas schon erklärt: Das, was dem Zweck der Sache entspricht, bei der Sexualität also die Weitergabe des Lebens.

Aber sind wir nicht Herren unseres Leibes? Können wir mit ihm nicht machen, was wir wollen? Nein, wir sind nicht die unbeschränkten Herren unseres Körpers. Unsere Leiber gehören Gott, denn er ist Schöpfer und er hat uns erkauft durch teuren Preis (1 Kor 6,20), durch das Blut seines Sohnes. „Wer seinen Leib ungeordnet gebraucht durch die Unkeuschheit, der tut Gott Unrecht, denn er ist der höchste Herr unseres Leibes."

Die sittlichen Tugenden stehen in der Mitte hoch über zwei sündhaften Extremen. Die Mäßigkeit im Essen steht über der Maßlosigkeit und der Magersucht. So betrachtet gibt es zu jeder Sünde auch eine entgegengesetzte Sünde, die in die andere Richtung vom Ideal der Tugend abweicht. Gibt es auch eine Sünde, die das Gegenteil der Unkeuschheit ist? Die gänzliche Enthaltsamkeit? Sie ist keine Sünde, sondern eine Tugend. Und doch gibt es eine der Unkeuschheit entgegengesetzte Sünde, nämlich die Sexualität dort nicht auszuüben, wo sie ausgeübt werden müsste. Diese Sünde wird begangen, wenn ein Ehepartner sich dem anderen verweigert.

Wahrsagerei

Einiges von dem, was morgen geschieht, können wir heute voraussagen. Manches sogar ganz sicher, zum Beispiel wie morgen die Sterne stehen. Wir kennen die Bahnen der Sterne und die Gesetze, nach denen sie sich bewegen, und können berechnen, wo sie morgen stehen.

Anderes können wir zwar nicht ganz sicher, aber mit großer Wahrscheinlichkeit voraussagen. Das Wetter zum Beispiel: Wenn heute Nacht eine Unwetterfront über Frankreich zieht, ist sie sehr wahrscheinlich morgen bei uns. Und wer heute Halsschmerzen und eine verschnupfte Nase hat, wird übermorgen ziemlich sicher husten müssen.

Wir können über morgen etwas sagen, weil wir heute schon die Ursachen kennen. Aber auch nur dann. Morgen wird vieles geschehen, dessen Ursache uns heute nicht bekannt ist, oder dessen Ursache uns zwar bekannt ist, die aber so oder ganz anders wirken kann. Das gilt vor allem für die Menschen. Sie sind frei. Wir wissen, dass unser Kollege morgen Ursache von bestimmten Handlungen sein wird, wir wissen aber nicht, ob er morgen zuerst telefonieren oder zuerst die Post anschauen wird.

„Manche Ursachen können an sich ganz Unterschiedliches wirken, das gilt vor allem von den Vernunftbegabten, die ganz Gegensätzliches hervorbringen können. Und solche Wirkungen […] können nicht dadurch erkannt werden, dass man die Ursachen betrachtet."

In diesen Dingen könnten wir das Morgige nur dann voraussagen, wenn wir heute nicht nur die Wirkung, sondern das morgige Geschehen selbst sehen könnten. Das übersteigt aber die menschlichen Kräfte. „Darum können derartige Wirkungen nicht vorausgewusst werden, außer man schaut die Wirkungen selbst. Menschen aber können solche Wirkungen nicht in sich selbst sehen, außer sie sind gegenwärtig." Wenn wir morgen neben dem Kollegen sitzen, werden wir sehen, was er macht, aber erst dann, nicht schon heute. „Diese Wirkungen selbst zu betrachten, bevor sie geschehen, ist nur Gott eigen, der allein in seiner Ewigkeit als gegenwärtig sieht, was in Zukunft geschehen wird."

Wenn darum ein Mensch behauptet, er könne etwas vorhersagen, was nicht der Ursache nach bekannt ist, ohne dass Gott es ihm geoffenbart hat, dann maßt er sich an, was nur Gott kann. Und das nennt man Wahrsagerei.

Es fällt also nicht unter Wahrsagerei, wenn jemand voraussagt, was notwendigerweise geschehen wird, wie die Bewegung der Sterne, oder wenn er voraussagt, was meistens so geschehen wird, wie den Verlauf einer Krankheit, und auch nicht, wenn jemand etwas Zukünftiges vorhersagt, das ihm Gott geoffenbart hat. Denn dann maßt er sich nicht selbst an, die Zukunft zu kennen, sondern empfängt sein Wissen von Gott. „Wahrsagerei liegt nur dann vor, wenn jemand sich anmaßt, auf ungebührliche Weise vorhersagen zu können, was in Zukunft geschieht."

Der wesentliche Unterschied zwischen der Wahrsagerei und der Prophetie liegt also darin, dass die Prophetie echtes Zukunftswissen tatsächlich von Gott bezieht, die Wahrsagerei dagegen nur vorgibt, Zukünftiges zu wissen, tatsächlich aber keine Verbindung mit Gott hat und darum auch kein echtes Zukunftswissen haben kann.

Der heilige Lehrer unterscheidet zwei Arten, wie Gott einem Propheten etwas Zukünftiges mitteilen kann. Er kann ihm etwas ausdrücklich offenbaren, und er kann ihm innerlich etwas eingeben, das der Prophet unbewusst empfängt.

Wenn dem Propheten etwas ausdrücklich von Gott geoffenbart wird, kann er sich ganz sicher sein. „Wenn nämlich der Prophet darüber keine Gewißheit besäße, wäre der Glaube, der sich auf die Aussagen der Propheten stützt, nicht fest." Tatsächlich sehen wir bei den Propheten, dass sie mit göttlicher Autorität auftraten. Sie waren sich sicher, dass Gott zu ihnen gesprochen hatte. Abraham hätte sich nie aufgemacht, seinen Sohn zu opfern, wenn er nicht hundertprozentig sicher gewesen wäre, dass Gott zu ihm gesprochen hatte.

Aber nicht immer, wenn Gott einen Propheten unterrichtet, schenkt er ihm diese Sicherheit. „Nicht alles, was wir unter göttlichem Antrieb erkennen, wird uns mit prophetischer Gewißheit kundgetan." Wenn Gott dem Propheten etwas innerlich eingibt, kann der Prophet nicht sicher unterscheiden, ob es von Gott kommt, oder ob er sich das selbst erdacht hat.

Gott versuchen

Wer ein Pferd galoppieren lässt, nicht weil er es eilig hat, sondern um zu schauen, wie schnell es laufen kann, der testet, erprobt, prüft das Pferd. Er weiß es vorher nicht, will es aber wissen. Wer dagegen von seinen Feinden verfolgt wird und darum das Pferd so schnell galoppieren lässt, wie es kann, dem geht es nicht darum, zu sehen, wie schnell das Pferd läuft, sondern er will seinen Feinden entkommen. Beide tun das gleiche, sie spornen ihr Pferd an; ihre Absicht ist aber verschieden. Der erste erprobt es, der zweite nicht.

Mit diesem Beispiel erklärt Thomas, was es heißt, Gott zu versuchen. Wir Menschen können tatsächlich auf die Idee kommen, Gott erproben zu wollen, wie man ein Pferd erprobt, testen zu wollen, was Gott kann. Das geschieht dann, wenn jemand Gottes Hilfe ausdrücklich oder stillschweigend anruft, nicht weil er jetzt unbedingt Gottes Hilfe braucht – er könnte sich auch selber helfen –, sondern allein weil er sehen will, ob und wie Gott ihm jetzt hilft. Wer so handelt, der gleicht dem, der das Pferd nur deshalb laufen lässt, weil er sehen will, wie schnell es galoppieren kann.

Nicht jeder, der Gott um etwas Großes bittet, versucht Gott. Wer keinen anderen Ausweg hat und sich selber nicht mehr helfen kann und darum Gottes Hilfe anruft, der versucht Gott nicht. Er gleicht dem, der sein Pferd anspornt, weil er keine andere Chance hat, den Feinden zu entkommen.

Der wesentliche Unterschied zwischen einem guten Gebet und dem Gott-Versuchen besteht also darin, dass das Gott-Versuchen zu nichts anderem nützlich ist, als Gott zu testen.

Darum haben die Heiligen Gott nicht versucht, wenn sie von ihm ein Wunder erbeten haben. Sie haben zwar allein darauf gewartet, dass die Macht Gottes wirkt. Aber aus eigener Kraft konnten sie das Problem nicht lösen. Thomas schreibt: „Die Heiligen sahen eine Notlage oder einen Nutzen. Das hat sie dazu bewogen, die Macht Gottes anzurufen, dass sie hier wirkt. So haben sie durch ihr Bittgebet Wunder gewirkt."

Sie haben also nicht darum Wunder erfleht, um zu sehen, wie mächtig Gott ist, sondern um einer Notlage abzuhelfen. Wenn Petrus und Johannes zum Gelähmten sagen: Im Namen Jesu Christi von Nazareth steh auf und geh umher (Apg 3,6), dann versuchen sie Gott nicht. Denn sie sagen das nicht nur, um zu sehen, ob Gott das kann, sondern weil sie dem Gelähmten wirklich helfen wollen.

Aber warum ist es verkehrt, sehen zu wollen, wie mächtig Gott ist? Weil es Mißtrauen zeigt. Wer andere erprobt, der ist sich nicht sicher, was der andere kann. Wenn ich sicher weiß, wie schnell das Pferd läuft, brauche ich seine Geschwindigkeit nicht mehr zu testen.

Wer Gott versucht, ist sich nicht sicher, was Gott tatsächlich kann. Er will es wissen, darum fordert er ihn heraus. Und das ist eine Ehrfurchtslosigkeit gegenüber Gott. Denn wer fest an die Allmacht Gottes glaubt, der braucht nicht zu testen, wie mächtig Gott ist, weil er davon überzeugt ist, dass Gott allmächtig ist.

Es kann gerechtfertigt sein, die Allmacht Gottes herauszufordern, nicht um selber die Macht Gottes zu sehen, sondern um sie anderen zu beweisen. So hat der hl. Bonifatius die Macht Gottes herausgefordert, als er sich genau dahin stellen ließ, wohin die Donar-Eiche fallen musste. Als die Eiche ihn doch nicht erschlug, sahen die Heiden die Macht Gottes, der offensichtlich eingegriffen hatte.

Und wie sieht es aus mit den Jüngern Christi? Sie waren unterwegs ohne Geld, ohne Nahrung, ohne zweiten Satz Kleidung (Lk 9,3). Sie verließen sich ganz auf Gott. Heißt das nicht Gott versuchen? Sie hätten sich aus eigener Kraft Geld, Nahrung und Kleidung verschaffen können und haben es nicht getan – aber nicht, um die Macht Gottes zu erproben, sondern um nicht durch weltlichen Besitz behindert zu werden: „Sie verzichteten auf alle weltlichen Hilfsmittel, weil das notwendig war und einen großen Nutzen brachte. So konnten sie frei und ungehindert das Wort Gottes verkünden."

Sein wie Gott

Der hl. Erzengel Michael rief Luzifer zu: Wer ist wie Gott? Denn das wollte Luzifer erreichen: zu sein wie Gott. Und auch Adam und Eva flüsterte er diesen Wunsch ein: Wenn ihr davon esset, werdet ihr sein wie Gott. Was heißt aber „sein wie Gott"? Was wollte Luzifer eigentlich erringen?

Was man nicht kennt, das kann man nicht begehren. Luzifer wußte nicht, was es heißt, zu sein wie Gott. Auch Luzifer konnte nicht verstehen, was es bedeutet, Gott gleich zu sein, denn die beschränkten Geschöpfe können den Unendlichen nicht fassen. Wie sollte dann Luzifer begehrt haben, wie Gott zu sein?

Kein normaler Mensch kann im Ernst einem Engel gleich sein wollen und noch weniger Gott. Was unmöglich ist, kann niemand haben wollen, auch nicht Luzifer.

Aber hat nicht Christus selbst gesagt: „Seid vollkommen, wie euer Vater im Himmel vollkommen ist" (Mt 5,48)? Dann muss es doch möglich sein, so vollkommen zu sein wie Gott. Und was ist dann daran verkehrt, Gott ähnlich sein zu wollen?

Auf diese Fragen antwortet der heilige Thomas wie so oft mit einer Unterscheidung. Man kann auf unterschiedliche Weise sein wollen wie Gott.

Man kann Gott gleich sein wollen, also dasselbe Wesen haben wollen wie Gott. So wollte Luzifer nicht Gott gleich sein. Denn Luzifer war überragend intelligent und seine Erkenntniskraft war weder durch die Sünde noch durch die Leidenschaften behindert. Ihm war klar, dass er nie Gott gleich sein kann. Darum hat er auch nicht begehrt, Gott gleich zu sein. Darin ist Luzifer uns Menschen überlegen. Unsere Sünden und Leidenschaften verdunkeln unseren Verstand manchmal so, dass wir etwas Unmögliches wollen.

Thomas untersucht diesen Wunsch nach Gottgleichheit noch genauer: Nehmen wir einmal an, es wäre einem Geschöpf tatsächlich möglich, Gott zu werden. Dann würde trotzdem kein einziges Geschöpf Gott werden wollen. Denn jedes Wesen wünscht von Natur aus, dass es weiter dasein kann. „Alle haben von Natur aus den Wunsch, in ihrem Sein erhalten zu werden. Ihr Sein würde aber nicht weiter bestehen, wenn es in ein anderes Sein umgewandelt werden würde. Darum kann kein Wesen, das auf einer niedrigeren Seinsstufe steht, begehren, ein höheres Wesen zu werden. Kein Esel begehrt, ein Pferd zu werden."

Um Gott zu werden, müsste der Engel aufhören, Engel zu sein, und das ist gegen seine Natur. Darum konnte Luzifer nicht Gott gleich sein wollen. Bei Luzifer war in diesem Punkt keine Täuschung möglich, denn er besaß eine ungetrübte Intelligenz.

Zu sein wie Gott kann aber nicht nur bedeuten, Gott gleich sein zu wollen, sondern man kann ihm auch einfach nur ähnlich sein wollen.

Wer Gott ähnlich sein will in den Dingen, in denen er Gott ähnlich sein soll, der sündigt nicht, vorausgesetzt, ihm ist klar, dass er sich diese Ähnlichkeit nicht selbst geben kann, sondern sie von Gott erhalten muss.

Wer dagegen Gott ähnlich sein will in Dingen, in denen er Gott nicht ähnlich sein soll, der sündigt. Wenn zum Beispiel jemand Gott in seiner Eigenschaft als Schöpfer von Himmel und Erde ähnlich sein will, dann sündigt er. Denn das ist eine Eigenschaft, die Gott alleine zusteht. Kein Geschöpf kann ihm darin ähnlich sein.

Von dieser Art war die Sünde Luzifers. Er wollte zwar nicht Gott gleich sein, aber er wollte Gott ähnlich sein in einer Sache, in der ihm die Ähnlichkeit nicht zustand. Nach dem heiligen Lehrer wollte der Teufel Gott darin ähnlich sein, dass er die ewige himmlische Seligkeit aus eigener Kraft besitzen wollte und nicht als Geschenk und Gnade Gottes. Das aber ist eine Eigenschaft, die nur Gott zukommt: Gott allein besitzt seine Seligkeit aus eigener Kraft. Die Geschöpfe dagegen nur als Geschenk.

Sehen wir diese Versuchung heute nicht überall: Gott in Eigenschaften ähnlich sein zu wollen, die nur Gott zustehen? Herr sein zu wollen über Leben und Tod; entscheiden zu wollen über Gut und Böse; niemand über sich haben zu wollen?

III. Teil

Der Weg der Erlösung

Heilung durch die Gnade

Manche Krankheiten heilen von selbst. Medikamente sind nicht nötig. Das Immunsystem wird alleine damit fertig. Kann das nicht auch bei Sünden so sein? Die Kirchenväter vergleichen die Sünden mit Krankheiten, die Tugenden mit der Gesundheit und die Gnade mit der Medizin. Kann es dann nicht sein, dass Sünden von selbst wieder heilen? Können wir uns aus eigener Kraft von den Sünden befreien, ohne dass wir dazu die Hilfe der Gnade brauchen? Und sagen die Lehrer der Christenheit nicht immer wieder, die Sünde sei der menschlichen Natur entgegengesetzt? Der Mensch ist ein vernünftiges Wesen, die Sünde dagegen immer unvernünftig. Wenn es etwas ganz natürliches ist, ohne Sünde zu sein, kann dann ein Sünder aus eigener Kraft die Sünde lassen und sich so verhalten, wie es seiner vernünftigen Natur entspricht? An den anderen Geschöpfen sehen wir, dass sie von selbst in den natürlichen Zustand zurückkehren. Steine fliegen von Natur aus nicht. Man kann sie hochwerfen. Dann aber fallen sie wieder herunter. Sie behalten nicht den unnatürlichen Zustand bei.

Mit diesen Überlegungen leitet Thomas seine Untersuchung ein zur Frage, ob der Mensch ohne Gnade sich von der Sünde erheben kann. Er stellt gleich klar, was er damit nicht meint: Sich aus der Sünde zu erheben heißt nicht nur, aufzuhören mit sündigen. Thomas versteht darunter, von den Folgen der Sünde befreit zu werden und repariert zu werden vom Schaden, den die Sünde in der Seele angerichtet hat. Die Sünde ist nicht einfach vorbei, wenn man aufhört sie zu begehen. Sie hinterlässt bleibende Schäden. Drei zählt er auf.

Die Sünde raubt der Seele die Gnade. Durch die Gnade war die Seele schön. Thomas spricht vom „decor gratiae", vom Schmuck der Gnade. Ohne Gnade hat die Seele einen Schandfleck, eine „macula".

Aber nicht nur der Gnadenschmuck, den Gott dem Menschen zu seinem Menschsein hinzugegeben hat, geht verloren, auch das Menschsein selbst wird durch die Sünde beschädigt. Unordnung bricht ein; mit jeder Sünde nimmt die Kraft zur Selbstbeherrschung ab. „Das natürlich Gute verdirbt, insofern die Natur des Menschen in Unordnung gerät, weil der Mensch seinen Willen Gott nicht unterwirft. Ordnet sich der Mensch nicht Gott unter, kommt Chaos in die ganze Natur des sündigen Menschen."

Und schließlich bringt jede Sünde eine Strafe mit sich. Wer schwer sündigt, hängt sich die Hölle an.

Alle drei Schäden können nicht repariert werden, ohne dass Gott wirkt. Der verlorene Gnadenschmuck kann nur durch Gott wieder gegeben werden. Er muss der Seele wieder den Glanz der Gnade schenken.

Die Ordnung im Menschen wird repariert, in dem Gott den Willen des Menschen wieder an sich zieht. Unterwirft der Mensch sich Gott, gehorchen auch die niederen Seelenkräfte wieder dem Willen. Es herrscht wieder Ordnung in der Seele.

Die Strafe kann nur durch den erlassen werden, der durch die Sünde beleidigt wurde. Nur mit Gottes Hilfe also kann der Mensch sich erheben, er braucht helfende und heiligmachende Gnade von Gott.

Am Ende kommt der große Lehrer der Christenheit auf seine anfänglichen Überlegungen zurück. Der Vergleich der Sünde mit der körperlichen Krankheit hinkt in einem wesentlichen Punkt: Die Gesundheit hat ihren Ursprung und ihren Sitz in der Natur des Menschen. Die Gnade dagegen hat ihren Ursprung nicht in der menschlichen Natur, sondern in Gott. Darum wächst die verlorene Gnade nicht von selbst wieder an, wie ein abgeschürftes Stück Haut. In dieser Hinsicht muss man den Menschen ohne Gnade eher mit einem Toten vergleichen: Wie ein Toter aus eigener Kraft nicht mehr lebendig werden kann, so kann jemand der die Gnade verloren hat, diese nur wieder erhalten durch Gott, der sie ihm wieder eingießt.

Wäre unsere Natur durch die Sünde Adams nicht geschwächt worden, könnte sie von selbst zu dem zurückkehren, was ihrer Natur entspricht. Tatsächlich aber ist der Mensch beschädigt durch die Sünde. Darum kann er nicht aus eigener Kraft von der Sünde lassen und erst recht nicht die Gnade wiedererlangen.

Befreit von der Sünde

Christi Leiden nimmt unsere Sünden weg. Aber wieso? Was haben unsere Sünden mit dem Leiden Christi zu tun? Thomas sieht einen dreifachen Zusammenhang zwischen der Vergebung unserer Sünden und dem Leiden Christi.

Christi Leiden und Tod befreit uns von unseren Sünden, weil Christus das Haupt ist und wir Teile sind an seinem Leib. Ein Glied an einem Leib kann bezahlen für die anderen Körperteile. Wenn ein Schüler, der mit dem Fuß einen anderen getreten hat, als Strafarbeit 30 Mal schreiben muss: „Ich darf andere nicht treten", dann leistet er mit der Hand Wiedergutmachung für das, was der Fuß angestellt hat. So kann auch Christus, das Haupt, Wiedergutmachung leisten für das, was seine Glieder gesündigt haben. „Wie der natürliche Leib einer ist, aber aus vielen verschiedenen Gliedern besteht, so bildet die ganze Kirche, der mystische Leib Christi, eine einzige Person mit ihrem Haupt, das Christus ist." Christus hat gelitten aus Liebe zum Vater und aus Gehorsam gegen seinen Vater im Himmel. Mit dieser Liebe und diesem Gehorsam kann er die Lieblosigkeit und den Ungehorsam seiner Glieder wiedergutmachen. Er befreit uns von unseren Sünden, indem er für sie Wiedergutmachung leistet.

Außerdem litt Christus nicht einfach als Mensch. Sein Leib ertrug Geißelung, Dornenkrönung und die Kreuzigung. Und dieser Leib war Leib des Gottessohnes, er war – wie Thomas sagt – Instrument und Werkzeug des Gottessohnes. Was ein Werkzeug tut, wird dem zugerechnet, der das Werkzeug bedient. Nicht der Spaten gräbt den Garten um, sondern Franz, der mit dem Spaten im Garten arbeitet. Wenn der Leib Christi Werkzeug ist und der Gottessohn dieses Werkzeug bedient, dann wird das Leiden Christi dem Gottessohn zugerechnet. Darum hat es unendliche Kraft, göttliche Kraft. Und in dieser göttlichen Kraft fegt es die Sünden hinweg.

Und schließlich befreit uns das Leiden Christi von unseren Sünden, weil es in unseren Herzen die Liebe weckt. Wer den leidenden Herrn betrachtet, und daran denkt, dass hier der Herr leidet für die Knechte, der Hirt für seine Schafe, der kann nicht kalt und unbeteiligt bleiben. Wenn niemand eine größere Liebe hat als der, der sein Leben hingibt für seine Freunde, dann zeigt uns das Leiden Christi vor allem die Liebe des Herrn zu uns. Wenn uns soviel Liebe entgegenschlägt, dann bewegt uns das, diese Liebe zu erwidern. Wer aber den Herrn liebt, dem werden die Sünden vergeben nach den Worten des Herrn zur Sünderin: „Ihr werden viele Sünden vergeben, weil sie viel geliebt hat." (Lk 7,47)

Das Leiden Christi ist nun schon fast 2000 Jahre her. Als Christus gelitten hat, da haben wir Menschen des 21. Jahrhunderts alle noch nicht existiert und noch keiner von uns hatte gesündigt. Wenn wir damals noch keine Sünden hatten, wie kann Christus durch sein Leiden etwas wegnehmen, das es noch gar nicht gibt? Darauf antwortet der heilige Gelehrte: Christus hat durch sein Leiden eine Ursache geschaffen, durch den die Sünden aller Zeiten vergeben werden können. „Wie ein Arzt ein Medikament herstellt, durch das die Kranken geheilt werden können, auch in der Zukunft."

Wenn das Leiden Christi uns von unseren Sünden befreit, wieso sind dann noch Sakramente nötig? Das Leiden Christi ist schon längst vollendet. Wenn dieses Leiden die Vergebung der Sünden bewirkt, dann müssten unsere Sünden ja schon vergeben sein. Dann wäre die Taufe und die Beichte zur Sündenvergebung nicht mehr nötig. Das Leiden Christi ist die Ursache, durch die die Sünden vergeben werden, wie ein Medikament der Grund für die Heilung ist. Eine Arznei nützt nichts, solange sie auf dem Tisch liegen bleibt und nicht eingenommen wird. Das gilt auch vom Leiden Christi, wir müssen uns mit dem Leiden Christi verbinden wie mit einer Medizin, die wir einnehmen. Und wie nehmen wir das Leiden Christi ein? Durch den Glauben, die Tugend der Liebe und die Sakramente. Damit das Leiden Christi hilft, muss man es anwenden. „Das aber geschieht durch die Taufe und das Bußsakrament, beide haben ihre Kraft aus dem Leiden Christi."

Die Strafe wurde nachgelassen

Das Leiden Christi nimmt nicht nur die Sündenschuld weg, sondern auch die Strafen, die wir durch unsere Sünden verdient haben. Christus hat so viel gelitten und als Gottessohn war sein Leiden so wertvoll, dass es reicht als Genugtuung für unsere Sündenstrafen.

Wenn Christus durch sein Leiden die Strafen weggenommen hat, wieso werden dann heute noch Menschen für ihre Sünden von Gott bestraft? Alle, die in der Hölle sind, tragen die Strafen für ihre Sünden. Und sie werden auch nie von diesen Strafen befreit? Lässt das Leiden Christi also doch nicht die Strafen nach?

Das Leiden Christi nimmt die Strafen weg, aber nicht automatisch und nicht ohne dass die Menschen diese Tilgung der Strafe von Christus erhalten wollen. „Die Wirkung des Leidens Christi erfahren nur die, die das Leiden Christi annehmen durch den Glauben, die Liebe und die Sakramente des Glaubens." Und daran scheitert die Vergebung bei den Verdammten. Sie wollten sich nicht durch den Glauben und die Liebe mit Christus verbinden und viele auch nicht durch die Sakramente. Und darum können Sie nicht den Nachlass der Strafe erhalten, die das Leiden Christi bewirkt.

Denen also, die sich mit Christus durch den Glauben, die Liebe und die Sakramente verbinden, werden die Strafen nachgelassen. Aber wieso wird bei der Beichte dann eine Buße auferlegt? Wieso verlangt die Kirche dann, dass wir fasten und Buße tun als Sühne für unsere Sünden? Um die Wirkungen des Leidens Christi an uns zu erfahren, müssen wir Christus gleichgestaltet werden. Das geschieht durch den Glauben, denn da denken wir, wie Christus denkt. Und das geschieht durch die Gottes- und Nächstenliebe, denn da lieben wir, was Christus liebt. Und das geschieht durch die Sakramente, vor allem durch die Taufe. Der Täufling wird mit Christus begraben. Als die Taufe noch durch Untertauchen gespendet worden ist, wurde dieses Begraben-Werden und dieses Auferstehen auch im Taufritus sichtbar. Weil die Taufe die Menschen Christus so ähnlich macht, darum tilgt sie alle Strafen. Wer als Erwachsener getauft wird, der muss keine Strafe mehr abbüßen für diejenigen Sünden, die er vor seiner Taufe begangen hat.

Und wie wird uns die Strafe der Sünden vergeben, die wir nach der Taufe begangen haben? Ebenfalls dadurch, dass wir Christus ähnlich werden. Dem Leidenden Herrn ähneln wir, wenn wir selber etwas Schmerzhaftes ertragen. Der Sinn der Buße ist also nicht, eins zu eins die Strafe abzutragen, die wir durch unsere Sünden verdient haben, sondern Christus gleichgestaltet zu werden und so die Tilgung zu erhalten, die er geleistet hat. Darum genügen viel kleinere Bußwerke als für unsere Sünden in Wirklichkeit angemessen wären. Den Rest tilgt das Leiden Christi. Wenn das Leiden Christi die Sündenstrafen tilgt, wieso müssen wir dann sterben? Der Tod ist doch Strafe für die Sünde von Adam und Eva: „Wenn ihr davon eßt, müßt ihr sterben!" Auch nach dem Leiden Christi sterben Menschen, und zwar nicht nur Ungläubige, Gläubige sogar und auch die, die Christus liebten und die Sakramente empfingen.

Das Leiden Christi wirkt in uns, weil wir Glieder sind an seinem Leib. Durch die Taufe sind wir in seinen Leib eingepflanzt worden. Die Glieder sollten dem Haupt irgendwie ähnlich sein. Ein Löwenkopf passt nicht auf einen Pferdeleib. Christus, das Haupt, hatte einen Körper, der leiden konnte und hat auch tatsächlich vieles gelitten. Durch sein Leiden und Kreuz ging er in die Herrlichkeit der Auferstehung ein. Darin sollen wir Christus gleichen. Wir werden durch sein Leiden zwar von allen Strafen befreit, und am Ende der Welt, bei der Auferstehung des Fleisches auch vom Tod. Doch vorher sollen wir mit ihm darin übereinstimmen, dass wir in unsere Seele die Gnade der Gotteskindschaft tragen, und an unserem Leib etwas leiden, ähnlich wie Christus. Weil Christus gestorben ist, darum werden auch wir sterben, und dann auferstehen von den Toten. Paulus schreibt: „Wenn wir mit ihm leiden, werden wir auch mit ihm verherrlicht werden." (Röm 8,17)

Was ist Gnade?

Gnade – was soll das sein? Thomas erklärt es. Er geht von den Bedeutungen aus, die das Wort „Gnade" in der Alltagssprache hat. „Gnade" kann das Wohlwollen bedeuten, das einer bei einem anderen besitzt. Ein Soldat zum Beispiel kann bei seinem König in hohen Gnaden stehen, er kann aber auch in Ungnade fallen.

Das Wort „Gnade" kann aber auch ein Geschenk bezeichnen, das aus dem Wohlwollen hervorgeht, eine Gabe, die unentgeltlich gegeben wird, eine wohlwollende Zuwendung.

Diese zwei Bedeutungen von Gnade – Wohlwollen und Geschenk – hängen ganz eng miteinander zusammen. Sie ergeben sich logisch auseinander. Ein Geschenk setzt das Wohlwollen voraus. Ein Geschenk gibt man nur dem, den man liebt.

Diese Bedeutungen übernimmt Thomas in die Theologie: beides trifft auf die göttliche Gnade zu. Auch die Gnade Gottes ist Wohlwollen und Geschenk. Diese Gnade bewirkt und verändert etwas in unserer Seele. Ob Wohlwollen Gottes oder Geschenk Gottes – in beiden Hinsichten legt sie etwas in unsere Seele hinein.

Wenn wir Gnade in der ersten Bedeutung nehmen, als Wohlwollen Gottes zu uns, dann verändert dieses Wohlwollen Gottes unsere Seele in ihrem Innern. Dieses Wohlwollen ist nicht alleine auf seiten Gottes. Er übersieht nicht einfach unsere Sünden. Er drückt nicht bloß ein Auge zu.

Schon das ganz allgemeine Wohlwollen, das Gott seinen Geschöpfen entgegenbringt, wirkt mächtig in der Welt. Weil Gott Wohlwollen hat, darum gibt es überhaupt erst Geschöpfe. Erst durch seine Liebe erhalten die Geschöpfe ihr Dasein geschenkt. Von jedem Ding, das existiert, findet Gott gut, dass es ist, sonst würde er es nicht erschaffen. Er hat also Wohlwollen zu allen Dingen, die sind.

Dieses allgemeine Wohlwollen ist aber nicht gemeint, wenn von Gnade die Rede ist, denn dieses Wohlwollen ist nichts Besonderes. Alles, was ist, profitiert davon.

Über diese allgemeine Liebe Gottes hinaus gibt es noch ein Wohlwollen, das Gott nicht allen schenkt, sondern nur ausgewählten Geschöpfen. Diesen Geschöpfen will Gott noch mehr Gutes geben als das Dasein.

Wenn schon das allgemeine Wohlwollen Gottes so mächtig in der Welt wirkt, dass die Geschöpfe entstehen, dann können wir ahnen, was das besondere Wohlwollen Gottes in einer Seele wirkt: Er gibt der Seele zu ihrem natürlichen Dasein noch ein Stück von sich selbst dazu, lässt sie teilnehmen an seiner göttlichen Natur. Diese besondere Liebe ist das, was das Wort Gnade ausdrückt. Gnade ist also diese übernatürliche Zugabe, die Gott den Menschen gibt, um ihnen dadurch Anteil an seiner Herrlichkeit zu geben. Er will sie so glücklich machen, wie nur möglich. Die Gnade ändert also etwas in der Seele. Sie legt etwas hinein: eine Teilnahme an der Natur Gottes.

„Wenn gesagt wird, dass ein Mensch die Gnade Gottes besitzt, bedeutet das, dass im Menschen etwas Übernatürliches ist, das von Gott herkommt." Gnade bedeutet also, dass Gott aus Wohlwollen uns Anteil gibt an seiner Natur. So zeigt sich die Liebe Gottes dadurch, dass er uns eine übernatürliche Gabe schenkt.

Die Gnade kann darum nicht in einer Seele sein, die Gott beleidigt. Denn wer beleidigt worden ist, hat kein Wohlwollen mehr dem gegenüber, der ihn beleidigt hat. Die Sünde ist eine Beleidigung Gottes, sie zerstört das Wohlwollen, das Gott hat. Es kommt erst dann wieder zurück, wenn die Sünde vergeben wird.

Gott kann nicht einem Menschen gegenüber beleidigt sein und ihm gleichzeitig sein Wohlwollen schenken. Wenn Gott also einem Menschen die Sünden vergibt, bedeutet das nichts anderes, als dass er ihm sein Wohlwollen wieder schenkt. Das Wohlwollen Gottes aber nennen wir Gnade. Nachlaß der Sündenschuld ist darum dasselbe wie das Eingießen der Gnade.

„Eine Beleidigung wird einem nicht vergeben, wenn nicht der Beleidigte sich mit dem Beleidiger versöhnt. Darum sagen wir, dass uns eine Sünde vergeben wird, wenn Gott mit uns versöhnt wird. Diese Versöhnung besteht in der Liebe, durch die Gott uns liebt."

Vorbereitung auf die Gnade

„Wie Ton in der Hand des Töpfers, so seid ihr in meiner Hand", spricht der Herr durch den Propheten Jeremias (18,6). Mag der Ton auch noch so gut vorbereitet sein, er erhält deshalb nicht zwangsläufig eine schöne Form. Der Töpfer kann ihn zur Vase formen oder nicht. „Also", folgert der heilige Thomas, „empfängt auch der Mensch nicht notwendigerweise die Gnade, egal wie eifrig er sich darauf vorbereitet."

Kein Mensch hat Anspruch auf die Gnade, sie wird uns unverdient geschenkt. Sie ist viel größer und wertvoller als alles, was wir tun können. „Das Geschenk der Gnade übersteigt alle Vorbereitung, die durch menschliche Kräfte geschieht." Egal also, was wir auch tun, die Gnade können wir uns damit nicht verdienen.

Wozu dann aber strengen wir uns an? Weshalb geben wir uns so große Mühe, verzichten auf dies und jenes? Gnade erhalten wir dafür sowieso keine.

Wir können durch unsere Anstrengung die Gnade nicht herabrufen. Aber Gott kann durch sein Wirken in uns die Gnade schenken. Gott kann unseren freien Willen bewegen, bereit zu sein für die Gnade. Und wir können meistens das eine vom anderen nicht unterscheiden.

Wir entschließen uns mit unserem freien Willen dazu, etwas Gutes zu tun, und meinen dann, durch diesen Entschluß hätten wir die Gnade Gottes auf uns herabgerufen. Jetzt müsse Gott uns beistehen, das Gute auch zu tun. Gott müsse uns jetzt helfen, in die Tat umzusetzen, wozu wir uns entschlossen haben. In Wirklichkeit verhält sich die Sache gerade umgekehrt:

„Was auch immer im Menschen ist und ihn bereitet für die Gnade, ist das Ergebnis der Hilfe Gottes, die die Seele zum Guten bewegt. Demnach ist der Willensentschluß, durch den sich jemand auf die Gnade vorbereiten will, eine Tat des freien menschlichen Willens, der von Gott dazu bewegt wurde."

So meint der Mensch, er selbst bereite sich durch seinen guten Willen auf die Gnade vor, aber die Hauptsache daran ist doch

Gott, der den freien Willen bewegt. „Darum sagt man, dass Gott den Willen des Menschen bereit macht (praeparari) und dass die Schritte des Menschen von Gott gelenkt werden."

Wir müssen uns also vorbereiten, uns dabei aber bewusst sein, dass Gott in uns wirkt. Er ist die Hauptsache. Aber wir müssen mitmachen. So müssen wir die Worte der Hl. Schrift verstehen: *„Macht euer Herz bereit für den Herrn."* (1 Kön 7,3)

Wir können uns also nicht bereit machen für den Empfang der Gnade, außer Gott kommt uns zuvor und bewegt uns zum Guten. Gott behandelt in diesem Punkt nicht alle gleich. Manche bewegt er nur ganz langsam, nach und nach zum Guten und bereitet sie in kleinen Schritten auf die heiligmachende Gnade vor. Manchmal aber bewegt Er einen Menschen in einem Augenblick zum Guten, so dass dieser sofort die heiligmachende Gnade empfängt. „So geschah es dem heiligen Paulus. Er lebte in der Sünde dahin und sein Herz wurde plötzlich von Gott bewegt, so dass er hörte und lernte und herbeieilte, und so hat er sofort die heiligmachende Gnade erhalten."

Gott wirkt im Bereich der Gnade alles. Wir sind darauf angewiesen, dass er uns bereit macht. Heißt das jetzt, dass wir uns gehenlassen können? Können wir uns zurücklehnen und denken: Gott wird es schon machen?

Ganz und gar nicht. Wir können uns die Gnade zwar nicht selber geben, aber wir können sie verderben lassen, wenn Gott sie uns gibt: „Erste Ursache für den Mangel (defectus) der Gnade sind wir, erste Ursache für das Schenken der Gnade ist Gott, gemäß dem Wort des Propheten Hosea (13,9): ‚Dein Untergang kommt von dir, Israel; allein in mir ist Hilfe für dich.'"

Diese Wahrheit ist ein Trost für uns: Wir müssen nicht zuerst aus eigener Kraft besser werden, damit Gott in uns wirken kann. Unsere Sache ist es aber, mitzumachen, wenn Gott in uns beginnt, das Gute zu wirken.

Was heißt büßen?

Wenn wir ein Geschenk erhalten, sagen wir „Danke!" Damit sind wir zwar nicht voll und ganz quitt, aber doch einigermaßen. Wir haben getan, was uns in dieser Situation möglich war.

In eine ähnliche Lage geraten wir, wenn wir einen anderen beleidigt haben. „Wie es bei Wohltaten einen Ausgleich gibt, insofern man für eine empfangene Wohltat dankt, so gibt es auch einen Ausgleich für Beleidigungen, wenn man für eine freiwillig zugefügte Beleidigung [...] freiwillig Ersatz leistet."

Wenn wir jemanden beleidigt haben, genügt es nicht, einfach zu sagen: „Ich sag's jetzt nicht mehr." Sondern wir müssen wieder gut machen, zusätzlich etwas leisten. Wir entschuldigen uns bei ihm und versuchen, durch ein freundliches Wort wiedergutzumachen, was wir durch unsere Beleidigung angerichtet haben.

„Die Wiedergutmachung einer Beleidigung geschieht nicht dadurch, dass man aufhört, den anderen zu beleidigen. Darüber hinaus ist es nötig, Sühne zu leisten." Diese Sühne soll die Schuld einigermaßen ausgleichen.

Hier hat die Tugend der Buße ihren Platz. Thomas sagt, die Tugend der Buße sei ein Teil der Gerechtigkeit. Der Gerechte gibt jedem, was ihm zusteht, so dass die Schulden einigermaßen ausgeglichen sind. „Die Gerechtigkeit ist eine gewisse Gleichheit." Wer gerecht sein will, muss seine Schulden den anderen gegenüber ausgleichen. Das gilt nicht nur von Geldschulden. Wir schulden den anderen auch Achtung und Ehre. Diese Schuldigkeit wird durch eine Beleidigung verletzt.

Steht der Beleidigte in seiner Stellung weit über uns, können wir zwar nicht voll und ganz einen Ausgleich schaffen, wie es die Gerechtigkeit verlangen würde. Wenn der Knecht seinen Herrn beleidigt hat, oder das Kind seinen Vater, dann können der Knecht und das Kind zwar tun, was ihnen möglich ist. Sie können aber nie die Schuld ganz und gar abtragen. Das gilt noch mehr von der Schuld gegenüber Gott. Wenn wir ihn beleidigt haben, dann stehen wir so in seiner Schuld, dass wir diese nie wieder ganz ausgleichen können.

Das heißt aber nicht, dass wir es nicht wenigstens versuchen sollen. Das ist eine Frage der Gerechtigkeit. Wenn wir Gott schon nicht geben können, was wir ihm schulden, dann wenigstens soviel, wie wir können. „Der Büßende will wieder gut machen und nimmt seine Zuflucht zu Gott wie der Knecht zum Herrn, wie es im Psalm heißt: ‚Wie die Augen der Knechte auf die Hand ihres Herrn, so schauen unsere Augen auf den Herrn unseren Gott, bis er sich unser erbarmt.‘ (Ps 123,2) Und der Büßende nimmt Zuflucht zu Gott wie das Kind zu seinem Vater, wie es bei Lukas heißt: ‚Vater, ich habe gesündigt vor dem Himmel und vor dir.‘" (Lk 15,18)

Buße tun heißt also, die Beleidigung Gottes wieder gut machen zu wollen. Der heilige Thomas definiert die Buße so: „Die Buße besteht darin, dass der Büßende Schmerz empfindet über die begangene Sünde, weil sie eine Beleidigung Gottes ist, und sie wieder gut machen will."

Die Buße hat darum viel zu tun mit der Liebe zu Gott. Wer Gott liebt, der verabscheut zutiefst alles, was Gott beleidigt; die Sünden tun ihm weh, er weist sie zurück. Die Buße fügt diesem Abscheu vor der Sünde noch etwas hinzu. Der Büßende sitzt nicht nur da und weint über seine Sünden. Er will etwas tun, um die Sünden wieder gutzumachen, will Sühne leisten.

Die Tugend der Buße macht uns Gott gegenüber gewissermaßen gerecht. Und damit streift sie irgendwie alle anderen Tugenden. Sie hängt am Glauben, besonders am Glauben an das Leiden Christi, der durch sein Leiden unsere Sünden weggenommen hat. Sie ist verbunden mit der Hoffnung auf die Verzeihung der Sünden. Von der Liebe zu Gott bezieht sie ihren Abscheu vor der Sünde. Sie lässt sich leiten von der Klugheit, sie verwirklicht die Gerechtigkeit. Sie lehrt, auf Genüsse zu verzichten und so die Mäßigkeit zu üben, und sie macht uns tapfer, auch Hartes zu tragen.

Warum fasten Katholiken?

Wer fastet, wird leicht ungeduldig und manchmal auch stolz, so sieht es wenigstens der hl. Gregor: „Häufig schleudert die Ungeduld die Enthaltsamen aus dem Schoß ihrer Ruhe." Und „bisweilen werden sie von der Sünde des Stolzes ergriffen." (Pastoralregel III.19)

Wäre es also besser, nicht zu fasten, um so die Ungeduld und den Stolz zu umgehen? Thomas löst diesen Einwand mit der schönen Bemerkung: „Diese Fehler entstehen nur aus dem Fasten, wenn dieses nicht auf die rechte und vernünftige Art und Weise geschieht. Denn die rechte Vernunft heißt uns fasten, wie es sein muss, nämlich mit Frohsinn (cum hilaritate mentis - mit Heiterkeit des Gemütes) und aus dem richtigen Beweggrund, das heißt zur Ehre Gottes und nicht, um sich selbst rühmen zu können."

In diesem Punkt darf man also nicht das Kind mit dem Bade ausschütten und das Fasten verwerfen, nur weil sich manchmal dabei Fehler einschleichen. Denn das rechte Fasten wirkt viel Gutes. Vor allem drei Wirkungen des Fastens betont der heilige Thomas:

Erstens unterdrückt und schwächt es die Reize und Neigungen des Fleisches. „Durch den Verzicht auf Speise und Trank wird die Fleischeslust schwächer."

Zweitens wird der Geist freier, um sich zur Betrachtung der göttlichen Dinge zu erheben.

Drittens können wir durch das Fasten Sühne leisten für unsere Sünden.

Diese drei Wirkungen des Fastens hat jeder Mensch nötig. Bei allen regen sich, wenigstens hin und wieder, die Leidenschaften. Und wir alle sind Sünder und müssen Buße tun.

„Die meisten Menschen brauchen ein solches Heilmittel, denn einerseits *verfehlen wir uns alle in Vielem* (Jak 3,2), andererseits *gelüstet das Fleisch wider den Geist* (Gal 5,17). Darum ist es angemessen, dass die Kirche ein Fasten festlegt, das von allen gemeinsam beobachtet wird."

Wenn wir es recht bedenken, müssten wir selbst dann fasten, wenn die Kirche uns nicht zum Fasten verpflichten würde: „Ein jeder ist schon vom Naturrecht aus (ex naturali ratione) gehalten, in solchem Maß zu fasten, wie es ihm nötig ist, um die genannten Zwecke des Fastens zu erreichen."

Zur Zeit des hl. Thomas, war von der Kirche nicht nur der Aschermittwoch und der Karfreitag als Fasttag vorgeschrieben, sondern alle Wochentage der Fastenzeit. Es war nur eine einzige Mahlzeit am Tag erlaubt und diese wurde erst nachmittags um 15:00 Uhr eingenommen. Das Fasten war also unvergleichlich härter als heute. Und doch ist der hl. Thomas der Meinung, die Kirche verlange hier nichts, was über das Notwendige hinausgehen würde, sondern sie legt durch ihr Fastengebot nur im Einzelnen fest, was im Allgemeinen notwendig ist.

Nicht nur wie, sondern auch wann gefastet werden soll, hat die Kirche festgelegt. Sie hat die Zeit vor Ostern für das Fasten ausgewählt und das aus gutem Grund.

„Wie bereits gesagt, ist das Fasten dazu da, die Sündenschuld zu tilgen und die Seele zu den himmlischen Dingen zu erheben. Und darum ist das Fasten besonders zu der Zeit angesagt, zu der die Menschen sich von der Sünde reinigen und ihren Geist durch die Andacht zu Gott erheben müssen. Das ist besonders dringend vor dem Osterfest." Denn in der Osternacht steht die Taufe im Mittelpunkt. Das Taufwasser wird feierlich geweiht. Wir werden an unsere eigene Taufe erinnert, durch sie wurde unsere Sündenschuld zum ersten Mal abgewaschen. Die beste Vorbereitung auf das Gedächtnis unserer eigenen Taufe ist darum das Fasten, das die Sündenschuld tilgt. Außerdem sollen wir an Ostern unsere Seele andächtig zur ewigen Herrlichkeit erheben, denn diese hat ihren Anfang im auferstandenen Herrn.

Auch auf einen geradezu modern anmutenden Einwand kommt der hl. Thomas zu sprechen: Ist es nicht der Freiheit der Gotteskinder entgegen, wenn man ihnen das Fasten vorschreibt? Und er antwortet: „Das [Fasten] ist nicht gegen die Freiheit des gläubigen Volkes, sondern viel mehr ist es nützlich, um die Knechtschaft der Sünde zu unterdrücken, denn diese widerstreitet der geistigen Freiheit."

Beten

Von verschiedenen Seiten her kann man das Gebet ablehnen.

Man könnte gegen das Gebet ins Feld führen, dass die Menschen hier einen freien Willen haben und nicht von Gott gelenkt werden; wenn aber die menschlichen Dinge nicht von Gott gelenkt werden, ist auch das Beten unnütz. Auch vom entgegengesetzten Standpunkt her kann man das Gebet ablehnen: Wenn hier in der Welt alles mit absoluter Notwendigkeit geschieht, wenn die Naturgesetze und die Regelmäßigkeiten der Psychologie alles festlegen oder wenn es ein unausweichliches Schicksal gibt, auch dann ist es zwecklos, zu beten.

Von gläubiger Seite kann man gegen das Gebet einwenden, dass Gott doch sowieso weiß, was wir brauchen. „Euer himmlischer Vater weiß, dass ihr dies alles nötig habt." (Mt 6,32) Wenn wir beten, teilen wir Gott unsere Bedürfnisse mit. Wenn er sie aber sowieso weiß, brauchen wir sie ihm nicht mitzuteilen. Und ist Gott nicht die Güte und Freigebigkeit selbst? Freigebiger ist es aber doch, jemandem etwas zu geben, ohne dass man darum gebeten wird. Und ist Gott nicht unveränderlich? Dann lässt er sich durch mein Gebet auch nicht umstimmen.

Doch wie kann dann Jesus sagen: „Bittet, und es wird euch gegeben werden?" (Mt 7,7)

Er kann so sagen, weil alle diese Einwände falsch sind.

Gott lenkt tatsächlich alles, auch das, was die Menschen tun und denken. Und das widerspricht nicht dem freien Willen des Menschen: „Die göttliche Vorsehung legt nicht nur fest, was geschehen wird, sondern auch, aus welchem Grund etwas geschehen soll und in welcher Ordnung. Unter den verschiedenen Gründen sind auch die Handlungen der Menschen." Zwischen der Freiheit des Menschen und der Anordnung Gottes besteht in den Augen des hl. Thomas kein Widerspruch. Von manchen Dingen will Gott, dass sie notwendigerweise geschehen: Steine fallen notwendigerweise nach unten. Von anderen Dingen will Gott, dass sie frei geschehen. Er will, dass wir uns frei entscheiden können. Gott hat auch die freien Handlungen der Menschen eingeplant. Er will zum Beispiel, dass durch das Versagen des Pilatus Christus zum Tod verurteilt wird. Pilatus hat sich als freier Mensch entschieden, dieses Urteil zu fällen. Gott wollte, dass es so geschieht. „Die Menschen müssen dies oder jenes tun, sie greifen dadurch aber nicht in den Plan Gottes ein, sondern durch ihr Handeln bewirken sie, was Gott auf diese Weise geschehen lassen wollte."

Das gilt auch für das Gebet. Thomas sagt, es ist ein Irrtum zu meinen, unser Gebet würde Gott umstimmen. So als ob Gott beschlossen hätte, dass wir krank werden; wir beten dann um Gesundheit und Gott ändert seinen Beschluss. Nein, sondern „wir beten, um von Gott das zu erhalten, von dem Gott schon immer beschlossen hat, dass er es uns aufgrund unseres Gebetes geben will." Das ist nicht erst ein Gedanke des hl. Thomas. Schon Gregor der Große sieht es so: „Die Menschen verdienen durch ihre Gebete, das zu erhalten, was Gott schon seit Ewigkeit her bestimmt hat, ihnen aufgrund ihrer Gebete zu geben."

Der freie Wille des Menschen ist also kein Argument gegen das Gebet, und es geschieht hier auch nicht alles so notwendig, dass es keinen Sinn hätte, zu beten. Sondern manches geschieht notwendig, manches frei. Gott aber lenkt das eine wie das andere.

Wieso aber Gott bitten, wenn er sowieso weiß, was wir brauchen? Der heilige Lehrer antwortet: „Wir beten nicht, um Gott zu sagen, was wir brauchen, sondern damit uns selber klar wird, dass wir zu Gott unsere Zuflucht nehmen müssen." Würde Gott uns alles ungefragt geben – wir würden alles für selbstverständlich halten und nicht mehr daran denken, dass wir es von Gott erhalten.

Ist dann Gott nicht freigebiger als alle? Das ist er. Er gibt uns vieles, ohne dass wir ihn darum bitten. Manches aber will er uns nur aufgrund unserer Gebete geben. Und das ist gut so. Nur so bleibt uns im Bewusstsein, dass Gott die Quelle alles Guten ist. So wächst unser Vertrauen zu ihm.

Das Vaterunser – systematisch

Sieben verschiedene Bitten hat uns der Herr im Vaterunser gelehrt. Selbstverständlich sind diese Bitten perfekt, es gibt keine besseren. „Wenn wir auf rechte und angemessene Weise beten wollen, können wir nichts anderes sagen, als was in diesem Gebet des Herrn niedergelegt ist", sagt Augustinus. Aber nicht nur die Bitten selbst sind vollkommen, sondern auch ihre Reihenfolge. Genau so sollen auch wir den Schwerpunkt legen: „Im Gebet des Herrn wird nicht nur alles erbeten, was wir mit Recht ersehnen können, sondern auch in der Reihenfolge, in der wir es ersehnen müssen. Dieses Gebet leitet uns nicht nur an zu bitten, sondern es formt unser ganzes Wünschen."

Diese Reihenfolge erläutert Thomas ganz systematisch.

Das Erste, was wir wünschen, ist unser Ziel, nämlich Gott. Sich Gott wünschen heißt, Gott zu lieben. Wer Gott liebt, will, dass Gott geehrt wird. Darum bitten wir an erster Stelle: „*Geheiligt werde Dein Name.*" Wir lieben aber nicht nur Gott allein, sondern auch uns selbst. Deshalb wünschen wir, die Herrlichkeit Gottes genießen zu dürfen. Darum bitten wir in der zweiten Bitte: „*Zu uns komme Dein Reich.*"

Wer ein Ziel will, will auch den Weg. Dazu gehören die fünf folgenden Bitten. Sie erbitten das, was nützlich ist, um Gott zu erreichen.

Vor allem eines bringt uns dem Himmel näher, nämlich das zu tun, was Gott von uns will. Denn dadurch verdienen wir uns den Himmel. Aus diesem Grund sagen wir: „*Dein Wille geschehe, wie im Himmel, also auch auf Erden.*"

Um den Willen Gottes erfüllen und Verdienste sammeln zu können, brauchen wir verschiedene Hilfsmittel für den Leib und für die Seele. Deshalb bitten wir: „*Unser tägliches Brot gib uns heute.*" Diese Bitte können wir verstehen von der heiligen Kommunion, ihr täglicher Empfang bringt uns voran. Aber auch alle anderen Sakramente können wir in diese Bitte einschließen. Die Eucharistie ist das vorzüglichste Sakrament, alle anderen können wir darunter mitverstehen. Und auch um das Brot, das unseren Leib nährt, bitten wir hier; und nicht nur um Brot, sondern um alles, was wir zum Lebensunterhalt brauchen.

Wir brauchen aber nicht nur Hilfsmittel, um auf dem Weg zu Gott voranzukommen, wir müssen auch wegräumen, was uns den Weg versperrt. Und davon gibt es dreierlei.

An erster Stelle die Sünde. Sie schließt vom Reich Gottes aus. „Weder Unzüchtige noch Götzendiener … werden das Reich Gottes besitzen" (1 Kor 6,9). Von der Sünde müssen wir befreit werden. Darum beten wir: „*Vergib uns unsere Schuld.*"

Das Zweite, was uns hindert, den Willen Gottes zu erfüllen, sind die Versuchungen. Darum sagen wir: „*Und führe uns nicht in Versuchung.*" Mit diesen Worten bitten wir nicht darum, nicht versucht zu werden, sondern von der Versuchung nicht besiegt zu werden.

Schließlich verhindern gegenwärtige Leiden, dass wir das zum Leben Nötige haben. Um davon befreit zu werden, beten wir: „*Erlöse uns von dem Übel.*"

Soweit ist alles logisch. Aber sind die ersten drei Bitten nicht überflüssig? Der Name Gottes ist heilig. Immer wieder sagt das die Heilige Schrift: „Heilig ist sein Name." Wenn er sowieso heilig ist, warum dann darum beten, dass er geheiligt werde? Außerdem herrscht Gott sowieso. Sein Reich ist ein ewiges Reich (Ps 144,13). Wieso dann bitten, dass sein Reich komme? Gottes Wille wird immer erfüllt. Warum dann darum bitten?

Darauf hat schon Augustinus geantwortet. Thomas fasst es zusammen: „Wenn wir sagen *Geheiligt werde Dein Name*, dann bitten wir nicht so, als wäre der Name Gottes noch nicht heilig, sondern wir bitten darum, dass er auch von den Menschen heilig gehalten wird. […] Und wenn wir sagen *Zu uns komme Dein Reich*, verstehen wir das nicht so, als ob Gott jetzt noch nicht herrschen würde, sondern – wie Augustinus sagt – wir erwecken unsere Sehnsucht nach jenem Reich, damit es zu uns kommt und wir in ihm herrschen. Wenn aber gesagt wird, *Dein Wille geschehe*, verstehen wir das so, dass den Gesetzen Gottes gehorcht werden soll."

Für andere beten

„Du aber bitte nicht für dieses Volk da, bringe keine flehende Fürbitte für sie dar, dringe nicht in mich, denn ich erhöre dich nicht" (Jer 7,16). Mit diesen Worten verbot Gott dem Jeremias, für seine Zeitgenossen zu beten. Sie wollten von Gott nichts wissen. Also darf man für die Schlechten nicht beten. Für die Guten aber braucht man nicht zu beten, sie sind ja auf dem richtigen Weg. Braucht man also für niemanden zu beten? Wirklich für niemanden?

Der heilige Apostel Jakobus schreibt: „Betet füreinander, damit ihr gerettet werdet." (Jak 5,16) Der Herr hat uns nicht gelehrt zu bitten „gib mir", sondern „gib uns". Es ist also offensichtlich, dass wir für andere beten müssen.

Dafür gibt es einen einfachen Grund: Das Gebot der Nächstenliebe. Es gehört zum Wesen der Nächstenliebe, für den Nächsten das Beste zu wollen und das Gute für ihn zu erbitten.

Thomas lässt den hl. Chrysostomus zu Wort kommen: „Die Notwendigkeit zwingt, für sich selbst zu beten. Die Liebe ermahnt, für andere zu beten. Gott ist das Gebet angenehmer, das nicht aus Notwendigkeit, sondern aus Liebe hervorgeht."

Auch die Sünder darf man nicht aus der Nächstenliebe ausschließen. Darum muss man auch für die Sünder beten, damit sie sich bekehren. Einige werden sich bekehren, weil für sie gebetet wurde, andere nicht. Bei Jeremias (15,1) lesen wir: „Der Herr sprach zu mir: ‚Wenn auch Moses und Samuel vor mein Angesicht treten möchten, so würde mein Herz sich diesem Volk da nicht mehr zuwenden.'"

Wir können nicht unterscheiden, welche Sünder sich durch das Gebet bekehren werden und welche nicht. Darum können wir für alle Sünder beten. Auch wenn ein Gebet nicht die Bekehrung bewirkt, ist es nicht umsonst. Wer aus Nächstenliebe für die Sünder betet, der verrichtet ein gutes Werk. Dafür wird ihn Gott belohnen.

Was aber, wenn der andere nicht nur ein Sünder ist, sondern uns dazu noch bekämpft? Müssen wir auch für unsere Feinde beten?

Darauf antwortet der heilige Gelehrte: „So wie wir die Feinde lieben müssen, so müssen wir auch für sie beten." An unseren Feinden sollen wir das Menschsein lieben, aber nicht ihre Fehler. Wir sollen sie lieben, wie wir alle 7,5 Milliarden Menschen auf der Welt lieben. Es wird nicht verlangt, dass wir unseren Feinden besondere Zeichen der Liebe geben, wie sie zum Beispiel Kinder ihren Eltern schulden. Wir müssen aber bereit sein, zu helfen, wenn einer unserer Feinde in Not kommt.

Dasselbe gilt auch für das Gebet. Wir dürfen die Feinde nicht ausdrücklich aus unserem Gebet ausschließen. Wir dürfen beim Vaterunser nicht denken: „Unser tägliches Brot gib uns heute, nicht aber meinen Feinden". Wer seine Feinde aus seinen Gebeten nicht ausschließt, nicht aber ausdrücklich für sie betet, der sündigt nicht gegen das Gebot der Feindesliebe. Eigens für unsere Feinde zu beten, ist jedoch ein Zeichen von Vollkommenheit. Die Heiligen haben das getan.

In den Psalmen stoßen wir auf Gebete, die sich gegen die Feinde richten. So zum Beispiel im Psalm 35: „Streite, Herr, gegen alle, die gegen mich streiten, bekämpfe alle, die mich bekämpfen! ... In Schmach und Schande sollen alle fallen, die mir nach dem Leben trachten." Thomas gibt vier Weisen, diese Gebete zu interpretieren:

Erstens können sie verstanden werden als Vorhersage von etwas Zukünftigem. Der Psalmist prophezeit, dass es so kommen wird. Zweitens kann man bedenken, dass es sich hier um irdische Übel handelt, die Gott schickt, um die Sünder zu bessern, nicht um ihnen zu schaden. Drittens kann man diese Gebete so verstehen, dass sie sich nicht gegen einen konkreten Menschen richten, sondern gegen das Böse im allgemeinen; das Böse an sich soll vernichtet werden. Und schließlich kann man daran denken, dass solche Übel die treffen, die verdammt werden. Wer in der Hölle ist, der erleidet alle möglichen Strafen, und Gott lässt zu, dass ihn diese Strafen treffen. Der Psalmist gleicht seinen eigenen Willen dem Willen Gottes an.

Gebote und Ratschläge

In der Heiligen Schrift finden wir Regeln für ein gutes Leben, vor allem die Zehn Gebote (Ex. 20) und das Hauptgebot: „Du sollst den Herrn, deinen Gott lieben, aus ganzem Herzen, aus ganzer Seele und mit all deiner Kraft." (Deut 6,5) Und „liebe deinen Nächsten wie dich selbst." (Lev 19,18)

Christus gibt uns darüber hinaus noch den Rat, arm zu sein: „Willst du vollkommen sein, so geh hin, verkaufe, was du hast, und gib es den Armen, und du wirst einen Schatz im Himmel haben; dann komm und folge mir nach!" (Mt 19,21) Und den Rat, ehelos zu bleiben um des Himmelreiches willen: „Es gibt Ehelose, die um des Himmelreiches willen sich der Ehe enthalten. Wer es fassen kann, der fasse es!" (Mt 19,12)

Was ist das wichtigere von beiden? Wird man heilig und vollkommen, wenn man die Ratschläge beherzigt oder wenn man die Gebote hält?

Thomas antwortet ganz grundsätzlich: Ein Mensch ist dann vollkommen, wenn er Gott liebt und den Nächsten. Das ist das Ziel. Sowohl die Gebote als auch die Ratschläge dienen diesem Ziel, aber auf unterschiedliche Weise.

Die Gebote sollen alles wegräumen, was hindert, Gott und den Nächsten zu lieben. „Die Gebote entfernen alles, was zur Liebe selbst im Gegensatz steht, mit dem zusammen die Liebe also nicht bestehen kann." Niemand kann fremde Götter verehren und gleichzeitig den wahren Gott lieben. Niemand kann seinen Nächsten töten und gleichzeitig die Nächsten lieben.

Auch die Ratschläge dienen der Liebe, aber auf eine andere Art. Was sie beseitigen, verhindert nicht die Liebe zu Gott. Man kann reich sein und trotzdem Gott und die Nächsten lieben. Man kann verheiratet sein und gleichzeitig Gott lieben. Wer die Ratschläge aber beherzigt und arm, ehelos und gehorsam lebt, der kann leichter Gott lieben, nicht nur der Absicht nach, sondern in der Tat. Wer seine Seele nicht mit Sorgen um Besitz, um Frau und Kinder belastet, der hat mehr Kapazitäten frei, um Gott zu lieben: „Die Ratschläge entfernen das, was zwar hindert, dass die

Liebe sich tatsächlich auf Gott richtet, was aber zur Liebe selber nicht im Gegensatz steht, wie z.B. die Ehe, die Beschäftigung mit Weltlichem und ähnliches."

Die Hauptsache an diesen Ratschlägen ist es nicht, auf die Ehe zu verzichten oder alles Eigentum abzugeben. Denn es gibt viele Ledige, die nicht schon dadurch allein Gott mehr lieben; und nicht jeder Arme liebt Gott automatisch mehr wie jemand, der etwas besitzt. Nur wer aus Liebe zu Gott arm und ehelos lebt, wird dadurch besser. Deshalb sagt Augustinus: „Was auch immer geboten ist, wie z.B.: Du sollst nicht ehebrechen; oder was auch immer geraten ist, wie z.B.: Gut ist es für den Menschen, ein Weib nicht zu berühren — dies alles geschieht dann recht, wenn es bezogen wird auf Gott und um Gottes willen auf den Nächsten."

Thomas zitiert den hl. Hieronymus: „Es genügt nicht, alles zu verlassen; deshalb fügt Petrus hinzu: Und wir sind dir nachgefolgt (Mt 19,27), denn das ist das Vollkommene."

Aber ist es denn überhaupt möglich, das Gebot der Gottesliebe zu erfüllen? Wer schafft es schon, Gott mit ganzem Herzen, ganzer Seele und aller Kraft zu lieben? Setzt das nicht voraus, dass der Mensch schon vollkommen ist?

Thomas definiert ein Minimum an Gottesliebe: Nichts mehr als Gott oder gegen Gottes Willen oder gleich wie Gott zu lieben. Wer das nicht tut, hat dieses Gebot übertreten. Das Maximum erreichen wir erst im Himmel, dort werden wir Gott mit aller Kraft lieben. Wer irgendwo dazwischen liegt, der erfüllt dieses Gebot. Nicht jeder, der es nicht optimal erfüllt, übertritt es schon.

Augustinus bemerkt dazu: „Die Vollkommenheit der Liebe wird in diesem Leben dem Menschen vorgeschrieben, denn derjenige läuft nicht richtig, der nicht weiß, wohin er laufen soll. Wie aber sollte man dies wissen, wenn es nicht durch ein Gebot gezeigt würde?"

Für den Himmel muss man etwas tun

Was auch immer Menschen unternehmen, sie werden nie das ursprüngliche Paradies wiederherstellen können. Ähnlich ist es mit der ewigen Seligkeit. Egal, was ein Mensch tut, er kann mit keiner Handlung auch nur annähernd die ewige Seligkeit entstehen lassen. Das einzige, was man den menschlichen Taten zugestehen kann, ist, eine Vorbereitung auf die Seligkeit zuwege zu bringen. Wer viel Gutes getan hat, dessen Herz könnte einigermaßen vorbereitet sein, so dass Gott dann die Seligkeit hineinlegen kann. Mehr können die guten Werke nicht tun. Sie können einer Seele so wenig die Seligkeit geben, wie Wärme aus einem Eisenstück ein Hufeisen formen kann. Die Wärme kann das Eisen nur darauf vorbereiten, umgeformt zu werden durch den Schmied. So können die Werke die Seele darauf vorbereiten, beseligt zu werden durch Gott.

Eine solche Vorbereitung aber hat der Schmied nur deshalb nötig, weil er nicht allmächtig ist. Wäre er das, bräuchte er kein Feuer, sondern könnte das Eisen direkt formen. Gott aber ist allmächtig, er kann unsere Herzen bereit machen für die Seligkeit und uns direkt die Seligkeit schenken. Braucht es also keine guten Werke von Seiten der Menschen?

Die guten Werke sind tatsächlich nicht unbedingt nötig. Gott hätte auch eine Ordnung der Welt schaffen können, in der die Menschen ohne gute Werke die Seligkeit erhielten. Das hat Gott aber nicht getan.

Nur eine Sache ist unbedingt nötig für die Seligkeit: die Rechtschaffenheit des Willens: Es ist undenkbar, dass jemand den Himmel erhält, ohne einen rechtschaffenen Willen zu besitzen. Der Himmel ist das letzte Ziel, und ein Ziel erreicht nur, wer auch dorthin kommen will. Darum kann die ewige Seligkeit nur der erreichen, dessen Wille sie erreichen will. Der Wille muss also die ewige Seligkeit anstreben, das ewige Gut. Das nennt Thomas die „Rechtschaffenheit des Willens". Undenkbar, dass jemand selig wird ohne rechtschaffenen Willen.

Dagegen wäre es denkbar, dass jemand die Seligkeit erhielte, ohne sie sich durch gute Werke verdient zu haben. Doch Gott hat es in seiner Weisheit anders gewollt.

Gott allein besitzt die Seligkeit, ohne dass er sich durch gute Werke darauf vorbereitet hat. Er besitzt die Seligkeit, weil sie zu seinem Wesen gehört. Es wäre ganz unpassend, wenn die Geschöpfe die Seligkeit auf die gleiche Weise erhalten würden wie Gott, also ohne vorhergehende gute Werke. Darum verlangt Gott von den Geschöpfen, dass sie etwas für die Seligkeit tun. Von den Engeln hat Gott ein einziges Werk verlangt: Sie mussten sich nur in einer einzigen Prüfung bewähren. Die Engel, denen das gelang, haben direkt die ewige Seligkeit erhalten. Von uns Menschen verlangt Gott nicht nur eine einzige gute Tat, sondern viele. Diese Taten heißen Verdienste.

Dass kein Mensch ohne Verdienste die Seligkeit erhält, liegt also nicht daran, dass Gott sie so nicht geben könnte; es liegt einfach daran, dass Gott nicht will. Thomas sagt es so: „Gott verlangt nicht deshalb vorher gute Werke, weil seine Kraft nicht ausreichen würde [uns die Seligkeit zu geben, ohne dass wir Gutes tun], sondern damit die Ordnung gewahrt bleibt, die den Dingen innewohnt." Und diese Ordnung hat Gott als Schöpfer in die Welt hineingelegt.

Gut 250 Jahre vor dem Thesenanschlag Luthers bringt Thomas auch den Einwand, mit dem Luther später gegen die guten Werke anrennen wird: Gute Werke seien nicht nötig, um die ewige Seligkeit zu erhalten. Paulus sage doch im Römerbrief (Kap. 4), dass der Mensch nicht durch Werke gerechtfertigt werde, folglich werde Gott ihm auch die Seligkeit verleihen ohne vorhergehende Werke der Gerechtigkeit.

Wenn Paulus sagt, dass der Mensch nicht durch Werke gerechtfertigt wird, dann bedeutet das, dass der Mensch die Gnade, die ihn gerecht macht vor Gott, nicht verdienen kann. Die heiligmachende Gnade wird nicht aufgrund von vorherigen guten Werken verliehen. Aber diese heiligmachende Gnade ist nicht schon die Seligkeit, sondern sie ermöglicht erst, dass ein Mensch gute Werke tut, die ihm die Seligkeit verdienen. Nur wer im Stand der heiligmachenden Gnade ist, kann Verdienste sammeln für den Himmel.

Heilige Zeichen

Zeichen machen Unsichtbares sichtbar. Die Weisheit Gottes kann man nicht sehen. Die Sterne, Pflanzen und Tiere zeigen sie uns aber. „Sein unsichtbares Wesen ist seit der Erschaffung der Welt durch das Licht der Vernunft an seinen Werken zu erkennen", schreibt Paulus (Röm 1,20).

Wir Menschen sind immer darauf angewiesen, etwas sehen, hören, riechen, fühlen zu können. Ohne unsere Sinne können wir nicht wahrnehmen. Darum sagt Thomas: „Zeichen sind besonders den Menschen gegeben, denn es ist ihre Eigenart, durch das Bekannte zum Unbekannten vorzustoßen."

Speziell für uns Menschen gibt es ganz besondere Zeichen: die Sakramente. Der große Kirchenlehrer definiert sie so: Sakramente sind Zeichen heiliger Dinge, insofern diese die Menschen heiligen.

Es gibt viele Zeichen, die uns heilige Dinge zeigen. Jedes Geschöpf zeigt uns etwas Heiliges, nämlich die Weisheit und das Gutsein Gottes. Aber nicht jedes Geschöpf heiligt uns. Wo aber beide Merkmale vorliegen, da handelt es sich um ein Sakrament.

„Die sinnlich wahrnehmbaren Geschöpfe zeigen uns etwas Heiliges, nämlich die Weisheit und das Gutsein Gottes, insofern sie in sich selbst heilig sind, nicht insofern wir durch sie geheiligt werden. Darum kann man sie nicht Sakramente nennen."

Auch im Alten Testament gab es heilige Zeichen. Sie haben die Heiligkeit Christi im voraus sichtbar gemacht. Das war der Sinn der Riten des Tempelgottesdienstes. Manche dieser Zeichen haben nicht nur die Heiligkeit Christi an sich dargestellt, sondern die Heiligkeit Christi, die auch uns heiligt. So war zum Beispiel die Paschafeier ein Zeichen für den Opfertod Christi, des Lammes Gottes. Durch den Tod Christi aber wurden wir geheiligt, darum kann man mit Recht sagen, die Feier des Osterlammes war ein Sakrament des alten Bundes. Die Definition, die Thomas von den Sakramenten gibt, trifft auch hier zu: Die Feier des Osterlamms war ein Zeichen einer heiligen Sache, und durch diese Sache werden die Menschen geheiligt.

Aber gibt es heute nicht noch viele andere heilige Zeichen, durch die wir irgendwie Gnade erhalten und die trotzdem keine Sakramente sind? So die Austeilung des Weihwassers vor der Sonntagsmesse, die Weihe eines Altares usw.

Diese Dinge sind zwar Zeichen heiliger Dinge, aber sie bewirken nicht direkt unsere Heiligung, sondern sie machen uns nur bereit, die heiligmachende Gnade zu empfangen.

Wer beim Asperges das Weihwasser andächtig empfängt, versetzt sich dadurch zwar in die Gesinnung, die ihn bereit macht, heiligmachende Gnade zu erhalten, aber das Weihwasser selbst verleiht ihm nicht die heiligmachende Gnade.

Sakramente sind also Zeichen, die uns heiligen. Darum kann man aus ihnen viel erkennen, was unsere Heiligung betrifft. Dreierlei zählt der gelehrte Heilige auf: „Ein Sakrament wird das genannt, was darauf hingeordnet ist, unsere Heiligung darzustellen. Bezüglich unserer Heiligung kann man dreierlei betrachten: nämlich ihre Ursache, das ist das Leiden Christi; das, was uns innerlich heiligt, das ist die Gnade und die Tugenden; und das letzte Ziel unserer Heiligung, das ewige Leben."

Darum kann ein Sakrament ein dreifaches Zeichen sein: ein Zeichen, das an etwas Vergangenes erinnert, nämlich an das Leiden Christi; ein Zeichen, das hinweist auf das, was hier und jetzt durch das Leiden Christi in uns gewirkt wird; und ein Zeichen, das die kommende himmlische Glorie vorausverkündet.

Bei der Taufe und der Eucharistie sind diese drei bezeichneten Dinge offensichtlich, bei den anderen Sakramenten springen sie nicht sofort ins Auge.

Die Taufe erinnert uns an den Tod Christi: „Alle, die wir getauft sind in Christus Jesus, sind in seinem Tode getauft." (Röm 6,3) Außerdem zeigt sie die Gnaden, die die Taufe uns schenkt: das neue Leben. „Denn wir sind mit ihm durch die Taufe zum Tode begraben, damit, wie Christus von den Toten durch die Herrlichkeit des Vaters auferstand, so auch wir in einem neuen Leben wandeln." (Röm 6,4) Und schließlich bezeichnet sie auch die himmlische Herrlichkeit: „Denn wenn wir mit der Ähnlichkeit seines Todes zusammengepflanzt sind, so werden wir es auch zugleich mit seiner Auferstehung sein." (Röm 6,5)

Geprägt für den Gottesdienst

Ein Stück Metall wird durch die Prägung zur Münze. Die Prägung gibt dem Metallstück eine neue Bestimmung. Durch sie ist es jetzt für den Zahlungsverkehr da. Es hat nun Fähigkeiten, die es vorher nicht hatte, nämlich als Zahlungsmittel zu dienen.

So ähnlich prägen die Sakramente den Christen. Sie richten ihn auf eine neue Aufgabe aus, geben ihm eine neue Bestimmung; und nicht nur eine, sondern zwei neue Bestimmungen.

Die Sakramente richten den Christen aus zum einen auf das ewige Leben, zum anderen auf die Verehrung Gottes (cultus Dei). Wer die Sakramente empfangen hat, der hat nicht mehr die freie Wahl, ob er den Himmel anstrebt oder nicht, sondern es ist jetzt seine Aufgabe, nach dem Himmel zu streben. Dasselbe gilt für die Verehrung Gottes. Auch da ist der Getaufte festgelegt. Er ist dazu verpflichtet, Gott zu verehren. Diese Ausrichtung spiegelt sich in der Seele wieder, sie wird ihr eingeprägt.

Die Bestimmung zum Himmel wird dem Menschen eingeprägt durch die heiligmachende Gnade. Wer diese besitzt, ist auf den Himmel ausgerichtet. Die Bestimmung zur Gottesverehrung wird dem Menschen eingeprägt durch das, was Thomas das „sakramentale Merkmal – character sacramentalis" nennt. „Der gläubige Mensch wird für zwei Dinge bestimmt: in erster Linie zum Genuss der Glorie. Dazu wird er bezeichnet mit dem Siegel der Gnade. [...] Außerdem wird jeder Gläubige dazu bestellt, das was zur Gottesverehrung gehört, zu empfangen oder an andere weiterzugeben. Dazu wird er bestimmt durch den sakramentalen Charakter."

Jedes Mal, wenn ein Gläubiger ein Sakrament empfängt, wird ihm das „Siegel der Gnade", die heiligmachende Gnade neu geschenkt oder vermehrt. Darüberhinaus drücken Taufe, Firmung und Priesterweihe zusätzlich ein Zeichen ein, das sakramentale Merkmal, das den Menschen festlegt auf die Gottesverehrung. Sinn und Zweck des sakramentalen Merkmales ist es also, den Menschen zum Gottesdienst zu befähigen. Der heilige Lehrer bringt das, was beim Gottesdienst geschieht, auf die Kurzformel: „Der Gottesdienst besteht darin, entweder etwas Göttliches zu empfangen oder etwas Göttliches anderen zu geben." Zu beidem aber braucht man eigene Fähigkeiten. Das Empfangen muss gekonnt sein und noch mehr das Geben.

Wie die Prägung der Münze neue Fähigkeiten gibt, so gibt die sakramentale Prägung, also das sakramentale Merkmal den Gläubigen neues Können. Wer getauft ist, kann etwas vom Gottesdienst empfangen, nämlich die heilige Eucharistie. Ungetaufte könnten zwar äußerlich betrachtet die hl. Eucharistie empfangen, aber nicht ihre innere Wirkung und Kraft. Wer zum Priester geweiht wurde, kann noch mehr als der Getaufte; er kann das Sakrament des Altares feiern und die hl. Kommunion und viele andere Gnaden den Gläubigen geben. Dieses Können ist das Können eines Werkzeuges. Es macht aus den Gläubigen Werkzeuge in der Hand Gottes. Dieses Können bewirkt nur dann etwas, wenn Christus wirkt. Wie eine Handsäge nur dann sägen kann, wenn sie jemand in die Hand nimmt, so können die Gläubigen nur wirken, wenn Christus sie sozusagen in die Hand nimmt und durch sie wirkt. Der Priester der die Wandlungsworte spricht, ist ein Werkzeug in der Hand Christi.

Der ganze christliche Gottesdienst hat seinen Ursprung in Christus. Er vollzieht nach, was Christus im Abendmahlssaal und am Kreuz getan hat. Was Christus vollzogen hat, tun wir zu seinem Andenken. Darum muss das sakramentale Merkmal, das uns dazu befähigt, auch von Christus herkommen, und uns irgendwie an Christus angleichen:

„Der ganze christliche Gottesdienst fließt aus dem Priestertum Christi hervor. Daher ist es offensichtlich, dass das sakramentale Merkmal ganz besonders das Merkmal Christi ist. Seinem Priestertum werden die Gläubigen gleichgestaltet durch die sakramentalen Merkmale, die nichts anderes sind als eine gewisse Teilnahme am Priestertum Christi, die von Christus selbst abgeleitet wird."

Was die Sakramente der Seele schenken, ist auch Unterscheidungsmerkmal. Die Gläubigen werden von den Ungläubigen unterschieden durch ihre Hinordnung auf das ewige Leben. Hier macht die heiligmachende Gnade den Unterschied. Außerdem unterscheiden sie sich auch was den Gottesdienst angeht. Da ist das sakramentale Merkmal das Unterscheidende.

Der Freund ist bei denen, die er liebt

Es gibt viele Gründe, nicht daran zu glauben, dass Christi Leib wirklich im Sakrament der Eucharistie gegenwärtig ist.

Sogar ein Wort des heiligen Augustinus kann man heranziehen. Er kommentiert das Wort Christi: „Der Geist ist es, der lebendig macht, das Fleisch nützt nichts" (Joh 6,63) und sagt: „Verstehe auf geistige Weise, was ich gesagt habe: nicht diesen Leib, den du siehst, wirst du essen, und nicht jenes Blut wirst du trinken, das die vergießen werden, die mich kreuzigen. Das Sakrament aber, das ich euch gegeben habe, wird euch geistig verstanden lebendig machen; das Fleisch aber nützt nichts."

Und sagt uns nicht der gesunde Menschenverstand, dass ein Körper nicht gleichzeitig an zwei Orten sein kann? Der wirkliche Leib Christi ist im Himmel, also kann er nicht auch wirklich im Sakrament sein. Also kann er nur bildlich da sein.

Ja, wäre es nicht geradezu ein Hindernis für unser Heil, wenn Christus wirklich im Sakrament gegenwärtig wäre? Die Anhänglichkeit der Apostel an die leibliche Gegenwart Christi verhinderte, dass sie den Heiligen Geist empfingen: „Wenn ich nicht weggehe, wird der Heilige Geist nicht zu euch kommen." (Joh 16,7)

Dagegen gibt es nur einen einzigen Grund, an die wirkliche Gegenwart Christi zu glauben, aber der wiegt mehr als alle Einwände: „Dass der wahre Leib Christi und sein Blut in diesem Sakrament sind, kann nur durch den Glauben erfasst werden, der sich auf die Autorität Gottes stützt." Christus hat es gesagt: Das ist mein Leib. Thomas lässt Cyrill zu Wort kommen: „Zweifle nicht, ob das wahr ist, sondern nimm die Worte des Erlösers im Glauben an; er ist die Wahrheit, er lügt nicht."

Wenn wir es recht bedenken, ist es sehr passend, dass Christi Leib wirklich gegenwärtig ist. Drei Gedanken führt der heilige Lehrer an.

Wäre Christus nur bildlich da, was hätte dann der Neue Bund dem Alten voraus? In den Opfern im Tempel war Christus auch vorgebildet. „Das Opfer des Neuen Bundes, das von Christus eingesetzt wurde, musste noch darüber hinaus etwas besitzen, nämlich dass es Christus selbst enthält, der gelitten hat, und zwar nicht bloß bildlich, sondern wirklich."

Zweitens: Seine wirkliche Gegenwart stimmt gut mit seiner Liebe zu uns überein. Weil er unser Freund ist, will er mit uns gemeinsam leben und verspricht uns seine leibliche Gegenwart als Lohn. Es dauert aber noch ein wenig, bis wir dort sein werden, wo er sichtbar mit seinem Leibe ist. Wir müssen noch hier auf der Erde pilgern. „Damit uns bei dieser Pilgerschaft seine leibliche Gegenwart nicht fehlt, ist er nahe bei uns durch seinen wirklichen Leib und sein wirkliches Blut in diesem Sakrament. Darum sagt er selbst: Wer mein Fleisch ißt und mein Blut trinkt, der bleibt in mir und ich in ihm (Joh 6,57). Darum ist dieses Sakrament Zeichen der größten Liebe."

Drittens dient es der Vollkommenheit unseres Glaubens. Wie wir an die Gottheit Christi glauben, obwohl wir sie nicht sehen, so können wir durch seine Gegenwart im Sakrament auch an seine Menschheit glauben. Wir sehen seinen Leib nicht und glauben trotzdem, dass er da ist.

Thomas entkräftet die Gründe, die die Ungläubigen anführen. Auf Augustins Kommentar kann sich der Unglaube nicht stützen. Augustinus wollte nur sagen, dass man den Leib Christi nicht in seiner eigenen Gestalt essen werde, dass man ihn nicht so essen werde wie das Fleisch, das man beim Metzger kauft.

Zum Einwand, ein Körper könne nicht an mehreren Orten sein, bemerkt der gelehrte Heilige: „Der Leib Christi ist in diesem Sakrament nicht, wie ein Körper an einem Ort ist, den er mit seiner Ausdehnung ausfüllt, sondern auf eine besondere Weise, die diesem Sakrament eigen ist."

Der letzte Einwand gilt nur von der sichtbaren Gegenwart Christi. Der Heilige Geist konnte erst kommen, als Christus in seiner sichtbaren Gestalt nicht mehr auf der Erde weilte. Seine unsichtbare, aber wirkliche Gegenwart im Sakrament dagegen hindert den Heiligen Geist nicht.

Ist der ganze Christus im Altarsakrament?

Sind auch die Knochen Christi im Altarsakrament gegenwärtig? Und die Nerven und Sehnen? Und die Seele und sein göttliches Wesen? Einiges scheint dagegen zu sprechen.

Christus ist gegenwärtig, weil Brot und Wein verwandelt werden. Wie soll aber Brot oder Wein in die Gottheit Christi oder in die Seele Christi verwandelt werden? Ein körperliches Ding lässt sich nicht in einen Geist verwandeln. Die Gottheit und die Seele Christi sind aber geistige Wesen.

Und spricht Christus nicht davon, dass sein Fleisch und Blut in diesem Sakrament sind? „Mein Fleisch ist wahrhaft eine Speise und mein Blut ist wahrhaft ein Trank" (Joh 6,56). Kann man dann nicht sagen, dass nur das Fleisch und das Blut Christi im Altarsakrament gegenwärtig sind und nicht die anderen Körperteile wie Knochen, Nerven und Sehnen?

Wie soll außerdem ein über 1,80 Meter großer Leib ganz in einer Hostie sein, die im Durchmesser gerade mal 32 Millimeter misst?

„Darauf muss man antworten," schreibt Thomas, „daß es unabdingbar notwendig ist, dem katholischen Glauben gemäß zu bekennen, dass der ganze Christus in diesem Sakrament ist."

Nicht alles, was zum ganzen Christus gehört, ist auf gleiche Weise in der Eucharistie gegenwärtig. Auf zwei verschiedene Arten wird es gegenwärtig. Die einen „Teile" Christi sind im Altarsakrament gegenwärtig durch die Kraft der Wandlungsworte, die anderen, weil sie naturgemäß mit den ersteren zusammenhängen.

Der Priester spricht: „Das ist mein Leib." Durch die Macht dieser Worte ist der Leib Christi da, wenn auch verborgen unter dem Aussehen des Brotes. Wenn der Priester sagt: „Das ist der Kelch meines Blutes ...", dann ist das Blut Christi im Kelch gegenwärtig.

„Durch die Kraft des Sakramentes ist unter den sakramentalen Gestalten [von Brot und Wein] das gegenwärtig, in das die frühere existierende Substanz von Brot und Wein direkt verwandelt wird, so wie es die Wandlungsworte sagen." So werden der Leib und das Blut Christi gegenwärtig.

Das Blut Christi steht aber nicht irgendwo im Himmel separat in einem Gefäß, sondern es ist im Leib des auferstandenen Christus, genauso, wie auch Knochen, Nerven und Sehnen ganz natürlich zum Leib Christi gehören. Und dieser Leib Christi ist nicht tot, sondern beseelt. Die Seele ist mit ihm verbunden und ebenso die Gottheit. Wenn darum der Leib Christi gegenwärtig wird, dann auch alles, was mit ihm zusammenhängt: die Seele und die Gottheit Christi. Das ist die zweite Art, wie etwas von Christus in diesem Sakrament gegenwärtig wird: weil es mit dem Leib oder dem Blut Christi naturgemäß verbunden ist.

Mit dieser Unterscheidung lassen sich die Einwände entkräften.

Brot und Wein werden nicht in die Seele und in die Gottheit Christi verwandelt, sondern in Leib und Blut Christi. Mit dem Leib und dem Blut Christi sind die Seele und die Gottheit Christi aber untrennbar verbunden. „Die Gottheit oder die Seele Christi sind in diesem Sakrament nicht gegenwärtig durch die Kraft der Wandlungsworte, sondern durch das tatsächliche Verbunden-Sein [mit dem Leib und dem Blut Christi]. Weil die Gottheit den angenommenen Leib nie mehr ablegt, muss die Gottheit notwendigerweise überall dort sein, wo der Leib Christi ist."

Auch wenn Christus in der eucharistischen Rede bei Johannes nur von seinem „Fleisch" spricht, ist doch der ganze Leib unter der Brotsgestalt gegenwärtig, also auch die Knochen und Nerven und nicht nur das Fleisch. Die Wandlungsworte lauten: „Das ist mein Leib." Und nicht: „Das ist mein Fleisch." Diese Worte wirken, was sie sagen. Wenn Christus aber sagt: „Mein Fleisch ist wahrhaftig eine Speise", dann steht hier „Fleisch" für den ganzen Leib. So wie Johannes ja auch schreibt: „Das Wort ist Fleisch geworden."

Auf den Einwand, der die Abmessungen betrifft, antwortet der heilige Lehrer, dass die äußeren Eigenschaften von Brot und Wein bleiben und damit auch die Abmessungen von Brot und Wein. Sie werden nicht in die Maße des Leibes Christi verwandelt. Nur die Substanz von Brot und Wein wird in die Substanz des Leibes und Blutes Christi verwandelt. Christus ist gegenwärtig, ohne Platz zu brauchen.

Wozu feierliche Zeremonien?

Gibt es irgendeinen vernünftigen Grund, feierliche Zeremonien abzuhalten? Ist es nicht viel vernünftiger, alles so schlicht wie möglich zu halten? Diese Frage stellt sich der heilige Gelehrte mit Blick auf die alttestamentlichen Gottesdienste. Seine Antwort ist zeitlos gültig, auch noch im Neuen Bund.

Alle gottesdienstlichen Feiern haben dasselbe Ziel: Sie sind dazu da, dass die Menschen Gott die Ehre erweisen, die ihm als Schöpfer und Herr zusteht. Kein Mensch erweist einem Pflasterstein oder einer Fliege besondere Ehre. Diese Dinge sind nichts Besonderes, sie sind gewöhnlich. Herausragende Dinge dagegen lassen uns ehrfürchtig staunen. So staunen viele, wenn sie einen Maybach oder einen Rolls Royce sehen. „Die Menschen sind von einer solchen Gemütsverfassung, dass sie das, was gewöhnlich ist und sich nicht von anderem abhebt, weniger ehren. Das aber, was sich durch einen besonderen Vorzug von allem anderen unterscheidet, bewundern und verehren sie mehr."

Die Herrscher aller Völker und aller Zeiten haben diese Eigenschaft der Menschen erkannt und für sich benutzt. Die Könige hüllten sich in kostbare Gewänder aus Purpur und Seide. Sie wohnten nicht in einem gewöhnlichen Bürgerhaus, sondern in beeindruckenden Palästen und Schlössern. Ein König in gewöhnlichem Bauernkittel, der in einer Hütte wohnt, kann nur schwer von seinen Untergebenen besondere Hochachtung erwarten.

Aus demselben Grund haben die Menschen für Gott immer das Besondere ausgewählt. Im Alten Testament fertigten sie für den Gottesdienst ein eigenes Zelt an aus ganz besonderen Stoffen: Karmesin und gezwirnter Byssus (Ex 26,31. 36). Für den Gottesdienst wurden besondere Gefäße verwendet, besonders aufwändig aus einem Stück Gold getrieben. Und auch die Diener im Gottesdienst waren etwas Besonderes: die Leviten. Das war nötig, „um so die Seelen der Menschen zu einer größeren Ehrfurcht gegenüber Gott anzuleiten."

Gegen den prächtigen Tempel in Jerusalem könnte man das Wort des hl. Paulus anführen: „Gott, der die Welt gemacht hat und alles, was in ihr ist, er, der Herr des Himmels und der Erde – er wohnt nicht in Tempeln, die von Menschenhänden gemacht sind." (Apg 17,24) Dazu bemerkt Thomas etwas ganz Grundlegendes: Der Gottesdienst muss zum einen Gott berücksichtigen, der verehrt wird, und zum anderen die Menschen, die ihn verehren. Gott ist überall gegenwärtig, ihm braucht man kein Haus bauen. Er wäre auch ohne Tempel nicht obdachlos. Die Menschen dagegen, die Gott verehren, haben den Tempel viel nötiger und zwar aus zwei Gründen:

„Erstens, damit die, die an einem solchen Ort zusammenkommen, ihre Gedanken ausrichten auf die Verehrung Gottes und so mit größerer Ehrfurcht hinzutreten. Zweitens, damit durch den Schmuck eines solchen Tempels oder Zeltes etwas ausgedrückt wird von der Erhabenheit der Gottheit oder Menschheit Christi." Der Gottesdienst und alles, was dazugehört, muss also feierlich sein, damit wir Menschen zur schuldigen Ehrfurcht angeleitet werden. Dieser äußerliche, sichtbare Teil des Gottesdienstes ist zwar nicht die Hauptsache der Gottesverehrung. Das Wesentliche der Religion ist die innere Hingabe an Gott, die Anbetung Gottes, das Glauben, Hoffen, Lieben. Aber diese äußeren Dinge tragen wesentlich dazu bei, dass uns die innere Gottesverehrung gelingt.

„Um mit Gott verbunden zu werden, braucht der menschliche Geist die Führung durch die sinnlich wahrnehmbaren Dinge, denn was unsichtbar ist, wird aus den Werken Gottes durch das Licht der Vernunft erkannt (Röm 1,20). Und daher ist es beim Gottesdienst notwendig, körperliche Dinge zu verwenden, damit durch sie – gleichsam wie durch Zeichen – der Geist des Menschen angeregt wird zur geistigen Tätigkeit, durch die er sich mit Gott verbindet. Und daher ist das innerliche Tun bei der Gottesverehrung die Hauptsache, dieses gehört wesentlich zur Gottesverehrung dazu. Das Äußerliche ist zweitrangig und auf das Innerliche hin geordnet."

Darum spricht auch nicht das Wort Christi gegen einen äußerlich wahrnehmbaren, feierlichen Gottesdienst: „Gott ist Geist und die ihn anbeten, müssen ihn im Geiste und in der Wahrheit anbeten" (Joh 4,24). Denn mit diesem Wort sagt Christus nur, dass die Hauptsache der Gottesverehrung das innerliche Tun ist. Er verbietet damit aber nicht, dass wir äußerliche Dinge als Hilfsmittel nehmen, um unsere Seele zu Gott zu erheben.

Die Firmung

Die Firmung – wofür soll sie gut sein? Hat nicht Christus seinen Jüngern den Heiligen Geist mitgeteilt, ohne sie zu salben und ohne die Worte zu sprechen, die für die Firmung unabdingbar sind: Ich bezeichne dich mit dem Zeichen des Kreuzes und stärke dich mit dem Chrisam des Heiles im Namen des Vaters und des Sohnes und des Heiligen Geistes. Christus ist heute nicht weniger mächtig. Wozu dann die Firmung?

Der hl. Thomas argumentiert so: Das körperliche und das geistige Leben sind einander ähnlich. Darum kann man aus dem, was im körperlichen Leben geschieht, Erkenntnisse gewinnen für das Leben der Gnade. Das körperliche Leben gewinnt eine neue Vollkommenheit dazu, wenn der Mensch erwachsen wird. Erst ein Volljähriger kann in jeder Hinsicht rechtsgültig handeln. Thomas zieht die Parallele zum Gnadenleben: „Durch die Taufe empfängt der Mensch das geistige Leben; die Taufe ist die geistige Wiedergeburt. In der Firmung empfängt der Mensch gleichsam das Vollalter des geistlichen Lebens."

Papst Melchiades (gest. 314) kommt zu Wort und stellt die Wirkung der Firmung und der Taufe einander gegenüber: In der Taufe schenkt der Heilige Geist uns die Unschuld in ganzer Fülle, bei der Firmung schenkt er einen Zuwachs im Gnadenleben. In der Taufe werden wir wiedergeboren, in der Firmung werden wir gekräftigt für den Kampf.

Der Aquinate beschreibt noch eine andere Wirkung der Firmung: sie macht uns Christus ähnlich. Christus nämlich war voll der Gnade und Wahrheit (Joh 1,14). Auch wer gefirmt ist, ist in gewisser Weise voll der Gnade, die Firmung ist ja das „Sakrament der Gnadenfülle." Sie vollendet, was in der Taufe begonnen wurde: „In diesem Sakrament wird die Fülle des Hl. Geistes gegeben zur geistigen Stärke, wie es dem Volljährigen entspricht."

Dieses innere Gnadenwirken ist – wie bei allen Sakramenten – an ein sichtbares Zeichen geknüpft: an die Salbung mit geweihtem Chrisam. Das ist Öl, dem Balsam zugesetzt wurde. Dieses Zeichen ist gut gewählt. Die Salbung mit Öl symbolisiert die Salbung durch den Hl. Geist. Wie das Öl eindringt, so auch der Hl. Geist.

Der Balsam deutet eine Wirkung der Firmung an: das Überströmen des Glaubens auf andere. Der Volljährige unterscheidet sich vor allem dadurch vom Kind, dass er durch seine Handlungen auch auf andere wirkt. Das Kind dagegen lebt nur für sich selbst. Der Gefirmte lebt nicht mehr nur für sich selbst, sondern durch seine guten Werke soll sein Glaube auf andere überströmen. Diese Wirkung wird durch den Balsam versinnbildet. Balsam riecht gut, sein Duft breitet sich auf die Umgebung aus. „Es wird Balsam beigemischt, damit der Duft sich ausbreitet und auf andere überströmt. Darum sagt der Apostel: Wir sind für Gott der Wohlgeruch Christi." (2 Kor 2,15)

Thomas sieht hier eine Parallele zum Pfingstereignis: Wie der Balsam, so bedeutet auch die Zungenform der Feuerflammen das Überströmen, das Mitteilen an andere. Mit der Zunge teilt man anderen etwas mit: „Die Apostel wurden vom Heiligen Geiste erfüllt, um Lehrer der Völker zu sein; die anderen Gläubigen, um das zu tun, was der Erbauung der Gläubigen dient."

Christus konnte seinen Aposteln den Heiligen Geist mitteilen ohne Handauflegung und ohne Salbung mit Chrisam. Seine Macht war überragend groß. Er kann die Wirkung eines Sakraments schenken, ohne die sakramentalen Zeichen zu verwenden. Als er am Pfingstfest den Hl. Geist auf seine Apostel ausgoss, war kein Sakrament nötig. Die Nachfolger der Apostel haben nicht dieselbe Macht. Sie können den Heiligen Geist nur spenden, wenn sie die Zeichen verwenden, die Christus eingesetzt hat. Die Evangelien schweigen zwar über die Einsetzung der Firmung durch Christus, das ist aber kein Argument dagegen: „Bei der Spendung der Sakramente beobachteten die Apostel vieles, was in der Heiligen Schrift nicht niedergeschrieben wurde. [...] Daher sagt der hl. Paulus, wo er über die Eucharistie spricht (1 Kor 11,34): Das Übrige werde ich anordnen, sobald ich komme."

IV. Teil

Das Ergebnis der Erlösung

Tugend

Ein Küchenmesser ist ein perfektes Küchenmesser, wenn man damit gut schneiden kann, denn das ist der Sinn und Zweck eines Messers. Perfekt ist das, was ganz und gar den Sinn und Zweck erreicht, wofür es da ist. Das gilt nicht nur von Dingen, sondern auch von seelischen Fähigkeiten. Unsere Seele hat unterschiedliche Fähigkeiten: Verstand, Wille, Sinneserkenntnis durch die fünf Sinne, die Fähigkeit, etwas Sinnfälliges zu begehren, die Fähigkeit energisch zu werden und zu zürnen, die Phantasie und einige andere. Diese Fähigkeiten sind alle irgendwie unvollkommen. Unser Verstand erkennt nicht so klar, unser Wille ist schwach, unser Begehren richtet sich auf etwas Verbotenes. Der Verstand zum Beispiel wäre dann perfekt, wenn er alles erkennen kann, was sich erkennen lässt. Denn er ist uns gegeben, damit wir mit ihm erkennen können. Der Wille wäre dann perfekt, wenn er nur Dinge anstreben würde, die wirklich gut sind, denn er ist uns gegeben, um das Gute zu wollen.

Die Vollkommenheit unserer Seelenfähigkeiten ist noch in weiter Ferne. Hier haben die Tugenden ihren Platz. Eine Tugend macht eine Seelenfähigkeit perfekt. Die Tugend der Klugheit macht den Verstand perfekt, die Tugend der Gerechtigkeit vervollkommnet den Willen, die Tugend der Mäßigkeit macht das Begehren richtig. Die Tugenden sind also gute Eigenschaften, die in der Seele sitzen. Dadurch unterscheiden sie sich von den Eigenschaften, die im Leib ihren Sitz haben und den Körper vervollkommnen wie Gesundheit und Schönheit.

Die Tugenden sollen unsere Seelenfähigkeiten nicht einfach deshalb vollkommen machen, damit sie perfekt sind. Es geht bei den Tugenden nicht um einen Perfektionismus um der Perfektion willen. Vielmehr zielen die Tugenden auf das richtige Handeln ab. Der Verstand soll vervollkommnet werden, damit wir das Gute erkennen und dann auch tun. Der Wille soll perfekt werden, damit wir nach dem Rechten streben. Das Begehren soll vervollkommnet werden, damit wir uns nicht zu einer bösen Tat hinreißen lassen. Ziel der Tugenden ist also immer das gute

Handeln. Sie tragen dazu bei, dass unsere Handlungen gut werden.

Von unseren Seelenfähigkeiten geht unser Handeln aus: Vom Verstand unser Erkennen, vom Willen unser Wollen. Wenn unsere Seelenfähigkeiten gut sind, dann erst kann auch unser Handeln gut sein. Die Tugenden geben uns die Möglichkeit, gut zu handeln. Darin unterscheiden sich die Tugenden von anderen Seelenfähigkeiten. Intelligenz zum Beispiel ist auch eine Fähigkeit, die in unserer Seele sitzt und den Verstand vervollkommnet. Intelligenz ist aber keine Tugend, weil man sie auch zum Bösen verwenden kann. Die meisten Schurkereien wurden intelligent ausgedacht. Tugenden dagegen kann man nicht für einen schlechten Zweck einsetzen. Die Tugend der Klugheit kann man nicht verwenden, um etwas Böses zu tun, denn die Klugheit verwendet die passenden Mittel zum Ziel und blickt auf das Wesentliche, endgültige Ziel. Darum ist jede Sünde unklug, weil sie uns dem eigentlichen Ziel nicht näher bringt. Auch die Gerechtigkeit kann man nicht für das Böse verwenden, wenn man damit jemand Unrecht tut, dann ist es nicht mehr gerecht.

Aber kommt es nicht vor, dass Menschen stolz werden, wegen der Tugenden, die sie zu haben meinen? Verwendet man dann die Tugenden nicht doch zum Schlechten? Dann werden die Tugenden tatsächlich Anlass zu etwas Schlechtem. Hier handelt aber nicht die perfekte Seelenfähigkeit, nicht der vervollkommnete Verstand und nicht der gute Wille. Sondern hier handelt eine unvollkommene Seelenfähigkeit, die die Tugenden nur als Objekt benutzt für ihren Stolz. Das ist so ähnlich, wie wenn jemand die Tugenden hasst. Dann sind die Tugenden einfach Objekt des Hasses und man kann nicht sagen, dass aus der Tugend selbst etwas Schlechtes ausgeht. „Die Tugend kann zu etwas Schlechtem benutzt werden wie ein Objekt, nicht aber als Quelle für eine schlechte Handlung." So kann man selbst Gott benutzen als Objekt der Sünde und ihn zum Beispiel hassen.

Thomas fasst alle diese Merkmale einer Tugend zusammen und sagt: „Eine Tugend ist eine gute Eigenschaft der Seele, die bewirkt, dass man richtig lebt und die man nicht zum Schlechten verwenden kann."

Zielgerichtetes Handeln

Menschen, die nicht an Gott glauben, können Hungrigen etwas zu essen geben, Nackte bekleiden, können keusch und gerecht sein. Aber ist das echte Tugend?

Der heilige Thomas stellt sich diese Frage: Gibt es echte Tugend ohne Liebe zu Gott?

In seiner Antwort unterscheidet er dreierlei Arten von Taten, die an sich gut sind. Eine solche an sich gute Tat ist es zum Beispiel, einem Hungrigen etwas zu essen zu geben oder einen Trauernden zu trösten. Diese Tat kann unterschiedliche Zielrichtungen haben.

Jemand kann zum Beispiel einen Trauernden trösten, damit dieser nachher mit ihm einen schlechten Film anschaut, weil er nicht alleine einen Film anschauen will. Sein Ziel beim Trösten ist das unerlaubte Vergnügen. So ist die an sich gute Tat ein Übel, eine Sünde.

Ein anderer hat leicht Mitleid mit Traurigen, er tröstet den Traurigen, weil es ihm einfach leidtut, traurige Menschen zu sehen. Er hat ein gutes Ziel, aber es ist rein innerweltlich, mit Gott hat das noch nichts zu tun.

Ein dritter tröstet einen Trauernden, weil er in ihm Christus sieht und ihm Liebe erweisen will. Seine Handlung zielt direkt auf Gott.

Drei tun das Gleiche. Aber jeder sucht etwas anderes. Jeder hat ein anderes Ziel. Was uns Menschen antreibt, ist das Streben nach irgendetwas, was wir für gut halten. Wer Ansehen für gut hält, strebt nach Ansehen. Wer Reich-Sein für gut hält, strebt nach Reichtum. Wer Vergnügen für gut hält, sucht den Spaß. Was wir als gut erkannt haben, ist unser Ziel.

Von diesem Ziel her beurteilt der heilige Lehrer die Qualität der Handlung. Denn nicht alles, was wir für gut halten, ist auch in Wirklichkeit ein echtes Gut. Das letzte, höchste und umfassende Gute ist Gott. Das begründet Thomas hier nicht eigens, das hat er bereits an anderer Stelle ausführlich getan. Gott ist das Gute schlechthin, und darum ist er auch unser letztes Ziel.

Ob die kleinen Dinge des Alltags gut sind oder nicht, hängt davon ab, wie sie sich zu diesem letzten und höchsten Guten verhalten. Daran müssen sie sich messen lassen. Wirklich gut sind sie nur, wenn sie Mittel sind, um dem höchsten Gut näher zu kommen. Bringen sie vom höchsten Gut weg, dann sind sie nur scheinbar gut, nicht aber in Wirklichkeit.

Zurück zu den dreierlei Arten von Handlungen.

Der erste hält es für ein Gut, zusammen mit anderen einen schlechten Film anzuschauen. Er verspricht sich davon Spaß. In Wirklichkeit ist das kein Gut, denn der schlechte Film bringt ihn Gott nicht näher, sondern von Gott weg; damit ist diese Handlung ein Übel, aber ein Übel, das ihm gut scheint, ein Scheingut also. Ein Scheingut lässt sich nicht in Einklang bringen mit dem Streben nach dem höchsten Gut. Darum ist das Trösten der Trauernden in diesem Fall keine Tugend. Thomas nennt das „einen falschen Schimmer von Tugend".

Der zweite kann keine traurigen Menschen sehen, er will nur frohe Menschen um sich haben. Das ist ein Ziel, das ihn von Gott nicht wegbringt, er strebt nach etwas, was wirklich gut ist. Das nennt Thomas ein „echtes" Gut, es lässt sich in Einklang bringen mit dem Streben nach dem höchsten Gut. Da die Absicht tatsächlich aber nicht auf Gott ausgerichtet ist, es ist ein rein innerweltliches Ziel, das nicht mit Gott verbindet. So zu handeln ist zwar „echte" Tugend, aber keine „vollkommene" Tugend.

In jeder Hinsicht gut handelt nur der Dritte. Er tröstet den Mitmenschen aus Liebe zu Gott. Das ist vollkommene Tugend. Thomas definiert sie so: „Eine absolut wahre Tugend ist jene, die auf das hauptsächliche Gut des Menschen hinordnet." Nämlich auf Gott, das höchste Gut und letzte Ziel.

Vollkommen echte Tugend ist also nur da, wo der Mensch ein echtes Gut anstrebt, ein Gut also, das ein Mittel ist, um dem letzten und größten Gut näherzukommen.

Oder anders gesagt: ein Gut, das sich mit der Gottesliebe verträgt. Wer Gott liebt, strebt nicht etwas an, was ihn von Gott trennt.

Feindesliebe

„Liebet eure Feinde, tut Gutes denen, die euch hassen", sagt der Herr (Mt 5,44).

Ist das nicht abartig, unnatürlich, abnormal? Ist es nicht eine ganz normale Reaktion, den zu hassen, der einem schaden will, also den Feind? Jedes Lebewesen scheut vor dem zurück, was ihm schaden will. Wenn einer seinen Freund hassen würde – wäre das nicht irre? Aber das ist im Grunde nichts anderes, als wenn jemand seinen Feind lieben würde.

Und dennoch sagt der Herr in der Bergpredigt: „Liebet eure Feinde!" Verlangt der Herr von uns also etwas Abartiges?

Was bedeutet es, den Feind zu lieben? Sollen wir das Feindliche am Nächsten lieben? Das Böse, das, wodurch er unser Feind wird? Nein. Das ist mit Feindesliebe nicht gemeint, denn dann würden wir etwas Böses lieben und das wäre von Grund auf verkehrt, geradezu „pervers", wie Thomas sagt. Lieben kann man nur, was gut ist, wenigstens scheinbar gut.

Was ist dann gemeint? – Es ist gemeint, dass wir den Feind als Menschen lieben. Das Feindliche am Feind existiert ja nicht als solches. Jemand, der unser Feind ist, ist ja nicht ganz und gar und ausschließlich nur Feind. Er ist zuallererst ein Mensch. Ein Mensch, der von Gott erschaffen wurde und der zum Himmel berufen ist. Erst in zweiter Linie ist dieser Mensch mir gegenüber feindlich eingestellt und will mir schaden.

Der Feind ist nicht gegen uns, insofern er ein Mensch ist und zum Himmel berufen. Das können wir an ihm lieben. Er ist gegen uns, insofern er unser Feind ist, das darf uns an ihm mißfallen und das dürfen wir an ihm hassen. Aber nicht den Menschen selbst. Thomas sagt von den Feinden: „Es muss uns dies mißfallen, dass sie unsere Feinde sind; die Feindschaft selbst dürfen wir nicht lieben. Insoweit sie aber Menschen sind und fähig, der ewigen Seligkeit teilhaftig zu sein, sind sie uns nicht entgegengesetzt." Wir sollen am anderen also nicht das Feindlich-Sein lieben, sondern den Menschen. Aber was ist da genau verlangt? Müssen wir den Menschen im Feind besonders lieben? Mehr als andere Menschen? Nein, das müssen wir nicht, denn es ist uns ja gar nicht möglich, jeden einzelnen Menschen besonders zu lieben. Wir können nicht jeden Fremden besonders ins Herz schließen. Nur einzelnen ausgewählten Menschen können wir besondere Liebe schenken. Wenn wir diese Liebe nicht jedem schenken können, dann brauchen wir sie auch nicht unserem Feind zu schenken.

Dasselbe gilt für das Gebet: Weil wir nicht für jeden Menschen einzeln beten können, brauchen wir auch nicht für unseren Feind als einzelnen besonders zu beten.

Wir müssen den Feind also nicht mehr lieben als jeden Fremden. Wir dürfen ihn aber auch nicht weniger lieben als jeden Fremden, nicht weniger als jeden Menschen. Man darf den Feind nicht ausnehmen aus der Nächstenliebe, mit der wir alle Menschen lieben. Wer also ein Vaterunser betet und um das tägliche Brot für alle bittet, der darf dabei den Feind nicht bewusst ausschließen. Er würde ihn damit ja aus der Nächstenliebe ausschließen, die er allen Menschen schenkt.

Und noch etwas gehört zur Feindesliebe dazu: Wir müssen dem Feind helfen, wenn er in Not ist. Denn auch das würden wir jedem Fremden tun: „Der Mensch muss in seiner Seele bereitwillig sein, auch dem Feinde speziell Liebe zu erweisen, falls die Notwendigkeit dies erfordert." Wir müssen also bereit sein, dem Feind zu helfen, wenn er z.B. verletzt im Straßengraben liegt.

Das gehört zur Nächstenliebe dazu und damit auch zur Gottesliebe. Das darf nicht fehlen. Es ist aber nicht verboten, einem feindlichen Menschen noch mehr zu tun, als ihm nur in der Not zu helfen. Wer im christlichen Leben die Vollkommenheit erreichen will, tut mehr. Er tut dem Feind nicht nur dann Gutes, wenn der Feind in Not ist. Und wieso das? – Nicht aus purer Menschenfreundlichkeit, sondern aus Liebe zu Gott – „wie jemand, der einen Freund sehr stark liebt, auch dessen Kinder lieben würde, auch wenn sie seine Feinde sind".

Die Liebe schenkt Freude

Freude entsteht nicht aus dem Nichts. Freuen kann sich nur jemand, der liebt. Würden die Hirten sich nicht nach einem Heiland sehnen, dann könnten sie sich nicht freuen über seine Geburt. Nur wer den Sonnenschein liebt, kann sich über ihn freuen. Wem der Nebel lieber ist als der Sonnenschein, der kann sich nicht freuen über die Sonne.

Die Liebe ist also die Voraussetzung, sich freuen zu können. Wer nicht nur den Sonnenschein liebt, sondern auch jeden grünen Halm und dazu die Vögel, der findet immer Grund, sich zu freuen.

Muss man also nur möglichst viele Dinge lieben, damit man sich immer freuen kann? So einfach ist die Sache nicht. Denn die Liebe ist nicht nur Voraussetzung für die Freude, sondern auch für die Traurigkeit. „Aus der Liebe geht sowohl die Freude hervor als auch die Traurigkeit", sagt Thomas.

Auch traurig sein kann nur, wer etwas liebt. Würde ich den Sonnenschein nicht lieben, wäre ich auch nicht traurig, dass er heute fehlt.

Aus der Liebe kommen die Freude und die Traurigkeit, aber auf entgegengesetzte Weise. Thomas sieht zwei verschiedene Arten, wie die Liebe zur Freude führt. Bei der ersten Art ist das gegenwärtig, was man liebt, zum Beispiel der neugeborene Heiland oder der Sonnenschein. Und die Gegenwart des Geliebten schenkt Freude. Daneben gibt es eine zweite Art der Freude. Bei ihr ist das Geliebte zwar nicht gegenwärtig, aber ich weiß von dem Geliebten, dass es ihm gut geht. Ich freue mich, weil ich weiß, es geht dem gut, den ich liebe. So macht Eheleute ihre gegenseitige Liebe glücklich, auch wenn sie gerade nicht beieinander sein können, vorausgesetzt sie wissen voneinander: Es geht dem anderen gut.

Auf dieselben beiden Arten entsteht aus der Liebe auch die Traurigkeit. Zum einen, wenn das Geliebte fehlt: Schon tagelang kein Sonnenschein, das macht traurig. Zum anderen, wenn es jemandem schlecht geht, den man liebt. Die Mutter wird traurig, wenn es ihrem Kind schlecht geht. Sie wird traurig, weil sie es liebt.

So macht die Liebe verwundbar. Je mehr Personen jemand liebt, desto mehr Angriffsfläche hat er auch für die Traurigkeit, denn ihnen allen kann es einmal schlecht gehen. Ist es dann ratsam, die Liebe auf ein Minimum zu beschränken? Damit wird zwar die Freude kleiner, aber auch die Traurigkeit.

Thomas schlägt einen ganz anderen Weg vor. Nicht weniger lieben, sondern das Richtige lieben. Wenn wir etwas lieben würden, was uns immer gegenwärtig wäre, also nicht mal da und mal weg wie der Sonnenschein, sondern einfach immer da, und wenn es diesem Etwas immer gut gehen würde und ganz sicher gar nie schlecht – dann könnten wir uns immer freuen. Aber gibt es denn so ein Etwas, das immer da ist und dem es immer gut geht? Ja, das gibt es: Gott selbst.

Wer Gott liebt, dem ist Gott immer gegenwärtig. So verheißt es der Herr: „Wenn jemand mich liebt, so wird mein Vater ihn lieben, und wir werden zu ihm kommen und Wohnung bei ihm nehmen." (Joh 14,23) Wer Gott liebt, dem fehlt Gott nicht, Er wohnt bei ihm. Und Gott ist das Gutsein selbst. Er wird nicht krank, ihm geht es nie schlecht, er ist das Gut-Sein schlechthin. Wenn wir ihn lieben würden, bräuchten wir nur an seine Herrlichkeit zu denken und wir hätten Grund zur Freude.

Das ist zwar keine Freude, die wir emotional wahrnehmen, aber es ist eine geistige Freude, die umso robuster ist.

Kann dann jemand, der Gott liebt, gar nicht traurig sein? Doch, das kann er, aber nicht über Gott, sondern über das, was Gott entgegensteht. Er kann trauern über die Sünden und die Beleidigungen Gottes, weil sie von Gott trennen. Er kann trauern über seine eigene Schwäche und darüber, dass er die Liebe Gottes zu uns so schlecht erwidert. Diese Traurigkeit meint Christus, wenn er sagt: „Selig die Trauernden, denn sie werden getröstet werden." (Mt 5,4)

Die Hoffnung, der Glaube und die Liebe

Im Credo beten wir: „Et exspecto resurrectionem mortuorum – Ich erwarte die Auferstehung der Toten." Ist dieser Satz Ausdruck unseres Glaubens – er steht ja im Glaubensbekenntnis –, oder ist er Ausdruck unserer Hoffnung auf die Auferstehung? Oder kann man Glauben und Hoffen gar nicht unterscheiden, sind sie im Grunde das gleiche?

Und kann nicht nur der auf die Anschauung Gottes hoffen, der Gott liebt? Wer Gott nicht liebt, sehnt sich auch nicht nach ihm. Lassen sich also auch Hoffnung und Liebe nicht unterscheiden?

Glauben, Hoffen, Lieben – alle drei verbinden uns mit Gott, aber auf unterschiedliche Art und Weise.

Ein Mensch kann einem anderen Menschen treu ergeben sein, weil er von ihm etwas erhält. So kann ein Mitarbeiter an seinem Chef hängen, weil er von ihm gute Arbeit und angemessenen Lohn erhält. So können Schüler einen Lehrer mögen, weil sie aus seinem Unterricht viel mitnehmen. Dem Arbeiter und den Schülern geht es nicht in erster Linie um die Person des Chefs oder des Lehrers, sondern um das, was sie von ihm erhalten.

Ein Mensch kann einem anderen aber auch anhängen, nicht weil er von ihm etwas erhält, sondern einfach, weil er ihn selbst mag. So halten echte Freunde zueinander. Nicht weil sie auf den Nutzen schielen, den ihnen diese Freundschaft bringt, sondern weil sie einander als Personen hochschätzen und füreinander Wohlwollen im Herzen tragen.

Auch Gott können wir auf diese beiden Weisen anhängen. Zum einen, weil wir von ihm etwas erhalten. Er schenkt uns die Erkenntnis der Wahrheit. Er ist der Ursprung und die Quelle alles Wahren. Und er spricht zu uns und teilt uns Wahrheiten mit, die wir ohne ihn nie entdecken könnten, zum Beispiel, dass Gott dreifaltig ist. Wer glaubt, macht sich diese Wahrheit zu eigen. Er verbindet sich mit Gott also nicht uneigennützig, sondern weil er von ihm diese Wahrheitserkenntnis erhalten will.

Noch deutlicher ist das bei der Hoffnung. Auch wer hofft, ist Gott treu ergeben – nicht uneigennützig, sondern weil er von ihm etwas erhalten will, nämlich die Gnade und das ewige Leben. Gott ist die Quelle des Glücks und der Seligkeit. Nur er kann uns mit seiner Gnadenhilfe in den Himmel bringen und dort selig machen. Wer hofft, will diese Seligkeit haben und erwartet die Hilfe Gottes – darum richtet er sich auf Gott.

Im Deutschen haben wir nur das eine Wort „Liebe". Das verwenden wir für beide Arten, jemandem anzuhängen. Wir sagen, die Schüler, die den Lehrer wegen des Unterrichts schätzen, „lieben" ihn. Wir sagen aber auch, zwei echte Freunde „lieben" sich. Das Lateinische ist hier reicher. Thomas verwendet das Wort „amor" für die Liebe, die den anderen nicht um seiner selbst willen liebt, sondern wegen des Nutzens, den er vom anderen erwartet. Das Wort „caritas" dagegen verwendet er für die Liebe, die den anderen um seiner selbst willen liebt, und ganz besonders für die göttliche Tugend der Liebe, die Gott liebt, einfach, weil er in sich endlos liebenswürdig ist, ganz abgesehen davon, dass wir von ihm profitieren.

Und genau darin unterscheidet sich die Hoffnung von der Liebe. Wer hofft, der liebt Gott auch, aber nicht Gott in sich selbst, sondern weil Gott Glück und Seligkeit schenkt. Darum setzt die Hoffnung den „amor" voraus. Nur wer „amor" zu Gott hat, kann auf ihn hoffen.

Die Tugend der Liebe dagegen denkt nicht in erster Linie an das, was Gott uns zu bieten hat, sondern daran, wie liebenswürdig Gott in sich ist. Die Tugend der Gottesliebe ist also „caritas", nicht „amor".

Glauben, Hoffen, Lieben sind also drei verschiedene Tugenden, jede richtet sich unter einem anderen Blickwinkel auf Gott.

Wenn wir im Credo sagen: „Ich erwarte die Auferstehung der Toten", dann ist das Ausdruck unserer Hoffnung. Wir könnten das aber nicht erhoffen, wenn wir nicht glauben würden, dass Gott das wirken kann. So bekennen wir durch das Aussprechen unserer Hoffnung unseren Glauben.

Durchhalten bis zum seligen Ende

Auch wer kein Held ist, schafft es, eine Stunde lang einen lästigen Kollegen zu ertragen. Etwas schwerer ist es, nicht nur eine Stunde, sondern einen ganzen Tag lang darin auszuhalten. Wer in der Tugend der Nächstenliebe geübt ist, dem wird es auch eine ganze Woche lang gelingen und vielleicht sogar einen ganzen Monat lang. Sollen wir aber einen schwierigen Menschen ein ganzes Jahr lang ertragen oder sogar ein Leben lang, dann ist das schwer; so schwer, dass zur Nächstenliebe noch eine Tugend hinzukommen muss – eine Tugend, die uns hilft, in schwierigen Situationen durchzuhalten. Das ist die Tugend der Beharrlichkeit. Thomas beschreibt sie so: Die Beharrlichkeit hilft, in etwas Gutem auszuhalten bis zur Vollendung.

Von zwei Faktoren hängt es ab, wie schwer es fällt, im Gutes-Tun auszuharren: zum einen von der Dauer, zum anderen von der Menge der verschiedenen Schwierigkeiten, die wir gleichzeitig aushalten müssen.

Beharrlich ist der, der nicht aufgibt, das Gute zu tun, auch wenn es lange dauert: „Es gehört wesentlich zur Beharrlichkeit, dass jemand ausharrt bis zum Ende des tugendhaften Werkes; wie der Soldat ausharrt bis zum Ende des Kampfes." Manche guten Werke haben eine überschaubare Dauer, das Fasten zum Beispiel: Beharrlich im Fasten ist der, der fastet bis zum Ende der Fastenzeit. Andere gute Werke dauern länger. Vierzig Tage reichen für die meisten guten Werke nicht aus. Glauben, hoffen, lieben sollen wir nicht nur ein Jahr lang und auch nicht nur zehn Jahre lang, sondern bis zu unserem Heimgang. „Es gibt bestimmte Tugenden, deren Übung das ganze Leben hindurch dauern muss, wie der Glaube, die Hoffnung und die Liebe. Denn diese richten sich auf das Endziel des ganzen menschlichen Lebens." Mit dem Fasten sind wir am Ostersonntag fertig, mit dem Glauben, Hoffen und Lieben erst bei unserem Tod.

Nicht allen Menschen fällt es gleich schwer, dauerhaft das Gute zu tun. Wer im Maß-Halten nur wenig Übung hat, für den ist es hart, vierzig Tage lang zu fasten. Leichter fällt das Durchhalten dem, der geübt ist im Mäßig-Sein. Das gleiche gilt für alle anderen Tugenden. Wer sich nie bemüht hat, in der Nächstenliebe zu wachsen, der tut sich schwer, einen lästigen Zeitgenossen dauerhaft zu ertragen. Wer dagegen in der Nächstenliebe vorangeschritten ist, für den ist es einfacher. Unter diesem Blickwinkel müssen die Tugendhafteren weniger Kraft aufwenden, um auszuharren im Guten.

Aber nicht nur die Dauer macht das Ausharren schwierig. Es kommt auch auf die Menge der Schwierigkeiten an, von denen wir bedrängt werden. Nur in der Mäßigkeit auszuhalten, sich aber im Zorn und Neid gehen zu lassen, ist keine echte Beharrlichkeit. Die Beharrlichkeit, die diesen Namen verdient, lässt sich von keiner Schwierigkeit davon abbringen, das Gute zu tun. Das Christenleben verlangt, sich gegen ganz verschiedene Hindernisse robust zu zeigen: da gilt es, am Glauben festzuhalten, auch wenn das Spott und Nachteile einbringt. Da wird verlangt, sein Leben lang sonntagmorgens auf das Ausschlafen zu verzichten, eine Menge Vergnügen sich zu versagen, seinen Zorn in Schach zu halten, den Neid zu bekämpfen und so weiter.

In all dem auszuhalten ist auch für den nicht leicht, der in jeder Hinsicht tugendhaft ist. Darum ist ihm neben allen anderen Tugenden auch noch die Beharrlichkeit nötig.

Dieses Festhalten an jedem Guten bis zum seligen Ende gegen egal welche Hindernisse geht über Menschenkraft. Es gelingt nur mit der Kraft von oben. Die Tugend der Beharrlichkeit kann darum nur der haben, der die heiligmachende Gnade besitzt. Aber damit allein ist noch nicht alles gewonnen. Eine Tugend nützt uns nur dann, wenn wir sie auch betätigen. Um die Beharrlichkeit auszuüben, brauchen wir jedes Mal noch die helfende Gnade. Unser Wille ist frei, es ist ihm bis zum Tod möglich, vom Guten abzulassen und sich für das Böse zu entscheiden. Darum brauchen wir bei jeder Entscheidung zum Guten die helfende Gnade.

Die Beharrlichkeit und ihre Feinde

Das beste und gesündeste Auge sieht nichts, wenn es absolut dunkel ist. Wenn jemand etwas sehen will, braucht er zum Auge hinzu noch Licht. Wie zum rechten Sehen das Licht nötig ist, so zum richtigen Handeln die Gnade. Mit diesem Vergleich erklärt der hl. Augustinus, wieso der Mensch im Gnadenstand nicht recht leben kann ohne die helfende Gnade. Seine Seele ist zwar gesund durch die heiligmachende Gnade, aber deshalb ist die helfende Gnade nicht überflüssig, so wenig wie dem gesunden Auge das Licht zum Sehen überflüssig ist. Um das Gute zu tun, haben wir die helfende Gnade nötig, und zwar aus zwei Gründen:

Erstens, weil wir Geschöpf sind. Wie Gott unser Dasein, unsere Fähigkeiten und unsere Kraft geschaffen hat, so muss er auch unsere Handlungen erschaffen. Aus den Möglichkeiten, die in uns stecken, wird nur dann Wirklichkeit, wenn Gott ihnen das Wirklichsein gibt. Im Bereich der guten Werke heißt dieses Wirken Gottes „Gnade". Diese Gnade macht, dass wir das Gute, das uns möglich ist, auch wirklich tun.

Zweitens brauchen wir die helfende Gnade, weil wir durch die Sünde Adams geschwächt sind. Durch die Taufgnade wurde zwar unsere Seele geheilt, so dass wir wieder Kinder Gottes sind, aber sie heilte nicht unseren Leib und nicht die Schwäche unseres Verstandes, nahm nicht die Neigung zum Bösen weg. Darum brauchen wir die Gnade Gottes, um zu sehen, was gut und richtig ist. „Das Geschenk der heiligmachenden Gnade wurde uns nicht dazu gegeben, dass wir keine weitere Hilfe Gottes brauchen. Jedes Geschöpf hat nämlich nötig, dass es von Gott in dem Guten erhalten wird, das es von ihm empfangen hat."

Diese Gnade Gottes kann in uns bewirken, dass wir im Guten beharrlich sind. Nur wenn Gott uns mit seiner Hilfe bis zum Tod beisteht, können wir im Guten durchhalten bis zum Tod. „Unser freier Wille ist nämlich wechselhaft, und das wird ihm auch nicht durch die heiligmachende Gnade in diesem Leben weggenommen. Darum liegt es nicht in der Macht unseres Willens, auch nicht nachdem er durch die Gnade repariert wurde, dass er unwandelbar immer das Gute tut. Er kann zwar das Gute tun wollen, aber meistens ist er zu schwach, das Gute auch auszuführen."

Das bedeutet aber nicht, dass wir selbst nichts zur Beharrlichkeit beitragen könnten. Wir müssen mit der Gnade Gottes mitwirken und das Beharrlich-Sein üben. Wie wir auch die Tugend der Liebe üben müssen, aber ohne die Gnade Gottes nicht üben können. Thomas beschreibt diese Tugend der Beharrlichkeit so: „Die Beharrlichkeit besteht darin, dass jemand vom Guten nicht abweicht wegen der täglichen Schwierigkeiten und Mühen, die ertragen werden müssen."

Wie jede Tugend, so hat auch die Beharrlichkeit ihre Feinde. Thomas nennt davon zwei: die Weichlichkeit (mollities) und die Hartnäckigkeit (pertinacia).

Weichlich ist der, der das Gute unterlässt, weil er nichts aushalten will. „Weich wird das genannt, was leicht nachgibt, wenn man es anfasst." Darum sind die Menschen weichlich, die das Gute unterlassen, nicht wegen eines starken äußeren Drucks, sondern nur weil sie nicht ertragen können, auf einen Genuss zu verzichten. „Im eigentlichen Sinn wird der weichlich genannt, der vom Guten abweicht aufgrund der Traurigkeit, die entsteht, weil er etwas nicht genießen kann."

Der andere Feind der Beharrlichkeit ist die Hartnäckigkeit. Wie der Weichliche zu leicht nachgibt, so gibt der Hartnäckige zu wenig nach. Er hält an seiner eigenen Meinung mehr fest, als recht ist. Als Wurzel der Hartnäckigkeit nennt der heilige Lehrer die Ruhmsucht: „Jemand beharrt auf seiner Meinung, weil er dadurch herausstreichen will, dass er anderen überlegen ist."

Im Gegensatz zum Weichlichen, der zu schnell nachgibt, und zum Hartnäckigen, der ganz stur ist, hält der Beharrliche so an seiner Meinung fest, wie es recht ist. Mit der Gnade Gottes wird er im Guten aushalten bis zum Tod.

Was macht den Märtyrer so groß?

Von Anfang an galten die christlichen Märtyrer als ganz groß und verehrungswürdig. Aber warum? Ist es in den Augen der frühen Christenheit eine so große Tat, den gewaltsamen Tod zu ertragen?

Nicht das Ertragen des Todes allein macht den Märtyrer groß. Auch Soldaten ertragen den Tod, und doch wurden diese nie den Märtyrern gleichgestellt, auch wenn sie in einem gerechten Krieg starben.

Was den Tod des Märtyrers heraushebt aus der Menge der gewaltsam Getöteten, ist der Glaube und die Liebe.

„Den Tod zu ertragen, ist allein genommen noch nicht lobenswert; erst die Absicht, etwas tugendhaftes Gutes damit zu erreichen, wie den Glauben oder die Gottesliebe, macht das Ertragen des Todes lobenswert." Fest für wahr zu halten, was Gott gesagt hat, und Gott zu lieben ist also an sich wertvoller, als den Tod auf sich zu nehmen.

Betrachtet man das Martyrium unter dem Blickwinkel des Glaubens und der Gottesliebe, dann wird offenbar, dass in einem Märtyrer ein ganz fester Glaube und eine ganz große Gottesliebe wohnen müssen. Ein Märtyrer ist bereit, lieber das Leben zu verlieren, als etwas zu tun, was sich mit dem Glauben und der Gottesliebe nicht verträgt.

Darum sagt Thomas: „Das Martyrium zeigt mehr als alle anderen tugendhaften Werke, dass jemand Gott vollkommen liebt. Wer bereit ist, wegen einer Sache eine viel geliebte andere Sache aufzugeben und etwas zu ertragen, vor dem er am meisten zurückschreckt, der zeigt dadurch, dass er diese eine Sache viel mehr liebt. Das größte aller Güter hier auf Erden ist das Leben selbst, und der Tod ist das, wovor der Mensch am meisten zurückschreckt, besonders wenn er mit den Schmerzen körperlicher Qualen verbunden ist. [...] Also ist offensichtlich, dass das Martyrium seiner Art nach größer ist als alle anderen menschlichen Taten. Es ist das Zeichen der größten Gottesliebe, nach dem

Wort bei Johannes (15,13): ‚Eine größere Liebe hat niemand, als dass er sein Leben hingibt für seine Freunde.'"

Noch eine andere Tugend leuchtet auf im Märtyrer: der Gehorsam. Thomas formuliert einen Einwand, der das Martyrium kleinreden will: Der Märtyrer schenkt Gott seinen Leib. Ist es aber nicht besser, Gott seine Seele zu schenken? Die Seele ist ja wertvoller als der Leib. Und wie schenken wir unsere Seele Gott? Dadurch, dass wir ihm gehorchen. Ist also der lebenslange Gehorsam, wie er im Ordensleben geübt wird, nicht größer als das Martyrium?

Dieses Argument ist nur auf den ersten Blick schlüssig. Denkt man darüber nach, zeigt es erst recht die Größe des Martyriums, denn auch der Märtyrer ist gehorsam. Er gehorcht dem Gebot Gottes bis in den Tod.

Thomas sagt es so: „Das Martyrium schließt das mit ein, was das Größte sein kann im Gehorchen, dass nämlich jemand gehorsam ist bis zum Tod, wie der Philipperbrief (2,13) von Christus sagt, dass er gehorsam geworden ist bis zum Tod."

Im Martyrium zeigt sich also ein fester Glaube, die denkbar größte Liebe und ein alles überragender Gehorsam. Das Zentralste aber ist der Glaube, denn Märtyrer sind Zeugen. Durch ihr Leiden bis zum Tod geben sie Zeugnis dafür, dass sie unerschütterlich für wahr halten, was Christus gesagt hat.

Dieses Zeugnis kann verschiedene Formen haben. Ein Märtyrer kann durch Worte oder Zeichen seinen Glauben bekennen. Er kann aber auch durch Taten zeigen, dass er an Christus glaubt; wie Jakobus sagt (2,18): „Ich werde dir aus meinen Werken den Glauben zeigen." Wer also den Tod erleidet, zwar nicht, weil er durch Worte bekennt, dass er an Christus glaubt, sondern weil er etwas Gutes tut aufgrund seiner Liebe und seines Glaubens an Christus, der ist ein Märtyrer.

So wurde der Tod Johannes des Täufers als Martyrium gewertet. Johannes wurde zwar nicht getötet, weil er an Christus glaubte, aber er wurde für etwas getötet, wozu er sich als Christ genötigt sah, nämlich für die Zurechtweisung des ehebrecherischen Königs.

Sorgen für morgen?

Ameisen legen Vorräte an, sie kümmern sich um die Zukunft. Um dieser Eigenschaft willen werden sie uns in der Hl. Schrift als Beispiel vor Augen gestellt: Geh zur Ameise und betrachte ihr Tun (Spr 6,6). Also ist es auch bei uns nicht verkehrt, wenn wir um die Zukunft besorgt sind.

Die Heilige Schrift zeigt uns nicht nur Tiere, die für die Zukunft sorgen. Christus selbst hat für die Zukunft vorgesorgt. Er hatte eine Kasse, die er Judas anvertraute. Er hat Geld zurückgelegt für die nächsten Tage. Später haben ihn die Apostel darin nachgeahmt. Sie sammelten Geld und verwahrten es, um gerüstet zu sein für die drohende Hungersnot. (Apg 11,27-30)

Warum aber sagt Christus dann: „Macht euch nicht Sorgen für den morgigen Tag?" (Mt 6,34) Und damit meint Christus sicher nicht nur die Sorgen für den nächsten Tag, sondern überhaupt die Sorgen für die Zukunft.

Wie so oft löst der hl. Thomas diese Frage mit einem einfachen Grundsatz: „Keine Tat kann tugendhaft sein, wenn sie nicht mit den geschuldeten Umständen bekleidet ist." Einer von diesen Umständen, der keiner guten Tat fehlen darf, ist die passende Zeit. Trompete zu üben ist sicherlich eine gute Sache, aber nicht nachts um zwei. Das gilt nicht nur für Taten, sondern auch für die Sorgen.

Wenn eine Sorge gut sein soll und tugendhaft, dann muss sie zur rechten Zeit geschehen. Jede Zeit hat ihre eigene Sorge. Der heilige Gelehrte legt ein Beispiel aus der Landwirtschaft vor: „Wie zum Sommer die Sorge um die Ernte gehört, so zum Herbst die Sorge für die Weinlese. Wer zur Sommerzeit sich schon Sorgen machen würde über die Weinlese, würde sich mit überflüssigen Sorgen einer zukünftigen Zeit belasten. Derartige Sorgen verbietet der Herr als etwas Überflüssiges, wenn er sagt: Macht euch nicht Sorgen für den morgigen Tag."

Zum morgigen Tag gehören andere Sorgen als zum heutigen Tag. Wir sollen uns die Sorgen von morgen nicht schon heute machen. Es genügt jedem Tag seine eigene Sorge. Das heißt aber nicht, dass wir überhaupt nicht sorgen sollen. Denn es gibt eine Sorge, die zum heutigen Tag gehört, und die gilt es zu tragen.

Mit dem Wort „Macht euch nicht Sorgen für den morgigen Tag", wollte der Herr also nicht jede Vorsorge verbieten. Thomas zieht die Auslegung des hl. Augustinus heran: „Wenn wir sehen, wie ein Diener Gottes vorsorgt, damit ihm das Nötige nicht fehlt, sollen wir ihn nicht verurteilen als würde er sich Sorgen machen für den morgigen Tag. Denn auch der Herr hat sich gewürdigt, eine Kasse zu führen, um uns ein Beispiel zu geben. Und in der Apostelgeschichte [11,27-30] steht geschrieben, dass wegen der bevorstehenden Hungersnot Sorge getragen wurde für den Lebensunterhalt. Der Herr mißbilligt also nicht, wenn jemand auf menschliche Weise dafür vorsorgt, aber er tadelt, wenn deshalb jemand gegen Gott streitet." (Libro de Serm. Dom. in Monte.)

Es kann sein, dass heute die rechte Zeit ist, um etwas für morgen zu erledigen. Dann ist es Sache der Klugheit, sich darum zu kümmern. Zur Klugheit gehört auch die rechte Voraussicht für die Zukunft. Sie muss aber auf die rechte Art und Weise geschehen. Dieses Besorgt-Sein für die Zukunft kann auf verschiedene Weise der rechten Ordnung entgegen sein. Drei solcher Fälle zählt Thomas auf:

Die Voraussicht für die Zukunft wäre verkehrt, wenn jemand diese zeitlichen Dinge als Ziel betrachten würde und nicht nur als Mittel für die überzeitlichen, geistigen Dinge. Sie wäre auch verkehrt, wenn jemand sich damit mehr beschäftigen würde, als für das gegenwärtige Leben nötig wäre. Und schließlich wäre es auch verfehlt, wenn jemand sich vor der Zeit von der Sorge einnehmen ließe.

Ist die Sorge frei von diesen Fehlern, dann ist sie berechtigt und sogar ein tugendhaftes Werk der Klugheit.

Demut

Demut ist sicher eine gute Sache. Aber wie weit geht sie denn? Wenn einer demütig sein will, reicht es dann aus, dass er sich vor Gott klein macht? Oder muss er sich auch niedriger betrachten als andere Menschen?

Und wenn ja, steht dann die Demut nicht in Konkurrenz mit der Wahrhaftigkeit? Wenn jemand, der höher steht, sich klein machen würde vor jemandem, der niedriger steht – wäre das nicht irgendwie falsch? Es würde doch nicht der Wirklichkeit entsprechen.

Und könnte es für andere nicht sogar schädlich sein, wenn wir uns ihnen gegenüber demütig benehmen und uns geringer achten als sie? Provozieren wir damit nicht die anderen, sich über uns zu erheben und stolz zu werden? Sie könnten den nötigen Respekt vor uns verlieren.

Diese Bedenken sind nicht unbegründet. Thomas kennt sie. Er führt sie an als Einwände auf seine Frage, ob denn der Mensch sich allen anderen Menschen in Demut unterordnen müsse. Thomas sagt: Ja, das muss er. Er muss sich in Demut allen anderen unterordnen. Zwar nicht in jeder Hinsicht, aber in einer ganz bestimmten Hinsicht.

Im Menschen gibt es Eigenschaften und Fähigkeiten, die von Gott stammen, und es gibt Eigenschaften, deren Urheber der Mensch selbst ist. Und es ist nicht etwa so, dass wir unsere guten Eigenschaften aufteilen könnten in gute Eigenschaften, die von Gott stammen, und in gute Eigenschaften, die wir uns selbst beigebracht haben. Nein – die Trennungslinie verläuft viel klarer: Alles Gute an uns stammt von Gott. Alles Schlechte und alle Mängel kommen von uns selbst. Thomas sagt: „Vom Menschen stammt alles Kaputte und Verdorbene; von Gott stammt alles, was zum Heil gehört und zur Vollkommenheit." Als Beleg zitiert er den Propheten Hosea: „Dein Verderben, Israel, kommt aus dir; aus mir allein kommt dir Hilfe." (Hos 13,9 Vulgata)

Der Demütige betrachtet an sich selbst das, was von ihm selbst stammt. Am Nächsten schaut er auf das, was der Nächste von

Gott erhalten hat. In dieser Hinsicht kann er sich dem anderen unterwerfen. Denn jeder Mensch hat Gutes von Gott empfangen: seine Existenz, sein Leben, seine geistige Seele, die eine oder andere gute Fähigkeit. Auch die Sünde nimmt dem Nächsten nicht alles Gute weg. Wenn der Demütige seine Fehler und Schwächen mit diesem Guten vergleicht, das Gott in die anderen hineingelegt hat, kann er sich allen anderen unterwerfen.

Thomas sagt es ausdrücklich: Die Demut verlangt nicht, dass ich das Gute, das Gott mir geschenkt hat, geringer achte als das Gute, das der andere von Gott erhalten hat. Der Demütige redet die Gaben Gottes nicht klein. Er leugnet nicht, dass er von Gott viel empfangen hat und vielleicht mehr als andere. Thomas erinnert an das Beispiel des hl. Paulus, der sagt, dass den Aposteln mehr vom Geheimnis Gottes kundgetan wurde als früheren Generationen (vgl. Eph 3,5). Paulus ist sich also bewusst, dass er mehr erhalten hat als andere. Und die Demut verlangt auch nicht, dass ich meine Fehler und Schwächen grundsätzlich für größer halte als die Fehler der anderen.

Thomas fasst das, was zur Demut verlangt ist, kurz zusammen in dem Satz: „Man kann erwägen, dass im Nächsten etwas Gutes ist, was man selber nicht hat; oder dass man in sich etwas Übles hat, das der Nächste nicht hat. Und so kann man sich selbst in Demut geringer achten als ihn." Hier besteht nicht die Gefahr, dass wir unwahrhaftig sind. Wenn wir das, was der andere von Gott hat, dem vorziehen, was wir aus uns selbst haben, können wir nie falsch liegen. Denn das, was von Gott ist, ist immer wertvoller als unsere Mängel und Schwächen.

Dass wir in dieser Hinsicht uns selbst geringer achten als den Nächsten, brauchen wir nicht nach außen zu zeigen. Das kann allein im Herzen vor sich gehen. Damit ist auch die Gefahr gebannt, dass ein anderer stolz wird oder sonst irgendeinen Schaden nimmt, weil wir ihn höher achten als uns selbst.

Gehorsam

„Ihr Kinder, gehorchet *in allem* euren Eltern, ... ihr Knechte, gehorchet *in allem* euren leiblichen Herren." So schreibt Paulus an die Kolosser (3, 20.22). Wenn das für die Kinder und die Knechte gilt, müssen dann nicht alle Untergebenen in allem ihren Vorgesetzten gehorchen?

Nehmen die Vorgesetzten nicht eine Mittlerstellung zwischen Gott und ihren Untergebenen ein? So sprach Moses: „Damals stand ich als Sachwalter und Mittler zwischen Gott und euch, um seine Worte euch kundzutun" (Dt 5,5). Folglich muss man die Vorschriften der Vorgesetzten ansehen wie Gebote Gottes. Muss man ihnen dann aber nicht in allem gehorchen, wie man auch Gott in allem gehorchen muss?

Thomas stellt diese Fragen, um sie dann zu verneinen: Die Untergebenen müssen nicht in allem ihren Vorgesetzten gehorchen: „Man muss Gott mehr gehorchen als den Menschen." (Apg 5,29)

Das Gehorchen gehört zur Gerechtigkeit. Der Untergebene folgt den Befehlen seines Vorgesetzten, weil dieser durch seine Stellung das Recht hat, Gehorsam einzufordern. Zweierlei kann geschehen, was von dieser Gehorsamspflicht befreit:

Zum einen kann ein Befehl einer höheren Autorität vorliegen. Thomas zitiert hier die Glosse: „Wenn der Prokonsul etwas befiehlt und der Kaiser etwas anderes, zweifelt man dann etwa, den Befehl des Prokonsuls unbeachtet zu lassen und dem Kaiser zu folgen? Wenn also der Kaiser etwas anderes befiehlt als Gott, muss man den Befehl des Kaisers unbeachtet lassen und Gott gehorchen."

In einem vorangegangenen Artikel (q. 104, a. 3) hat Thomas den Platz beschrieben, der dem Gehorsam in der Hierarchie der Tugenden zukommt: Er ist zwar die größte aller moralischer Tugenden, denn er ordnet den freien Willen Gott unter. Der freie Wille ist aber das Kostbarste, was ein Mensch besitzt. Trotzdem sind die göttlichen Tugenden größer: Der Glaube, die Hoffnung und die Gottes- und Nächstenliebe stehen über dem Gehorsam.

Kein Vorgesetzter kann also im Gehorsam von seinem Untergebenen verlangen, nicht zu glauben, nicht zu hoffen oder nicht zu lieben.

Zum anderen kann der Vorgesetzte einen Befehl geben, der einen Bereich betrifft, in dem ihm der Untergebene nicht unterstellt ist. Thomas beruft sich auf einen Ausspruch Senecas: „Es irrt, wer meint, das Knecht-Sein würde sich auf den ganzen Menschen erstrecken. Der bessere Teil des Menschen ist davon ausgenommen. Die Körper sind den Herren unterworfen, der Geist aber ist sein eigener Herr." Thomas folgert: „In den Dingen, die zur inneren Willensbewegung gehören, ist der Mensch nicht verpflichtet, Menschen zu gehorchen, sondern allein Gott. Der Mensch muss aber Menschen gehorchen in den äußeren Dingen, die mit dem Leib verrichtet werden."

Befiehlt der Vorgesetzte in einem Bereich, in dem er zuständig ist, muss man ihm gehorchen: Der Soldat muss dem Feldherrn gehorchen in allem, was den Krieg betrifft; der Knecht muss seinem Herrn gehorchen in allem, was die Erledigung der aufgetragenen Arbeiten verlangt; das Kind muss seinem Vater gehorchen in allem, was die Lebensordnung und die Fürsorge für die Familie angeht.

Wie ist aber dann das Wort des hl. Paulus zu verstehen, dass die Kinder und Knechte „*in allem*" gehorchen sollen? Thomas deutet das „*in allem*" so, dass damit nur alles das gemeint ist, was zum Recht des Vaters oder des Herren gehört.

Und wie weit reichen die Befugnisse des Oberen, wenn man ihn als Mittler betrachtet? Es gibt einen wesentlichen Unterschied zwischen Gott und seinen menschlichen Mittlern: Es gibt keinen Bereich, der nicht Gott unterstellt ist. Einem menschlichen Mittler dagegen ist immer nur ein abgegrenzter Bereich unterstellt. Darum sind die Untergebenen ihren menschlichen Vorgesetzten nicht in allem untergeordnet, sondern nur in diesem bestimmten Bereich.

Abschließend unterscheidet Thomas drei Arten von Gehorsam: Der erste Gehorsam, der in allem gehorcht, zu dem er verpflichtet ist, reicht aus zum Heil. Der zweite Gehorsam, der in allem gehorcht, was erlaubt ist, ist viel vollkommener als der erste. So haben die Heiligen gehorcht und so gehorchen viele Ordensleute ihren Oberen nicht nur in dem Bereich, in dem sie unbedingt gehorchen müssen, sondern auch in anderen, solange nichts verlangt wird, was gegen Gott verstößt. Der dritte Gehorsam, der auch im Unerlaubten gehorcht, ist unerleuchtet und verwerflich.

Richtig sein zu den anderen

Kann ich gerecht sein zu mir selbst, oder nur zu anderen? Kann ein Einsiedler die Gerechtigkeit üben, obwohl er niemandem begegnet? Oder setzt die Gerechtigkeit voraus, dass man mit anderen zu tun hat?

So wie der hl. Thomas die Gerechtigkeit erklärt, hat ein Einsiedler keine Gelegenheit, die Gerechtigkeit zu üben. Diese Tugend regelt die Beziehungen zu den anderen, nicht zu sich selbst. Gerechtigkeit bedeutet, einem jeden zu geben, was ihm zusteht; jedem sein Recht werden zu lassen. Wo kein anderer ist, kann man ihm nichts geben. Das ist die erste und wesentlichste Eigenschaft dieser Tugend.

Mit dieser Meinung steht Thomas nicht allein. Er zitiert Cicero, der sagte: „Das Wesen der Gerechtigkeit besteht darin, dass durch sie die gesellschaftliche Ordnung unter den Menschen aufrechterhalten wird."

Einfach nur zu geben, was recht ist, macht noch nicht den Gerechten. Wer dem anderen gibt, was ihm gehört, weil er gar keine andere Wahl hat, der ist nicht tugendhaft. Wer im Laden bezahlt, weil er die Tasche nicht unbemerkt hinaustragen kann, der gibt an der Kasse zwar auch, was dem Händler zusteht, aber nur durch die Umstände gezwungen. Gerecht ist nur der, der dem anderen sein Recht freiwillig gibt; der bezahlt, auch wenn er ungesehen stehlen könnte; der zurückgibt, auch wenn er es unbemerkt behalten könnte. Das ist die zweite Eigenschaft der Tugend der Gerechtigkeit: es muss freiwillig geschehen.

Und auch diese beiden Eigenschaften reichen noch nicht aus. Wer nur bei einem einzigen Anlass dem anderen gibt, was ihm zusteht, ist deshalb noch kein Gerechter. Es gibt ja wohl keinen einzigen Menschen, der nicht hin und wieder seinem Nächsten gibt, was recht ist. Die Tugend der Gerechtigkeit ziert nur den, der nicht nur einmal, sondern beständig gibt, was den anderen zusteht.

Ständig kann nur der gerecht sein, der einen ganz festen Willen hat, jedem zu geben, was ihm zusteht. Fehlt dieser feste Wille, dann wird er in schwierigen Lagen nicht mehr geben, was recht ist. Bei einem Unfall nichts zu beschönigen, auch wenn man dann selbst den Schaden tragen muss; einen Kollegen ehrlich zu bewerten, auch wenn er mich dann auf der Karriere-Leiter überholt – das setzt den festen Willen voraus, gerecht zu sein. Wirklich gerecht ist nur der, der nicht nur dann gibt, was dem anderen zusteht, wenn es keine Mühe kostet, sondern immer und mit unverrückbarer Festigkeit.

Thomas fasst zusammen: „Die Gerechtigkeit ist ein Zustand, durch den jemand mit standhaftem und beständigem Willen jedem sein Recht werden lässt."

Aber nennen wir nicht einen Menschen einen „Gerechten", wenn er sich selbst beherrscht, wenn er klug, mäßig und tapfer ist, auch wenn er keine Gelegenheit hat, anderen das zu geben, was ihnen zusteht? Thomas unterscheidet die eigentliche Bedeutung von Gerechtigkeit von der übertragenen, metaphorischen Bedeutung.

Gerechtigkeit im engen Sinn will einen Ausgleich herstellen. Solange einer noch nicht das besitzt, was ihm gehört, so lange gibt es ein Ungleichgewicht zwischen dem Schuldner und dem Gläubiger. Die Gerechtigkeit schafft hier den Ausgleich. Niemand kann aber mit sich selbst einen wirklichen Ausgleich herstellen. Das ist der Grund, warum Gerechtigkeit im eigentlichen Sinn nur zwischen verschiedenen Personen stattfinden kann.

Im weiteren Sinn gibt es aber auch eine Gerechtigkeit innerhalb ein und desselben Menschen, nämlich dann, wenn man an ihm verschiedene Bereiche unterscheidet. Der Mensch hat einen Verstand, er trägt die Fähigkeit in sich, zornig zu werden, er begehrt dies und das.

Vernunft, Zorn, Begehren sind zwar keine selbständigen Personen, sie gehören alle zu ein und derselben Person. Bildlich gesprochen kann man sie als selbständig Handelnde betrachten, und dann schulden sie einander etwas: Zorn und Begehren schulden der Vernunft Gehorsam. Darum sagt Thomas: „Bildlich gesprochen kann es auch in ein und demselben Menschen Gerechtigkeit geben, insofern die Vernunft dem Zorn und dem Begehren befiehlt und diese der Vernunft gehorchen." Und ihr damit geben, was ihr zusteht.

Das Allgemeinwohl im Blick

Wenn ein Richter einen Dieb zu einer Gefängnisstrafe verurteilt, dann will er etwas Gutes: er will gerecht sein; es geht ihm um das Allgemeinwohl. Die Frau des Diebes dagegen will nicht, dass ihr Mann eingesperrt wird. Sie denkt an die Kinder, denen der Vater fehlen wird. Sie will also auch etwas Gutes: das Wohl ihrer Familie. Beide wollen also das Gute und trotzdem wollen sie etwas Gegensätzliches. Dieses Phänomen erklärt der heilige Thomas so:

Unser Wille richtet sich auf das, was ihm der Verstand vorlegt. Unser Verstand kann aber die Dinge in verschiedener Hinsicht betrachten. Jedes Ding hat seine zwei Seiten und manchmal noch viel mehr. In einer Hinsicht ist es gut, in einer anderen Hinsicht schlecht. Darum können wir an einer Sache die gute Seite betrachten oder die schlechte.

„Daher ist der Wille des einen gut, wenn er diese Sache will, insofern sie eine gute Seite hat. Und der Wille eines anderen ist ebenfalls gut, wenn er diese Sache nicht will, weil sie eine schlechte Seite hat."

Nun sind aber nicht alle Seiten einer Sache gleichberechtigt, so dass jeder nach freiem Belieben sich diese oder jene Seite aussuchen könnte. Thomas legt einen Maßstab an, an dem sich das Gute einer Sache messen lassen muss: Das ist das Wohl des Ganzen, das Allgemeinwohl.

Sowohl der Richter des Diebes als auch die Frau des Diebes wollen etwas Gutes. Die Frau will ein privates Gut, das Wohl ihrer Familie, der Richter dagegen das Allgemeinwohl.

Das Allgemeinwohl steht aber über dem Wohl des Einzelnen. Dieser Grundsatz ist für Thomas so offensichtlich, dass er ihn an dieser Stelle nicht eigens nennt; er wirft seinen Blick gleich auf Gott:

Zwischen dem Willen Gottes und dem Willen der Menschen gibt es einen gravierenden Unterschied. Gott ist der Schöpfer und Lenker des ganzen Universums. Er will darum immer das Wohl des Ganzen. Sein eigenes Gutsein ist ja der Ursprung und das Ziel aller geschaffenen Dinge.

Die Menschen dagegen denken nicht ans Ganze, sondern sie nehmen nur Ausschnitte aus dem Ganzen wahr. Das liegt in der Natur der Sache, wir Menschen sind begrenzt und klein.

„Es kann vorkommen, dass etwas gesondert und für sich betrachtet gut sein kann, was aber nicht gut ist für das Ganze, und umgekehrt." Das ist der Grund, warum es zwischen den Menschen und Gott Meinungsverschiedenheiten geben kann. Doch es ist offensichtlich, wer dann Recht hat: selbstverständlich Gott.

„Der Wille eines Menschen kann nicht recht sein, wenn er etwas will, was nur für einen kleinen Teil des Universums gut ist, außer er zielt damit auf das Allgemeinwohl hin."

Es ist den Menschen also nicht grundsätzlich verboten, ihre kleinen privaten Interessen anzustreben, doch diese müssen sich immer dem Allgemeinwohl einfügen lassen. Sie müssen Mittel sein, um das Allgemeinwohl zu erreichen. Oder anders ausgedrückt: Der menschliche Wille muss dem göttlichen Willen angeglichen sein. Er muss die Dinge aus dem gleichen Grund wollen, aus dem Gott sie will, nämlich um des Allgemeinwohls willen. Dann haben Gott und der Mensch dasselbe Ziel.

Ist der Mensch darin mit Gott einig, dann stört es nicht, wenn er in diesem oder jenem Einzelfall eine Sache anders einschätzt als Gott. Er wird seinen Willen dann korrigieren, sobald er erkennt, dass er sich getäuscht hat. So kann zum Beispiel der Mensch aus seinem eingeengten Blickwinkel heraus meinen, es trage mehr zum Allgemeinwohl bei, wenn er gesund ist und arbeiten kann. Gott dagegen überblickt das Ganze und er kann sehen, dass die Krankheit dieses Menschen ihn Christus ähnlich macht und er durch sein geduldiges Leiden Gnaden herabruft. Sobald dieser Mensch erkennt, dass – entgegen seiner ursprünglichen Meinung – seine Krankheit mehr zum Allgemeinwohl beiträgt, nimmt er sie an.

Es gibt noch eine andere, vollkommenere Art, sich dem Willen Gottes anzugleichen. Thomas erwähnt sie hier nur kurz: Es ist die Liebe: „daß nämlich der Mensch aus Liebe zu Gott das will, was Gott will."

Gerecht zum Ganzen

Wenn von Gerechtigkeit die Rede ist, denken wir daran, im Laden den verlangten Preis zu zahlen, den Handwerkern den vereinbarten Lohn zu überweisen, unsere Kinder zu behandeln, wie es ihrem Alter und ihrer Reife entspricht. Also kurz gesagt, den Mitmenschen zu geben, was ihnen zusteht. Das ist gerecht. Thomas nennt diese Art von Gerechtigkeit „justitia particularis – Einzelgerechtigkeit". Sie schaut auf die einzelnen Menschen, mit denen wir zu tun haben, und gibt ihnen, was recht ist.

Daneben – oder besser darüber – kennt der heilige Lehrer eine andere Art der Gerechtigkeit: die allgemeine Gerechtigkeit (justitia generalis). Diese zielt nicht darauf hin, dem Einzelnen zu geben, was ihnen zusteht. Ihr Ziel ist das Gemeinwohl, das bonum commune.

„Die Gerechtigkeit ordnet den Menschen in seiner Beziehung zum Anderen. Das kann auf zweifache Art geschehen: Einmal so, dass man den Anderen als Einzelnen betrachtet. Zum anderen so, dass man ihn als Teil einer Gemeinschaft betrachtet."

Wer einem Handwerker den vereinbarten Lohn bezahlt, hat ihn als Einzelnen im Blick. Er ist zu ihm als Einzelnem gerecht. Der Handwerker empfängt den Nutzen direkt. Man kann diesen Handwerker aber auch als Teil einer Gemeinschaft betrachten, zum Beispiel als Teil einer Stadt oder Gemeinde. Wer als Einwohner dieser Gemeinde seine Pflichten der Gemeinde gegenüber erfüllt, zum Beispiel Steuern zahlt, der nutzt auch allen Einzelnen dieser Gemeinde. Er ermöglicht, dass Straßen gebaut werden können, von denen alle Einwohner einen Nutzen haben.

„Wer einer Gemeinschaft dient, dient allen, die zu dieser Gemeinschaft gehören." Diese Beziehung des Einzelnen zu seiner Gemeinschaft regelt die allgemeine Gerechtigkeit. „Alle, die zu einer Gemeinschaft gehören, verhalten sich zu ihr wie der Teil zum Ganzen. Was der Teil ist, das ist er fürs Ganze. Darum kann das Gut eines jeden Teils auf das Ganze hingeordnet werden."

Thomas schreibt diese Worte nicht im Hinblick auf den materiellen Besitz der Einzelnen. Sondern er denkt an die Tugenden:

Die Tugenden des Einzelnen nützen der ganzen Gemeinschaft, sie gehören zum Ganzen. Egal welche Tugend einer übt, sie hat eine Beziehung zum Gut des Ganzen.

Hier hat die allgemeine Gerechtigkeit ihren Platz. Sie ordnet alle Tugenden der Einzelnen auf das Gemeinwohl hin. Sie steht darum über allen anderen Tugenden und gibt ihnen eine Richtung. Sie kann uns dazu bewegen, jetzt tapfer zu sein, oder demütig, weil wir so dem Allgemeinwohl nutzen.

„Die allgemeine Gerechtigkeit nennt man ‚allgemein‘, weil sie die Taten der anderen Tugenden auf ihr Ziel ausrichtet", nämlich auf das Allgemeinwohl.

Der gelehrte Heilige vergleicht diese allgemeine Gerechtigkeit mit der Tugend der Gottesliebe. Die Gottesliebe lenkt alle Tugendwerke auf Gott hin. Aus Liebe zu Gott können wir geduldig sein oder mäßig oder auch gerecht. Wie die Gottesliebe also alle Tugenden auf Gott hinzielen lässt, so die allgemeine Gerechtigkeit auf das Allgemeinwohl.

Wer um Christi willen Spott erträgt, von dem kann man sagen: „Er ist geduldig". Man kann aber auch sagen: „Er liebt Gott." Beides ist richtig, denn die Liebe zu Gott bewegt ihn dazu, geduldig zu sein. Dasselbe gilt für die allgemeine Gerechtigkeit. Wer Schweres erträgt, um der Gemeinschaft zu helfen, den kann man tapfer nennen, aber auch gerecht. Denn die Gerechtigkeit treibt ihn an, das Schwere auszuhalten. So verstanden kann die allgemeine Gerechtigkeit hinter jeder Tugend stehen, wie auch die Gottesliebe der Antrieb für jede Tugend sein kann.

Auch der umgekehrte Fall kommt vor. Es gibt Menschen, die zwar die Tugend üben, dabei aber nur an sich denken, nicht ans Ganze. Ihnen fehlt die allgemeine Gerechtigkeit. Schon Aristoteles hat das beobachtet: „Viele können in eigener Sache tugendhaft sein, wenn es aber um die anderen geht, können sie es nicht mehr." (Ethic. lib. 5) Und an anderer Stelle: „Beim guten Menschen und beim guten Bürger handelt es sich nicht um die gleiche Tugend." (Polit. lib. 3) Die Tugenden des guten Bürgers sind von der allgemeinen Gerechtigkeit motiviert, die Tugenden des guten Menschen nicht.

Wissen vermitteln

Kann ein Mensch den anderen lehren? Thomas geht es in dieser Frage nicht um die persönlichen Fähigkeiten der Lehrer. Er stellt diese Frage viel grundsätzlicher: Ist es grundsätzlich überhaupt möglich, dass ein Mensch einem anderen Wissen vermittelt? Einiges scheint dagegen zu sprechen.

Christus sagt zu seinen Jüngern: „Ihr sollt euch nicht Meister nennen lassen, denn ein einziger ist euer Meister." (Mt 23,8) Meister aber haben die Aufgabe zu lehren. Wenn Menschen nicht Meister sein können, dann können sie auch nicht lehren, sondern nur Gott allein.

Außerdem kann Wissen nur dort entstehen, wo Verstandeskraft vorhanden ist und ein inneres Bild von der gewussten Sache. Aber keines von beiden kann ein Mensch in einem Anderen hervorbringen, also kann er einem Anderen auch nicht Wissen lehren.

Diesen Einwänden zum Trotz zeigt die Erfahrung, dass ein Mensch von einem Anderen etwas lernen kann. Wie das geht, erklärt Thomas mit einem Vergleich. Mit dem Wissen ist es wie mit der Gesundheit. Grundsätzlich ist es uns Menschen möglich, gesund zu sein. Diese Möglichkeit ist aber nicht immer verwirklicht.

Wenn ein kranker Mensch gesund wird, kann das zwei verschiedene Ursachen haben: Es kann ihm von außen geholfen werden durch Ärzte und Medikamente. Er könnte aber auch gesund werden durch die Selbstheilungskräfte seiner eigenen Natur, ohne dass er etwas einnimmt.

In diesem Zusammenhang legt Thomas dar, was er unter Heilkunst versteht. Die Heilkunst ahmt die Natur nach. Wie die Natur die Krankheitserreger abwehrt und ausscheidet, so auch die Heilkunst. Die Heilkunst ist aber nicht die Hauptsache beim Gesundwerden, sondern mit ihrer Arznei unterstützt und stärkt sie die Natur, diese bedient sich der Wirkstoffe in den Medikamenten, um die Gesundheit hervorzubringen. Die Natur ist es also, die hauptsächlich wirkt.

Ähnlich, wie die Gesundheit entsteht, entsteht auch das Wissen: Es ist im Menschen etwas Innerliches, was zum Wissen führt, und dieses wird von außen unterstützt.

Jeder Mensch hat in sich das Licht des Verstandes. Damit kann er die allgemeingültigen Grundsätze der Wissenschaft erkennen, zum Beispiel, dass etwas nicht gleichzeitig wahr und falsch sein kann, oder dass ein Ganzes mehr ist als die Summe seiner Teile, und ähnliche. Wer mit diesem Handwerkszeug über die Welt nachdenkt, kann durch eigenes Nachdenken Wissen erwerben.

Diese Fähigkeit des Menschen kann man aber auch von außen unterstützen. Das ist die Aufgabe der Lehrer. Zwei verschiedene Wege zeigt der heilige Thomas.

Der Lehrer kann seinem Schüler Äpfel, Birnen und Bananen zeigen, um ihm anhand von Beispielen zu erklären, was „Obst" ist. Er kann ihm eine Hochzeitsfeier schildern und mit diesem Vergleich erklären, was der Himmel ist. Er kann ihm von lasterhaften Menschen erzählen und daran das Wissen über die gegensätzliche Tugend vermitteln. So legt der Lehrer dem Schüler Hilfsmittel vor, die dem Verstand weiterhelfen. Thomas bringt es auf den Punkt: „Der Lehrer verursacht im Schüler nicht das Verstandeslicht noch auch unmittelbar die Erkenntnisbilder; sondern er bewegt den Schüler durch seine Lehre dazu, dass er mit der Kraft seines eigenen Verstandes geistige Begriffe bildet."

Der Lehrer kann aber auch auf einem anderen Weg den Schüler voranbringen. Er kann den Verstand und die Auffassungsgabe seines Schülers trainieren. Er kann ihn schulen, aus Bekanntem logische Schlußfolgerungen zu ziehen, Gewusstes miteinander zu kombinieren. So unterstützt er den Verstand des Schülers beim Erwerben von Wissen.

Und wo hat hier Gott seinen Platz? Darauf antwortet der gelehrte Heilige:

„Der Lehrer hilft nur äußerlich, wie der heilende Arzt. Wie aber die innere Natur die hauptsächliche Ursache der Heilung ist, so ist auch das innere Verstandeslicht die hauptsächliche Ursache des Wissens. Beides aber ist von Gott. Von ihm sagt Ps 102,3: ‚Er heilt alle deine Schwächen' und Ps 93,10: ‚Er lehrt die Menschen das Wissen'." So betrachtet, ist Gott der einzige Meister.

Wann ist Wissen gut?

„Tugend" ist ein großes Wort. Gemeint sind damit gute Eigenschaften. Thomas legt ihnen auf zwei verschiedene Weisen das Prädikat „Tugend" bei, in einem weiten und in einem engen Sinn.

Im weiten Sinn ist jede Fähigkeit, die es uns ermöglicht, etwas Gutes zu tun, eine Tugend. In diesem weiten Sinn ist es eine Tugend, Klavier oder Trompete spielen zu können, sportlich zu sein oder gut reden zu können. Und in diesem Sinn ist es eine Tugend, Wissen zu besitzen, weise zu sein, Urteilskraft zu haben. Das sind intellektuelle Tugenden, Tugenden, die im Verstand sitzen.

Thomas vergleicht das intellektuelle Wissen mit dem Wissen eines Handwerkers. Man spricht von einem guten Koch, wenn er seine Kochkunst beherrscht. Ob er dabei zornig war oder neidisch oder stolz, bleibt außen vor. Man betrachtet hier nur die Speisen, die er herstellt, nicht den ganzen Menschen. Wer gut kochen kann, ist deshalb nicht schon ein guter Mensch – aber immerhin ein guter Koch. Die Handwerkskunst ist darin dem intellektuellen Wissen ähnlich. Beide sind eine gute Fertigkeit – eine Tugend im weiten Sinn –, sie machen aber ihren Träger nicht schon gut.

Nicht jede unstrukturierte Sammlung vieler Informationen ist schon eine solche Tugend. Viel zu wissen ist nur dann eine gute Eigenschaft, wenn es sich um Wahres handelt. Denn nur das Wahre macht unser Erkennen besser. Das Erkennen des Falschen macht nicht besser, sondern schlechter. Es ist ein Mangel, wenn jemand irrt. In Gender-Zeiten die 60 verschiedenen Geschlechter zu kennen, macht den Träger dieses Pseudowissens nicht besser.

„Von Tugend spricht man nur, wenn die Erkenntniskraft etwas besitzt, was sie besser macht, also etwas, was sich auf das Wahre richtet und niemals auf das Falsche."

Wer das Wahre kennt, der kann das Wahre betrachten, und das ist etwas Gutes, ein Gewinn. Wer z.B. weiß, wie gigantisch groß die Entfernungen im Weltall sind, der kann dieses Wissen nutzen, um die Größe des Schöpfers zu betrachten. Würde er von all dem gar nichts wissen, könnte er diese Betrachtung über Gott nicht anstellen.

Das Wissen um die wahren Dinge ist also eine gute Sache, eine gute Eigenschaft und im weiten Sinn eine Tugend. Zu einer Tugend im engen Sinn fehlt ihm aber noch etwas. Eine echte Tugend gibt nämlich zugleich mit der guten Eigenschaft, dass man diese Eigenschaft auch gut gebraucht. Gerechtigkeit zum Beispiel ist eine gute Eigenschaft, und mit ihr ist zugleich auch ihr guter Gebrauch gegeben. Man kann nicht gerecht sein, um damit etwas Böses zu erreichen. Man kann die echte Liebe zu Gott nicht zum Schlechten benutzen.

Das Wissen aber kann man zum Schlechten gebrauchen. Wie jemand die Fähigkeit, Klavier zu spielen, mit einer bösen Absicht einsetzen kann, wie jemand seine Rednergabe zu einem bösen Zweck nutzen kann, so kann man auch das Wissen zum Schlechten gebrauchen. Wer weiß, wie gigantisch groß das Weltall ist, kann daraus Argumente konstruieren gegen einen Schöpfer. Das Wissen des Wahren macht seinen Besitzer also nicht schon in jeder Hinsicht gut.

Zum Wissen muss noch dazukommen, dass man es auch für das Gute gebraucht. Und woher kommt der gute Gebrauch? Aus dem guten Willen. Der Wille bewegt uns dazu, unser Wissen zu aktivieren und zu einem guten Zweck einzusetzen. Es kann jemand viel wissen, aber sein Wissen nicht benutzen. Erst wenn er es benutzen will, dann wird es aktiv.

Wenn im Willen die Tugend der Gottesliebe sitzt und der Wissende sich aus Liebe zu Gott entschließt, sein Wissen zu gebrauchen, dann ist beides da: das Wissen des Wahren und der gute Gebrauch des Wissens. Mit einem solchen gut benutzten Wissen kann man Verdienste sammeln für den Himmel.

Damit Wissen wirklich gut ist, braucht es also zweierlei: Zum einen muss es sich um wahre Erkenntnis handeln, zum anderen muss diese Erkenntnis gut benutzt werden. Das geschieht dann, wenn ein tugendhafter Wille uns antreibt, ein Wille, der gerecht ist und Gott liebt.

Bewegt vom Heiligen Geist

Eine Schubkarre ist hervorragend an den Menschen angepasst. Er kann sie leicht bewegen. Sie hat zwei Handgriffe, an denen man sie anfassen und schieben kann. Ein Autoanhänger dagegen ist so gebaut, dass man ihn leicht an ein Auto anhängen kann. Von einem Auto lässt er sich mühelos bewegen.

Was bewegt werden soll, muss dem angepasst sein, der es bewegt: „Es ist offensichtlich, dass alles, was bewegt wird, notwendigerweise dem Beweger angepasst sein muss. Das macht die Vollkommenheit des Beweglichen – insofern es beweglich ist – aus, dass es dafür disponiert ist, sich von seinem Beweger gut bewegen zu lassen."

Etwas schwieriger wird es, wenn ein und dasselbe Ding von zwei ganz verschiedenen Dingen bewegt werden soll. Dann muss es beiden angepasst sein. Soll sich ein Boot sowohl durch Muskelkraft als auch vom Wind bewegen lassen, dann braucht es Ruder und Ruderbänke und außerdem dürfen Mast und Segel nicht fehlen.

Der Mensch ist einem solchen Boot darin ähnlich, dass er von zwei verschiedenen Seiten bewegt werden soll. Einerseits wird der Mensch angetrieben durch seine Vernunft. Sie lenkt ihn beim Handeln. Sie sagt ihm: Tu das jetzt und lass jenes. Andererseits sollte sich der Mensch auch bewegen lassen durch Gott und auf seine Einsprechungen hören.

Damit die Vernunft den Menschen lenken kann, muss der Mensch so bereitet sein, dass die Vernunft ihn anpacken kann. Wie das Boot eine Ruderbank braucht, um sich ohne große Kraftverluste von der Muskelkraft antreiben zu lassen, so braucht auch der Mensch gewisse Eigenschaften, um sich gut von der Vernunft leiten zu lassen. Diese Eigenschaften nennt man Tugenden.

„Die menschlichen Tugenden vervollkommnen den Menschen dazu hin, wozu er von Natur aus angelegt ist: nämlich bei dem, was er denkt und tut von der Vernunft gelenkt zu werden."

So hilft zum Beispiel die Tugend der Mäßigkeit, dass der Mensch das Maß einhält, das ihm die Vernunft vorgibt. Ein Mensch ohne Mäßigkeit lässt sich von seiner Sinneslust leiten und überschreitet damit oft das vernünftige Maß. Der Starkmut hilft dem Menschen, dass er nicht flieht vor Dingen, vor denen er sich nicht fürchten würde, wenn er nur in Ruhe die Sache bedenkt. Wer Menschenfurcht hat, unterlässt das Gute, nur weil er Angst hat, vor dem Gerede der anderen.

Nicht nur die Vernunft lenkt den Menschen, auch Gott will die Menschen zum Guten bewegen. Aber nicht alle Menschen sind gleich offen für das Wirken Gottes. Sie lassen sich unterschiedlich von Gott antreiben, je nachdem, wie gut sie auf Gottes Einsprechungen hören. Hier haben die Gaben des Hl. Geistes ihren Platz. Sie machen, dass der Mensch sich leicht vom Heiligen Geist lenken lässt.

„Es muss dem Menschen eine höhere Vollkommenheit innewohnen, die ihn bereit macht, sich von Gott bewegen zu lassen. Diese Vollkommenheiten werden ‚Gaben – dona‘ genannt, nicht nur weil sie von Gott eingegossen werden, sondern auch weil durch sie der Mensch zurechtgemacht wird, dass er sich leicht und bereitwillig von den göttlichen Einsprechungen bewegen lässt."

Diese Gaben lassen also den Heiligen Geist im Menschen wirken. Ein Mensch, der die Gaben des Heiligen Geistes besitzt, gibt in seinem Innern dem Heiligen Geist Platz zum Wirken, er lässt sich von ihm lenken und leiten. Der Heilige Geist legt die Gaben also nicht in einen Menschen hinein und geht dann wieder weg. Vielmehr wirkt der Heilige Geist ständig in dem, der diese Gaben besitzt.

Thomas weist darauf hin, dass die Heilige Schrift nicht von „Gaben" spricht, sondern vom Heiligen Geist selbst. Sie sagt nicht: „Der Messias besitzt die Gabe der Weisheit ..." Sondern: „Es ruht auf ihm der Geist der Weisheit ... " (Jes 11,2) Damit wird deutlich, dass der Heilige Geist in denen wirkt, die sich durch seine Gaben ihm so angepasst haben, dass sie sich von ihm leicht bewegen lassen. Wer die Gabe der Weisheit besitzt, lässt sein Denken vom Heiligen Geist leiten.

Die Gabe der Weisheit

Rund um das Gebiet der Keuschheit gibt es viele Fragen. Auf zwei verschiedene Weisen kann man zu einem verlässlichen Urteil kommen: Man kann die Frage vom Verstand her angehen und die Grundregeln der Moral anwenden. Auf diese Weise wird sich ein Moraltheologe mit derartigen Fragen auseinandersetzen.

Man könnte aber auch jemanden fragen, der die Tugend der Keuschheit besitzt. Dieser wird nicht große Überlegungen anstellen und Prinzipien anwenden, sondern er wird einfach aus seiner keuschen Seelenhaltung heraus ein Urteil abgeben, das genauso richtig ist wie das des Moraltheologen.

Mit diesem Beispiel erklärt der große Lehrer der Christenheit den Unterschied zwischen der Tugend der Weisheit und der Weisheit als Gabe des Heiligen Geistes: „Zu einem rechten Urteil kann man auf zwei verschiedenen Wegen gelangen: zum einen, indem man seine Vernunft auf die beste Weise gebraucht, zum anderen, indem man vom inneren Wesen her in gewisser Weise dem ähnlich ist, über das geurteilt werden soll."

Die schlechthin höchste Ursache ist Gott. Weise ist also der, der Gott kennt. Er kann von dieser Kenntnis her alles beurteilen und alles an den richtigen Platz stellen.

Wer sich ein richtiges Urteil bilden will, kann auf diesem zweifachen Weg zu einem sicheren Urteil gelangen: durch das vernünftige Überlegen und durch eine innere Wesensverwandtschaft mit Gott. Das eine ordnet Thomas der Tugend der Weisheit zu, das andere der Gabe der Weisheit.

„Es gehört zur intellektuellen Tugend der Weisheit, durch Überlegungen der Vernunft richtig zu urteilen über die göttlichen Dinge. Über diese Dinge aber recht zu urteilen aufgrund der Wesensähnlichkeit mit Gott, ist Sache der Weisheit als Gabe des Heiligen Geistes. Wie aber gelingt es einem Menschen, Gott innerlich ähnlich zu werden? Das geschieht durch die Liebe: Ein derartiges Mitfühlen mit Gott und eine solche Wesensähnlichkeit mit den göttlichen Dingen geschieht durch die Liebe, die uns mit Gott vereint gemäß dem Pauluswort: ‚Wer Gott anhängt, ist ein Geist mit ihm.'" (1 Kor 6,17)

Durch die Gabe der Weisheit wirkt der Heilige Geist in der Seele, dass sie Gott liebt und durch ihr Denken und Fühlen sich so an Gott angleicht, dass sie wie von selbst – ganz ohne kompliziertes Überlegen – alles das richtig beurteilt, was mit Gott zu tun hat.

Die Liebe zu Gott ist also geradezu der Grund und die Ursache für dieses Weise-Sein. Damit wird klar, dass nur der die Gabe der Weisheit besitzen kann, dessen Gewissen nicht von einer schweren Sünde belastet ist.

Diese Art des Weise-Seins hilft einem Menschen nicht nur, wenn er das betrachtende Gebet übt. Auch in den ganz alltäglichen Fragen lässt sie ihn richtig entscheiden. Die Weisheit hilft, wenn eine Entscheidung getroffen werden muss, so dass „der Verstand von Gott her über die menschlichen Handlungen urteilt und die menschlichen Taten durch göttliche Regeln lenkt".

Im vierten Artikel fasst der gelehrte Heilige nochmals zusammen: „Die Weisheit, die Gabe des Heiligen Geistes ist, lässt richtig urteilen über alles Göttliche und mit Hilfe der göttlichen Regeln über alles andere. Dieses richtige Urteil geht hervor aus einer gewissen Wesensähnlichkeit oder einem Vereinigt-Sein mit Gott, das durch die Gottesliebe entsteht. Daher setzt diese Weisheit die Gottesliebe voraus. Die Gottesliebe aber kann nicht zusammen mit der Todsünde in einer Seele sein."

Alle Menschen im Gnadenstand besitzen diese Gabe des Heiligen Geistes, aber in unterschiedlichem Grad. Manche habe nur so viel davon, dass sie in ihren eigenen Angelegenheiten richtig urteilen können, soweit ihnen das zum Heil notwendig ist. Andere dagegen besitzen die Weisheit in einem solchen Maß, dass sie Gott tiefer erkennen als andere und auch in Fragen der anderen richtig urteilen können.

Wodurch unterscheiden sich Weisheit, Verstand und Wissenschaft?

Die sieben Gaben des Heiligen Geistes sind jedem geläufig, der sich im Katechismus auskennt. Was die Gabe der Stärke zu bedeuten hat, ergibt sich aus ihrem Namen. Das gleiche gilt für die Gabe der Gottesfurcht und der Frömmigkeit. Wie aber sieht es mit den anderen vier Gaben aus? Wie unterscheidet sich die Gabe der Wissenschaft von der des Verstandes? Und wie der Verstand von der Gabe der Weisheit? Und hängt die Gabe des Rates nicht auch zusammen mit dem Verstand und mit der Weisheit?

Weisheit, Verstand, Wissenschaft und Rat haben gemeinsam, dass sie etwas mit dem Glauben zu tun haben. Der Glaube aber ist ein weites Feld. Thomas teilt dieses Feld in drei Bereiche ein. In erster Linie informiert uns der Glaube über Gott. Er zeigt uns Gott als den Dreifaltigen, als den Gütigen usw. Ein zweiter Bereich des Glaubens unterrichtet uns über geschaffene Dinge: über die Engel, über die Sakramente, über die Menschen und ihren Zustand nach der Sünde, über die Rolle der Geschöpfe auf unserem Weg zum Himmel. Und drittens spricht der Glaube auch über das, was wir tun und lassen sollen. Er lehrt, dass wir beten müssen, dass wir die Nächsten lieben sollen, dass wir unser Herz nicht an die Welt hängen sollen.

Wenn diese Botschaft an unser Ohr kommt, müssen wir darauf reagieren. Zuerst müssen wir mit unserem Verstand das erfassen, was uns der Glaube sagt. Uns muss klar sein, was Dreifaltigkeit bedeutet, nämlich ein Gott in drei Personen, auch wenn wir das Geheimnis selbst nicht begreifen. Die Sätze des Glaubensbekenntnisses müssen wir kennen. Wir müssen in unseren Verstand aufnehmen, was der Glaube über die Engel und Sakramente lehrt, und so bei allen Glaubenswahrheiten.

Bei diesem „Verstehen" des Geglaubten unterstützt uns die Gabe des Verstandes. Sie lässt uns erfassen, was wir glauben.

Damit ist aber nicht schon alles getan. Wenn wir die Wahrheiten des Glaubens mit dem Verstand aufgenommen haben, muss das Konsequenzen haben für unser Leben. Der Glaube fordert von uns, all dem einen rechten Platz einzuräumen, von dem der Glaube zu uns spricht. Und das ist – wie Thomas oben dargelegt hat – dreierlei.

Da ist zuerst der Bereich Gottes. Es ist unsere Aufgabe, über Gott und die göttlichen Dinge so zu urteilen, wie es ihrer Würde entspricht. Gott darf in unserem Leben nicht eine Nebensache sein, sondern muss den ersten Platz einnehmen. Zu diesem richtigen Urteil über Gott verhilft uns die Gabe der Weisheit. Wer von dieser Gabe geleitet wird, stellt Gott an die erste Stelle.

Nicht nur Gott muss an dem Platz stehen, der ihm zusteht, sondern auch die Engel, die Sakramente, die Kirche und alle anderen Geschöpfe, über die uns der Glaube unterrichtet. Zum passenden Urteil in diesem Bereich hilft uns die Gabe der Wissenschaft.

Die Gabe des Rates schließlich ist dafür zuständig, uns recht zu lenken bei unserem Tun und Lassen. Diese Gabe hilft uns, unsere Handlungen richtig zu beurteilen.

Kurz gesagt: die Gabe des Verstandes lässt uns das Geglaubte erfassen, die drei anderen Gaben helfen uns, richtig zu urteilen: die Weisheit über Gott, die Wissenschaft über die Geschöpfe, die Gabe des Rates über unsere Handlungen.

Dass die Zuständigkeitsbereiche der Gaben sich wirklich so aufteilen, bekräftigt Thomas mit einem Wort des hl. Gregors des Großen. Dieser Kirchenlehrer sagt nämlich, wie der Gegensatz einer jeden Gabe heißt.

Den Gegensatz der Gabe des Verstandes nennt er „Stumpfheit des Geistes (hebetudo mentis)". Stumpfheit des Geistes ist der Gegensatz zu einem scharfen Verstand, der eindringt in den Glauben. Das Gegenteil der Weisheit nennt er „Torheit (stultitia)". Diese urteilt verkehrt über das Ziel des Lebens. Die Gabe der Wissenschaft ist der Unwissenheit (ignorantia) entgegengesetzt. Die Gabe des Rates schließlich ist das Gegenteil von Überstürzung (praecipitatio), die zum Handeln schreitet, ohne die Handlung vorher vernünftig überlegt zu haben.

Guter Rat von Gott

Steine bewegt man anders vom Fleck als Pferde, und Ochsen bewegt man anders als Menschen. So bewegt Gott jedes Geschöpf, wie es passend ist für dieses Geschöpf. Wir Menschen sind vernünftige Wesen, wir lassen uns von unserer Vernunft leiten. Wir gehen von einem Ort zum anderen, wenn uns das vernünftig erscheint; wir beginnen mit einer Arbeit, wenn es gute Gründe dafür gibt. Der Verstand also bewegt uns.

Wenn der Heilige Geist uns bewegen will, dann schiebt er uns nicht äußerlich, dann packt er uns nicht am Haarschopf, sondern dann wirkt er auf unseren Verstand ein. Wenn der Heilige Geist unseren Verstand erleuchtet, um uns zu etwas Gutem zu bewegen, dann nennen wir das die Gabe des Rates.

Aber wozu brauchen wir eine Gabe des Heiligen Geistes, um das rechte zu erkennen und zu tun? Reicht dazu die Tugend der Klugheit nicht aus? Die Tugend der Klugheit reicht aus, um alles das zu erkennen, was wir mit unserem Verstand erkennen können. Aber unser Verstandeslicht ist begrenzt. Es gibt Dinge, die die Fassungskraft unseres Verstandes übersteigen. Nicht nur übernatürliche Wirklichkeiten wie die allerheiligste Dreifaltigkeit oder das Wirken der Gnade sind zu hoch, als dass wir sie ganz erfassen könnten. Auch ganz weltliche Dinge gibt es, die wir nicht durchschauen. Auch der klügste Verstand kann nicht voraussehen, was zufällig geschehen wird, und er kann auch nicht alle Zusammenhänge durchschauen. Wohin führen die Verflechtungen der wirtschaftlichen

„Elite" mit der Innenpolitik und mit den EU- und UN-Organisationen? Wie wird es in drei Jahren hier aussehen?

Wo die Fassungskraft unseres Verstandes an ihre Grenzen kommt, da setzt die Gabe des Rates ein. Weil die menschliche Vernunft vieles nicht begreifen kann, „darum muss der Mensch bei seinem Überlegen von Gott unterstützt werden, der alles begreift, und dies geschieht durch die Gabe des Rates; wie man ja auch bei weltlichen Dingen sich bei weiseren Menschen Rat einholt." Thomas nennt noch einen zweiten Grund, warum wir Rat vom Hl. Geist nötig haben. Unser Verstand ist nicht die oberste Instanz, die über Gut oder Böse entscheidet. Ob unser Verstand recht urteilt, oder nicht, hängt davon ab, ob er mit dem Denken Gottes übereinstimmt oder nicht. Gott ist der oberste Maßstab von Gut und Böse. „Die ewige Vernunft (Gottes) ist die höchste Regel jeder menschlichen Rechtschaffenheit."

Wirklich klug ist nur der, der sich an Gott orientiert und von ihm lernt, was richtig ist. Die Tugend der Klugheit macht die innere Erleuchtung durch Gott nicht überflüssig – die Tugend der Klugheit wird durch Gottes Eingebung erst wirklich perfekt. „Die Klugheit wird am meisten vervollkommnet und ihr wird am meisten geholfen, wenn sie gelenkt und bewegt wird vom Heiligen Geist. Und das gehört zur Gabe des Rates." Die Gabe des Rates hilft also der Klugheit und vollendet sie. Sie nimmt die ängstlichen Zweifel weg, ob wir dies oder jenes tun sollen, und gibt uns Klarheit. Diese Unterstützung unseres Denkens durch den Heiligen Geist geschieht nicht nur punktuell. Es ist nicht so, als würde der Heilige Geist uns jetzt einen Geistesblitz eingeben und einen anderen in zwei Wochen. Die Gabe des Rates wirkt andauernd, nicht nur, wenn uns ein Licht aufgeht, sondern sie lässt dieses Licht auch weiterhin leuchten. Sie verhindert, dass dieses Licht wieder ausgeht. Darum vergleicht der hl. Thomas die Gabe des Rates mit der Sonne. Die Gabe des Rates wirkt „wie die Sonne, die die Luft erleuchtet, auch wenn sie schon hell ist." Es genügt nicht, dass die Sonne die Luft einmal hell macht, sie muss dauernd scheinen, sonst ist die Luft wieder finster. „Auf diese Weise schafft Gott in uns sowohl die Erkenntniskraft als auch das Erkennen, nicht nur, wenn wir etwas neu erkennen, sondern solange uns diese Erkenntnis bleibt." Darum hört die Gabe des Rates im Himmel nicht auf. Gott wird auch dort durch die Gabe des Rates wirken, dass unsere Erkenntnisse bleiben, zwar nicht, das Erkennen Gottes, wie er ist, aber doch die eine oder andere Erkenntnis, die neben der Anschauung Gottes noch besteht.

Die Gabe der Stärke

Tapferkeit ist eine Tugend; nach Klugheit und Gerechtigkeit die dritte der vier Kardinaltugenden. Im Lateinischen heißt sie fortitudo. Das wird auch einfach mit Stärke übersetzt. Damit trägt diese Tugend den gleichen Namen wie eine Gabe des Heiligen Geistes, nämlich die Gabe der Stärke.

Der Prophet Jesaia zählt die Gaben des Heiligen Geistes auf. Er spricht vom Geist des Herrn, der sich auf dem Messias niederlassen wird: „Der Geist der Weisheit und der Einsicht, der Geist des Rates und der Stärke, der Geist der Wissenschaft und der Frömmigkeit und der Geist der Furcht des Herrn wird ihn erfüllen." (Jes 11,2–3)

Was ist die *Stärke* also? Ist sie eine Kardinaltugend oder eine Gabe des Heiligen Geistes, oder ist sie beides? Und wenn sie beides ist, wodurch unterscheidet sich dann die Gabe von der Kardinaltugend?

Für den hl. Thomas steht fest: sie ist beides. Sowohl Kardinaltugend als auch Geistesgabe. Als Kardinaltugend wirkt sie aber etwas anderes im Menschen als die Gabe des Heiligen Geistes. Beide haben etwas gemeinsam, und etwas unterscheidet sie.

Beiden gemeinsam ist die Seelenstärke. Beide machen die Seele stark, so dass sie fest das Gute anstrebt, auch wenn es schwer zu erreichen ist, und dass sie nicht vom Guten lässt, auch wenn sie dafür schwere Nachteile einstecken muss. Wer zum Beispiel für das Leben der ungeborenen Kinder kämpft, auch wenn er dafür Spott und Anfeindung und materiellen Schaden einstecken muss, der zeigt, dass er Stärke hat. Das kann die Tugend der Stärke in einem Menschen bewirken. Diese Tugend kann ein Mensch durch Übung erwerben, wenn er in kleinen Dingen immer am Guten festhält und den Schwierigkeiten trotzt. Die menschliche Tugend der Stärke kann auch ein Heide besitzen. Auch ein Heide könnte tapfer das Gute tun – trotz Schwierigkeiten. Aber wie wird es um seine Tugend der Stärke bestellt sein, wenn er nicht mehr bloß großen Schwierigkeiten gegenübersteht, sondern mit dem Tod konfrontiert wird? Wer nicht ans ewige Leben glaubt, wird wohl kaum bereit sein, für eine gute Sache sein Leben hinzugeben. Jemand könnte sein Leben lang sich für das Gute einsetzen, dann aber das Gute aufgeben, wenn er deshalb mit dem Tod bedroht wird.

Genau an diesem Punkt wird der Unterschied zwischen der menschlichen Tugend der Stärke und der Gabe der Stärke sichtbar. Die Gabe des Heiligen Geistes hilft auch angesichts des Todes. Die Gabe der Stärke hilft da weiter, wo die Tugend der Stärke an ihre Grenzen kommt. Die Tugend der Stärke stellt nicht sicher, dass der Mensch am Ende auch wirklich das gute Ziel erreicht; sie gibt nicht die Sicherheit, dass man am Ende gerettet wird aus allen Gefahren. Der Heilige Geist dagegen wirkt im Menschen, dass er wirklich bis zum Ende am Guten festhält und das ewige Leben erreicht. Durch die Gabe der Stärke „flößt der Heilige Geist der Seele eine gewisse Zuversicht ein, welche die gegenteilige Furcht zerstreut".

Wer durch die Tugend der Stärke zwar viel Übles aushält um des Guten willen, der könnte dabei trotzdem fast verzweifeln, weil er nicht weiß, ob seine Opfer auch etwas bewirken werden. Die Gabe der Stärke hingegen gibt in den Schwierigkeiten den Optimismus, dass das Leiden nicht umsonst ist, sondern gut enden wird, mit dem ewigen Leben. Dort haben alle Schwierigkeiten ein Ende und das gute Ziel ist erreicht. „Die Stärke als Tugend festigt den Menschen, um alle Gefahren zu ertragen; aber sie gibt nicht die Zuversicht, schließlich allem zu entgehen. Dies gehört der Stärke als einer Gabe des Heiligen Geistes an."

Darum wird die Gabe der Stärke am deutlichsten in den Märtyrern sichtbar. Sie ließen sich nicht nur vom Glauben nicht abbringen, sie hielten nicht nur am Guten fest und waren nicht nur bereit, dafür schweres Leid zu ertragen – das hätte auch die Tugend der Tapferkeit erreichen können – sie taten darüber hinaus noch etwas ganz Großes: Sie gingen mit der Hoffnung auf das ewige Leben zuversichtlich in den Tod. Das ist nicht mehr Sache der Tugend, sondern die Wirkung der Geistesgabe.

Wie funktioniert das Prophezeien?

Was wirkt Gott in einem Menschen, wenn er ihn zum Propheten machen will? Um diese Frage beantworten zu können, schickt Thomas kurz voraus, was in jedem menschlichen Geist vor sich geht, auch wenn er nicht Prophet ist. In unserem Geist werden Dinge von außen gegenwärtig, denken wir z.B. an Bäume. Wir denken aber nicht einfach „Baum", sondern wir beurteilen mit unserem Verstand diese Sache. Wir denken uns: Bäume sind wunderschön; wie gut, dass es sie gibt.

Damit wir aber an Bäume denken, brauchen wir einen Anstoß von außen, den wir mit unseren Sinnen wahrnehmen. In diesem Fall haben Sie das Wort „Bäume" mit Ihren Augen hier gelesen. Oder wir denken an einen Baum, weil wir draußen einen Baum sehen. Auf diese Anregung hin stellen wir uns innerlich einen Baum vor, einen Baum, den wir gesehen haben und dessen Bild sich in unsere Vorstellungskraft eingeprägt hat. Und wahrscheinlich nicht nur das Bild eines Baumes, sondern vieler verschiedener Bäume, Bilder von Buchen, Tannen, Kirsch- und Apfelbäumen. Wir können diese Bäume mit unserem inneren Auge sehen.

Und je nachdem, in welche Richtung unser Nachdenken über Bäume geht, können wir die verschiedenen Bilder von Bäumen sortieren und ordnen. Wenn wir über einen Christbaum nachdenken, sortieren wir die Obst- und Laubbäume aus. Unser Geist kann also die Bilder, die wir mit unseren Sinnen wahrgenommen haben, so sortieren, wie es die Vernunft vorgibt. Thomas sagt: Wie man durch das verschiedene Anordnen von Buchstaben einen unterschiedlichen Sinn erhält, so kann man durch das unterschiedliche Sortieren unserer inneren Bilder zu unterschiedlichen Erkenntnissen kommen.

Unser Verstand kann aus den verschiedenen Vorstellungsbildern eine neue geistige Erkenntnis herausziehen. Er kann erkennen, was alle Bäume gemeinsam haben, wie sich die Laub- von den Nadelbäumen unterscheiden und was Tannen von Fichten unterscheidet.

Unser Erkennen hat also verschiedene Stufen. Die erste Stufe ist die Wahrnehmung mit unseren Sinnen, das Sehen, Hören, Riechen, Tasten, Schmecken; die zweite Stufe ist das innere Bild dieser sinnlichen Erkenntnisse, die dritte das geistige Erkennen, das durch die inneren Bilder angeregt wird. Die vierte Stufe ist das geistige Beurteilen des Erkannten.

Die Gabe der Prophetie kann auf jeder dieser Stufen in den Erkenntnisprozess eingreifen und etwas geben, was die menschliche Erkenntniskraft übersteigt. Gott kann bewirken, dass die Sinne etwas wahrnehmen, was man gewöhnlich nicht sieht. So lesen wir zum Beispiel im Buche Daniel, dass auf der Wand eine Menschenhand erschien, die auf die Kalktünche etwas schrieb (Dan 5,5).

Gott kann auch auf der zweiten Stufe eingreifen und einem Menschen direkt innere Bilder eingeben, so dass ein Prophet etwas innerlich sieht, was äußerlich nicht zu sehen ist. Gott kann auch schon vorhandene innere Bilder so ordnen, dass ein neuer Sinn entsteht. Jeremias zum Beispiel sah einen siedenden Kessel, dessen Öffnung von Norden her auf Israel gerichtet war (Jer 1,13), und Gott ließ ihn verstehen, dass dieses Bild nichts mit der Küche zu tun hatte, sondern dass es ein Symbol war für die Bedrohung aus dem Norden.

Auch auf der dritten Stufe kann Gott einwirken und direkt geistiges Erkennen eingeben, Weisheit und Verständnis. So hat er Salomon Weisheit eingegossen und den Aposteln das Verständnis seiner Lehre.

Und schließlich kann Gott auch auf der vierten Stufe den Menschen erleuchten, so dass dieser richtig beurteilt, was er erkannt hat. Und diese Erleuchtung des Urteils ist das Wertvollste der Prophetie. Der ägyptische Josef sah keine Bilder, er hatte keinen Traum, aber Gott gab ihm, dass er den Traum des Pharaos richtig beurteilen und auslegen konnte. Nebukadnezar (Dan 4) und Belsazar (Dan 5) sahen zwar innere Bilder, konnten aber damit nichts anfangen. Allein etwas zu sehen ist noch kein Gewinn, solange man nicht versteht, was es bedeutet.

Am meisten aber ist der ein Prophet, der beides hat, dem Gott Erkenntnisbilder schenkt und der auch versteht, was sie bedeuten. So waren die großen Propheten wie Jesaia oder Jeremias. Gott ließ sie etwas Verborgenes schauen und gab ihnen das Verständnis.

Heilung durch die Gnade

„Selig die Armen im Geiste; denn ihrer ist das Himmelreich. Selig die Sanftmütigen; denn sie werden das Land besitzen." (Mt
5,2f.) Noch sechs weitere nennt der Herr „selig" und verspricht
ihnen eine Belohnung. Was aber ist mit diesem Lohn gemeint?
Ist „das Himmelreich", „das Land", das Getröstet-Werden, das
Satt-Werden etwas, was sich erst im Jenseits erfüllt oder schon
hier? Die Kirchenlehrer tragen unterschiedliche Meinungen vor.
Thomas zählt sie auf: Ambrosius sagt, alle diese Belohnungen
gehören zur ewigen Seligkeit. Augustinus vertritt die Ansicht,
sie beziehen sich auf das gegenwärtige Leben. Chrysostomus
sagt, teils gehören sie zu diesem, teils zum kommenden Leben.
Thomas gibt dazu zu bedenken, dass wir aus zwei unterschiedlichen Gründen auf die künftige Seligkeit hoffen können. Wer
Verdienste gesammelt hat, kann auf die kommende Seligkeit
hoffen. Die Seligkeit hat zwar noch nicht begonnen, aber er hofft
darauf, weil er gut vorbereitet ist.

Anders hoffen die großen Heiligen: In ihrem Leben hat die
himmlische Seligkeit schon irgendwie begonnen; sie ist zwar
noch nicht perfekt, aber ein Anfang zeigt sich.

Thomas vergleicht diese beiden Arten der Hoffnung mit dem
Hoffen auf die Früchte eines Baumes. Wenn der Baum austreibt
und grünes Laub ansetzt, kann man hoffen, dass er auch Früchte
trägt, obwohl man sie noch nicht sieht. Aber er bereitet sich vor,
Früchte zu tragen. So hofft derjenige, der sich durch Verdienste
auf die Seligkeit vorbereitet.

Viel fester ist die Hoffnung aber, wenn sich am Baum schon die
Früchte zeigen, zwar noch klein und grün, aber sie sind schon
da. So hofft der, in dessen Leben die Seligkeit anfängt, sich zu
zeigen.

Wer arm ist im Geiste, wer sanftmütig ist, wer trauert, der kann
auf die Seligkeit hoffen aufgrund seiner Verdienste, auch wenn
sich die versprochene Seligkeit noch nicht zeigt.

Die Belohnungen, die der Herr in Aussicht stellt – „das Himmelreich", das Getröstet-Werden, das Gesättigt-Werden –, können

darum zweierlei bedeuten: die vollkommene künftige Seligkeit, aber auch den unvollkommenen Beginn der Seligkeit. Und dieser unvollkommene Beginn kann sich schon hier im gegenwärtigen Leben einstellen. „Es ist ein Anfang der Seligkeit, wie das bei den vollkommenen Menschen der Fall ist, und so gehören diese Belohnungen zum gegenwärtigen Leben."

Thomas wird noch konkreter und beschreibt, wie wir uns diesen Beginn der Seligkeit vorzustellen haben. Das „Himmelreich" beginnt schon hier, wenn in den Seelen der vollkommenen Menschen der Geist herrscht und sie alles mit den Augen Gottes sehen. Sie „besitzen das Land", das als Erbe verheißen ist, wenn sie sich so stark nach dem ewigen Erbe sehnen, dass sie sich durch nichts davon abbringen lassen. Sie werden schon hier getröstet werden durch den Heiligen Geist, den Tröster. Sie werden schon hier satt werden durch die Speise, von der Christus sagt: „Meine Speise ist es, den Willen dessen zu tun, der mich gesandt hat" (Joh 4,34). Gott ist zu ihnen schon hier barmherzig. Sie erhalten so viel Einsicht, dass sie Gott gewisser Weise schauen können. Und „Kinder Gottes" werden sie auch schon hier genannt werden. Viel vollkommener werden sie das alles aber im himmlischen Vaterland erhalten.

In diesem Zusammenhang antwortet der gelehrte Heilige auf ein Problem, mit dem viele Gläubige zu kämpfen haben: Erfahren wir nicht jeden Tag, dass es den Guten hier oft schlecht geht, den Bösen dagegen gut? Sollten dann die Guten nicht ihren Lohn ausschließlich für das zukünftige Leben erwarten? Darauf antwortet Thomas: „Auch wenn die Bösen in diesem Leben manchmal keine zeitlichen Strafen zu leiden haben, so erleiden sie doch geistige Strafen. Daher sagt Augustinus: [...] Die ungeordnete Seele ist sich selbst eine Qual." Bei den Guten ist es umgekehrt: „Mag es manchmal auch sein, dass sie in diesem Leben oft keinen Lohn für das leibliche Wohl erhalten, so wird ihnen auch in diesem Leben nie die geistliche Belohnung fehlen. Sie werden Hundertfaches erhalten in dieser Welt." (Mt 19,29), nämlich den Beginn der Seligkeit.

V. Teil

Die letzten Dinge

Eine unsterbliche Seele
in einem sterblichen Leib?

Ist es nicht unpassend, dass unsere unsterbliche Seele in einem Leib wohnt, der sterben muss? Und dazu noch in einem so hilfsbedürftigen Leib! Die Körper der Tiere sind unserem Leib in vieler Hinsicht überlegen: Sie sind so gut gebaut, dass sie auch ohne Kleidung und ohne Haus mit der Witterung zurechtkommen. Sie brauchen keine Schuhe und besitzen von Natur aus Organe, mit denen sie sich verteidigen können. Das alles fehlt unserem Leib. Hätte unsere Seele nicht einen besseren Leib verdient? Warum ist unser Leib so, wie er ist?

Unsere Seele ist geistig, aber im Reich der Geister nimmt sie die unterste Stufe ein. Gott und die Engel stehen über ihr. Die Engel müssen nicht langwierig forschen, um die Wirklichkeit zu entdecken. Sie kennen von Natur aus die Wahrheit; sie ist ihnen von Anfang an eingegossen. Nicht so bei uns Menschen. Wenn wir auf die Welt kommen, wissen wir gar nichts. Jahrelang müssen wir lernen.

Darum ist unsere Seele darauf angewiesen, die Wirklichkeit durch die Sinne wahrzunehmen. Sinneswahrnehmung aber braucht körperliche Organe: die Sinnesorgane.

Thomas sieht im Tastsinn das wichtigste aller Sinnesorgane. Und er beschreibt die Eigenschaften, die ein Organ haben muss, das dem Tastsinn dient: Es muss in der Mitte stehen zwischen den Gegensätzen, die es wahrnehmen soll. Wenn es heiß und kalt spüren soll, darf es selbst weder extrem kalt noch extrem heiß sein; wenn es wahrnehmen soll, ob etwas naß oder trocken ist, darf es selbst weder klatschnaß noch knochentrocken sein. Je ausgewogener das Tastorgan zusammengesetzt ist, desto vielfältigere Wahrnehmungen sind möglich.

Die menschliche Seele hat so vielfältige Fähigkeiten, dass sie mehrere körperliche Organe braucht, um wirken zu können. Darum genügt nicht der Tastsinn allein, sie braucht auch Augen und Ohren. Damit ist aber auch gesagt, dass der menschliche

Körper zerfallen kann. Was zusammengesetzt ist aus vielem, kann zerfallen.

Mit einem anschaulichen Vergleich erklärt Thomas, wieso Gott sich für einen solchen Leib entschieden hat:

Wenn jemand überlegt, welches Material er verwenden kann, um eine Säge herzustellen, dann kommt für ihn nur ein Material in Frage, mit dem der Zweck einer Säge erreicht werden kann. Er wird die Säge nicht aus Holz herstellen, denn nach dem ersten Sägeversuch wären alle Zähne abgebrochen. Eisen eignet sich schon deutlich besser. Damit lässt sich das Wesen einer Säge verwirklichen. Darum nimmt er die Nachteile in Kauf, die mit diesem Material zwangsläufig verbunden sind: dass es nämlich rostet.

So hat Gott hat für unseren Leib ein Material gewählt, mit dem sich die Sinneserkenntnis verwirklichen lässt. Gott nimmt dafür in Kauf, dass dieser Leib dann vergänglich ist und sterben muss.

Hätte Gott das nicht vermeiden können? Der heilige Gelehrte antwortet darauf: „Bei der Gestaltung der natürlichen Dinge betrachtet man nicht, was Gott hätte machen können, sondern was der Natur der Dinge angemessen ist." Die Sterblichkeit passt zu uns.

Wenn Gott uns schon einen vergänglichen Leib geben wollte, hätte er uns dann nicht wenigstens einen so gut ausgestatteten Leib geben können, wie die Tiere einen besitzen? Was auf den ersten Blick wie eine Benachteiligung aussieht, ist in Wirklichkeit ein Vorteil: Zwar hat unser Leib keinen fest eingebauten Schutz vor der Witterung; er hat kein schützendes Fell und kein wärmendes Gefieder. Er besitzt keine natürlichen Waffen zur Selbstverteidigung; wir haben keine Stoßzähne, keine Pranken, keine Hörner. Wir haben keine Adleraugen und nicht das Gehör einer Fledermaus.

Darin aber besteht gerade der große Vorteil: Wir sind nicht festgelegt auf eine bestimmte Art des Schutzes, der Verteidigung oder der Wahrnehmung. Sondern wir können aus unendlich vielen Möglichkeiten wählen. „Die Geistseele kann ganz universell wahrnehmen und hat die Fähigkeit zum Unbegrenzten. [...] Der Mensch besitzt von Natur aus den Verstand und die Hände, die das Organ aller Organe sind, denn durch sie kann der Mensch vielfältige Werkzeuge herstellen, um unendlich viel zu bewirken."

Der Sohn wird uns richten!

Als Petrus vor dem Hauptmann Kornelius stand, da sagte er zu ihm: „Jesus von Nazareth hat uns geboten, dem Volk zu predigen und zu bezeugen, dass er der von Gott bestimmte Richter über Lebende und Tote *sei*" (Apg 10,42). Warum ist Christus der Richter? Warum nicht die ganze Dreifaltigkeit? Herr über die Schöpfung ist der Vater und der Hl. Geist ebenso wie der Sohn. Vater, Sohn und Hl. Geist sind gleich mächtig. Darum kann nicht nur der Sohn die Macht haben zu richten, sondern alle drei göttlichen Personen. Der hl. Thomas antwortet: Genau so ist es. Die ganze Dreifaltigkeit hat die Macht, zu richten.

Aber der Vater hat das Gericht dem Sohn übertragen. Der Sohn ist der Logos, die Weisheit Gottes. Der Sohn ist die Wahrheit, die vom Vater ausgeht. Darum ist es seine Sache, zu richten. Um recht zu richten, braucht es nämlich vor allem eines: Weisheit. Nur ein weiser Richter kann ein gerechtes Urteil sprechen. Was liegt daher näher, als dass das Gericht dem Sohn Gottes übertragen wird?

„Weil der Sohn die [vom Vater] gezeugte Weisheit ist und die Wahrheit, die vom Vater ausgeht, und weil der Sohn den Vater vollkommen repräsentiert, darum wird die Macht, Gericht zu halten, besonders dem Sohn Gottes zugeschrieben."

Der Vater ist der Schöpfer des Himmels und der Erde. Und dennoch hat er die Welt durch seinen Sohn erschaffen: „Alles ist durch das Wort geworden, und ohne das Wort ist nichts geworden von dem, was geworden ist", sagt Johannes (Joh 1,2). So ist es auch beim Gericht. So wie der Vater die Macht hat, zu erschaffen, und doch alles durch den Sohn erschaffen hat, so hat er auch die Macht, zu richten, und richtet doch alles durch den Sohn.

Wenn der Sohn zum Gericht erscheint, dann wird er nicht als unsichtbarer Gott erscheinen und sich nur durch gewaltige Zeichen, durch Feuer und Posaunenschall zu erkennen geben. Er wird kommen in Herrlichkeit, und zwar als Mensch. Christus selbst hat es gesagt: „Der Vater hat dem Sohn die Gewalt gegeben, Gericht zu halten, weil er der Menschensohn ist." (Joh 5,27) Und das aus gutem Grund.

Wer herrscht, der hat auch die Macht, zu richten. Das gilt schon im menschlichen Bereich. Bei Meinungsverschiedenheiten in der Familie urteilt der Vater. Noch viel mehr gilt das für Christus. Christus ist der höchste aller Menschen, der erste dem Rang nach und das Haupt von uns allen. Gottvater hat alles ihm zu Füßen gelegt. Darum darf er auch richten.

Außerdem ist er der Mittler zwischen Gott und uns Menschen, die Kontaktperson zwischen Gott und uns. Wie Gott uns durch Christus den Glauben gebracht hat, so bringt er uns durch ihn auch das Gericht.

Bevor das Weltgericht stattfindet, werden die Toten auferstehen aus ihren Gräbern. Die Auferstehung zum ewigen Leben ist ein Geschenk, das wir von Gott erhalten. Dieses Geschenk sollen wir durch den Menschensohn erhalten. Der menschgewordene Sohn wird unsere toten Leiber auferwecken. Wenn er schon als Mensch hier ist, um uns aufzuwecken, dann liegt es nahe, dass er uns auch als Menschensohn richten wird.

Im Übrigen wollen die, die gerichtet werden, den Richter sehen. Würde Gott als Richter erscheinen und sich in seiner himmlischen Herrlichkeit zeigen, dann könnten nur die Guten den Richter sehen, nicht die Bösen. Gott in seiner Herrlichkeit zu sehen, ist ja der Lohn der Guten. Christus in seiner menschlichen Gestalt dagegen kann jeder sehen, egal ob gut oder böse. Als Christus hier auf Erden wandelte, da konnte auch Annas ihn sehen und Kaiphas, Judas und alle anderen Bösewichte.

Darüber hinaus ist es eine Belohnung für den, der ungerecht gerichtet wurde von den Menschen. Jetzt darf er die richten, die ihn ungerecht verurteilt haben. Christus hat das ungerechte Urteil der Menschen auf sich genommen und ist am Kreuz gestorben. Dadurch hat er uns den Himmel verdient. Es ist passend, dass der den Lohn austeilen darf, der ihn auch verdient hat, nämlich Christus als Menschensohn.

Alles ist ihm unterworfen

Als Jesus von Galiläa nach Jerusalem wanderte, trat ein Mann an ihn heran und sagte zu ihm: „Meister, sag meinem Bruder, er solle mit mir das Erbe teilen!" Jesus antwortete ihm: „Mensch, wer hat mich zum Richter oder Erbverteiler über euch aufgestellt?" Und er fügt hinzu: „Hütet euch vor aller Habsucht." (Lk 12,13–15) Jesus weist ihn ab. Er richtet nicht. Das sieht so aus, als ob Christus nicht Richter sein wolle.

Und hat nicht schon lange bevor Christus Mensch wurde, Gott Urteile gesprochen über die Menschen? Also hat Gott auch ohne Christus gerichtet und geurteilt.

Ist Christus also nicht Richter? Doch, er ist Richter, er sagt es selbst: „Der Vater richtet niemand, sondern hat das ganze Gericht dem Sohne übergeben, damit alle den Sohn ehren, wie sie den Vater ehren." (Joh 5,22)

Der heilige Thomas sagt dazu: Christus als das Wort Gottes und der Gottessohn hat vom Vater das ganze Gericht übertragen bekommen. „Wie der Vater alles durch das Wort Gottes erschuf, so richtet er auch über alles durch das Wort Gottes."

Und nicht allein das: Nicht nur seinem Gott-Sein nach ist Christus der Richter der ganzen Welt, sondern auch als Mensch. Alle menschlichen Angelegenheiten gehören vor das Gericht des Menschensohnes. Mit drei Argumenten begründet der heilige Lehrer seinen Standpunkt.

Erstens: Die Seele Christi ist ganz erfüllt von der Wahrheit des Wortes Gottes. Darum kann sie über alles urteilen.

Zweitens: Christus hat sich dieses Recht durch sein Leiden und seinen Tod verdient: „Dazu nämlich ist Christus gestorben und auferstanden, damit er über die Toten und Lebenden herrsche" (Röm 14,9). Und Paulus fügt noch hinzu: „Wir alle werden stehen vor dem Richterstuhl Christi." (V. 10)

Drittens: Christus wird entscheiden, wer zum ewigen Heil zugelassen wird und wer nicht (Mt 25,31ff.). Es gibt aber keine menschliche Angelegenheit hier auf dieser Welt, die mit dem ewigen Heil nichts zu tun hätte. Wenn Christus über die Hauptsache urteilen kann – nämlich über das Heil –, dann auch über die Nebensachen. Warum hat Christus dann den Mann abgewiesen? Warum hat er nicht gerichtet in dieser Erbstreitigkeit? Christus hat zwar die Macht besessen, darüber zu richten, aber er wollte sie nicht ausüben: „Obwohl Christus von Gott als König eingesetzt worden ist, wollte er doch nicht während seines Erdenlebens als irdischer König das zeitliche Reich leiten. Darum sagt er: Mein Reich ist nicht von dieser Welt (Joh 18,36). Ebenso wollte er auch seine Gewalt als Richter nicht über vergängliche Dinge ausüben. Denn er war gekommen, die Menschen zu den göttlichen Dingen hinzuführen." Thomas lässt Ambrosius zu Wort kommen: „Mit Recht lehnt er Irdisches ab, da er für Göttliches herabgestiegen ist. Auch lässt er sich nicht herab, Richter zu sein in Streitsachen und Schlichter in Vermögensangelegenheiten; denn er hat das Gericht über Lebende und Tote und urteilt über die Verdienste." (Lukaskommentar)

Christus hat schon gerichtet, bevor er Mensch wurde, zwar nicht als Mensch, aber als das Wort Gottes. Seit seiner Menschwerdung nimmt seine Menschheit an dieser Richtergewalt teil.

Christus ist also Richter über sämtliche menschliche Angelegenheiten hier auf dieser Welt. Sieht es aber nicht so aus, als wäre er nicht Herr über alles? Gibt es nicht viele Menschen, die Christus nicht unterworfen sein wollen? Paulus schreibt im Hebräerbrief: „Jetzt freilich schauen wir es noch nicht, wie ihm alles unterworfen ist" (Hebr 2,8). Richten kann man aber nur über das, was einem unterworfen ist. Der heilige Lehrer sagt dazu: „Christus ist alles unterworfen aufgrund der Macht, die er vom Vater empfangen hat: Mir ist alle Gewalt gegeben im Himmel und auf Erden (Mt 28,18). Aber er übt diese Macht noch nicht über alles aus. Das wird erst in Zukunft sein, wenn er in allem seinen Willen durchsetzen wird, indem er die einen rettet und die anderen bestraft."

Ewige Strafe

Das Strafgesetzbuch sieht vor, dass Totschlag mit mindestens fünf Jahren Gefängnis bestraft wird. Der Totschlag selbst kann in wenigen Minuten geschehen sein, die Strafe dafür dauert fünf Jahre oder länger. Das staatliche Gesetz bestraft also ein kurzes Verbrechen mit einer langen Strafe. Darauf weist Thomas hin und erklärt, dass die Dauer der Strafe nicht mit der Dauer des Vergehens übereinstimmen muss. Damit erledigt er einen Einwand gegen die ewige Höllenstrafe: Wie kann Gott eine kurze Sünde mit der ewigen Hölle bestrafen? Bei staatlichen Strafen ist jedem klar, dass die Länge der Strafe nicht davon abhängig gemacht werden kann, wie viel Zeit man braucht, um das Verbrechen zu begehen.

Noch eine zweite Parallele zieht Thomas zu den staatlichen Gesetzen: Wer schwer gegen die Gesellschaft gesündigt hat, der verdient, dass er aus der Gesellschaft ausgeschlossen wird. Früher wurden solche Verbrecher ins Exil geschickt. Aber auch heute kann Hochverrat mit lebenslanger Haft bestraft werden. So wird der Verräter aus der Gesellschaft ausgeschlossen. Auch die göttliche Gerechtigkeit schließt denjenigen aus der Gemeinschaft der Heiligen aus, der schwer gegen die Gottesliebe verstoßen hat.

„Durch die Sünde verdient der Mensch, ganz von der Gemeinschaft der Heiligen [a civitatis Dei consortio] ausgeschlossen zu werden, das geschieht durch jede schwere Sünde, durch die jemand gegen die Gottesliebe sündigt, denn die Gottesliebe ist das Band, das die Gemeinschaft der Heiligen zusammenbindet. Die Todsünde ist gegen die Gottesliebe, daher wird durch sie jemand auf immer von der Gemeinschaft der Heiligen ausgeschlossen."

Der heilige Lehrer führt weitere Gründe an, die zeigen sollen, dass eine ewige Strafe der Vernunft entspricht:

Wer schwer sündigt, verachtet Gott, das unendliche Gut, und er verachtet die Gnade, die der Anfang des ewigen Lebens ist. Thomas zitiert ein Wort des hl. Augustinus aus dem Gottesstaat (21,11): „Wer in sich das Gute auslöscht, das ewig hätte bleiben sollen, der hat ewiges Übel verdient." Wer schwer sündigt, begibt sich in einen Zustand, aus dem er aus eigener Kraft nicht mehr herauskommt. Nur die helfende Gnade Gottes kann ihn zur Reue und Umkehr bewegen. Wenn sich jemand selbst in eine tiefe Grube stürzt, obwohl er aus ihr aus eigener Kraft nicht mehr herauskommen kann, kann man von ihm sagen, dass er für immer dort bleiben will. Einem solchen Menschen gleicht der Todsünder: Er stürzt sich in eine Grube, die er aus eigener Kraft nicht mehr verlassen kann.

Noch einen weiteren Grund führt Thomas an: Wer schwer sündigt, sucht irgendwelche Geschöpfe – Reichtum, Ansehen, Vergnügen – und strebt sie mehr an als das ewige Leben. Er ist mit ihrem Besitz zufrieden; er würde gerne für immer bei ihnen bleiben, wenn er nur könnte. Er macht diese Geschöpfe zu seinem letzten Ziel und verachtet das, was tatsächlich sein Ziel sein soll: nämlich Gott. Thomas führt ein Wort des hl. Gregors an: „Die Sünder wollten ohne das Ziel leben, damit sie ohne Gedanken an das Ziel in ihren Sünden hätten verweilen können, denn es war ihnen wichtiger, zu sündigen als zu leben." (Moralia 34,16) Anstatt das ganze Leben auf Gott als ihrem Ziel auszurichten, haben die Sünder ihr Leben auf die Sünde ausgerichtet. Diese Abwendung vom Ziel bleibt auch nach dem Tod.

Wer sündigt, der vergeht sich gegen Gott, der unendlich gut ist, das Gute schlechthin. Weil er sich gegen den Unendlichen aufgelehnt hat, muss auch die Strafe dafür etwas Unendliches an sich haben. Sie kann unendlich intensiv oder unendlich lang sein. Eine unendlich intensive Strafe würde der Mensch nicht aushalten, also muss die Strafe unendlich lang sein.

Aber sind Strafen nicht dazu da, die Sünder zu bessern? Wer ewig bestraft wird, kann sich dadurch gar nicht bessern. Auf diesen Einwand antwortet der gelehrte Heilige: „Wenn jemand zur Strafe ganz aus der Gesellschaft ausgeschlossen wird, dient diese Strafe nicht seiner Besserung, sie kann aber zur Besserung und zum Frieden derer dienen, die in der Gesellschaft bleiben dürfen. So dient die ewige Verdammung der Sünder der Besserung derer, die jetzt zur Kirche gehören."

Die Seele wird herrschen

Solange eine Osterglocke so wachsen kann, wie es in ihrer Wurzelzwiebel angelegt ist, ist sie gut in Form, es geht ihr gut. Sie hat nichts zu leiden. Kommt aber jemand und zertritt die Osterglocke, kann sie sich dagegen nicht wehren, sie muss es erleiden. Sie hat dann nicht mehr die schöne Glockenform, die sie eigentlich von Natur aus hätte. Ihre Form hat dem Fuß nachgegeben, der sie zertreten hat. Jetzt ist sie platt und zerquetscht. Wäre ihre Form stärker gewesen als der Fuß, hätte sie nicht nachgegeben.

Jedes Mal, wenn jemand etwas gewaltsam erleidet, dann ist seine Form schwächer als das, was von außen einwirkt. Das gilt auch für unseren Leib. Wenn wir uns den Arm brechen oder die Haut aufschürfen, dann nur deshalb, weil die Form unseres Leibes nicht so mächtig ist, dass sie das verhindern könnte. So kann unser Leib von außen deformiert werden.

Die Form unseres Leibes ist unsere Seele. Wäre unsere Seele mächtiger als die Dinge, die von außen auf uns einwirken, dann könnte unser Leib nie seine Form verlieren, könnte sich weder den Arm brechen noch die Haut abschürfen.

Wenn die Gerechten auferstehen, wird sich das ändern. Dann wird unsere Seele so mächtig sein, dass keine äußere Ursache die Form unseres Leibes zerstören kann. Und darum werden die Auferstandenen nicht mehr leiden können.

Bei der Auferstehung der Gerechten „wird der menschliche Leib und alles, was in ihm ist, vollkommen der geistigen Seele unterworfen sein, wie die Seele vollkommen Gott unterworfen ist. Daher kann es im verklärten Leib keine Veränderung geben, die dem Zustand entgegen wäre, den die Seele bewirkt. Und deshalb werden diese Leiber nicht mehr leiden können.“

In allen Dingen, die vergehen, herrscht die Form nicht vollkommen über die Materie. Die Form der Osterglocke hat die Kohlenstoffverbindungen, aus denen die Blätter und die Blüte bestehen, so wenig im Griff, dass man die Blume einfach zerquetschen kann, ohne dass ihre Form das verhindern könnte. Bei den auferstandenen Gerechten dagegen wird die Form, nämlich die Seele, mächtig sein. Die Seelen werden so über den Leib herrschen, dass diese Herrschaft ihnen niemand mehr wegnehmen kann. „In den Heiligen herrscht nach der Auferstehung die Seele voll und ganz über den Leib; und diese Herrschaft kann ihr auf keine Weise weggenommen werden, weil sie selber unveränderlich Gott unterworfen bleibt."

Der Leib der Auferstandenen besitzt Blut und alle anderen Körperflüssigkeiten wie ein richtiger Leib. Nach der Vorstellung der Alten entstanden Krankheiten durch den Widerstreit der verschiedenen Körpersäfte. Also müsste doch auch der auferstandene Leib krank werden können. Thomas gibt zu, dass auch der Auferstehungsleib grundsätzlich die Fähigkeit hat, krank oder verletzt zu werden, er ist ja ein wirklicher Leib, aber diese Fähigkeit ist gebunden durch den Sieg der Seele über den Leib. Darum wird aus der Möglichkeit, krank zu werden, nie die Wirklichkeit wird, krank zu sein.

Der heilige Gelehrte begründet das mit einem Wort des heiligen Augustinus: „Die Macht Gottes ist groß genug, von dieser sichtbaren und berührbaren Natur der Körper die Eigenschaften wegzunehmen, die er will, und andere zu belassen." Und Thomas erläutert diese Macht Gottes durch ein Beispiel aus dem Alten Testament: Wie Gott vom Feuer im Ofen der Chaldäer die Kraft wegnahm, die drei Jünglinge zu verbrennen, ihm aber die Kraft ließ, das Holz zu verbrennen, so nimmt er auch von unseren Körpern die Fähigkeit weg, zu leiden, belässt ihnen aber ihr Wesen.

Es ist nicht so, als würde der Leib nur gezwungenermaßen der Übermacht der Seele gehorchen. Nein, sondern „es fließt von der verklärten Seele eine gewisse Vollkommenheit auf den Leib über. Dadurch wird der Leib fähig sich der Seele so zu unterwerfen." Die verklärte Seele verklärt ihren Leib.

Gott schauen, wie er ist

Wer eine schöne Landschaft anschauen will, braucht zweierlei: Zum einen muss er sehen können. Zum anderen muss die Landschaft sich mit dem Sehenden verbinden, sie muss in sein Auge kommen. Wer vor dem geschlossenen Fensterladen steht, der kann trotz seiner Sehkraft die Landschaft nicht sehen, weil sie nicht in sein Auge fällt. Öffnet er aber den Fensterladen, dann entsteht auf seiner Netzhaut ein winzig kleines Abbild der Landschaft. Dadurch vereinigt sich die Landschaft mit dem Sehenden, und er kann sie erkennen.

Ähnlich verhält es sich beim geistigen Sehen mit dem Verstand. Auch da braucht es diese beiden: zum einen die geistige Sehkraft, das Verstandeslicht; zum anderen muss sich das, was wir erkennen wollen, mit unserem Verstand irgendwie verbinden.

Das gilt auch, wenn wir Gott anschauen wollen. Dazu ist eine Erkenntniskraft nötig, die Gott sehen kann, und noch dazu muss sich Gott irgendwie mit uns verbinden.

Welche Erkenntniskraft brauchen wir, um Gott anschauen zu können? Mit unseren beiden Augen kommen wir da nicht weit, denn Gott ist Geist. Aber auch unser Verstand reicht nicht aus, um Gott anzuschauen, wie er ist. Mit unserem menschlichen Verstand können wir Gott nur auf menschliche Weise erkennen, nicht aber, wie er wirklich ist. Unser Verstand muss also von Gott zuerst diese Fähigkeit erhalten. Gott wird sie uns im Himmel geben. Sie ist wie ein neues Erkenntnislicht, das zu unserem Augenlicht und zu unserem Verstandeslicht noch hinzugegeben wird. Dieses zusätzliche Licht nennt Thomas „lumen gloriae – Licht der Herrlichkeit (Gottes)". Dieses Licht der Herrlichkeit kann man mit einem Fernrohr vergleichen. Ein Fernrohr macht die Sehkraft des Auges stärker, so dass es auch weit entfernte Sterne sehen kann, die man mit bloßem Auge nicht sehen könnte. So macht das Licht der Herrlichkeit unser Verstandeslicht so kräftig, dass es Gott erkennen kann. Damit also ist die Sehkraft gegeben, die die erste Bedingung ist, um Gott zu sehen. Damit ist aber noch nicht alles getan.

Als zweites muss sich Gott, den wir erkennen wollen, mit uns vereinigen. Wenn wir eine Landschaft anschauen, ist nicht die Landschaft selbst in unserem Auge, sondern ein kleines Bild von ihr, so können wir sie erkennen.

Gottes Wesen aber lässt sich nicht durch ein Abbild darstellen, wie eine Landschaft. Selbst der allmächtige Gott kann kein Bild schaffen, das sein Wesen darstellt, wie es wirklich ist. Denn dieses Bild wäre bloß ein Geschöpf. Es wäre von einer ganz anderen Ordnung als Gott.

Das Fresko eines Engels kann nicht das Wesen eines Engels zeigen, es kann höchstens den einen oder anderen Aspekt veranschaulichen. Ein körperliches Bild kann nicht eine geistige Realität wiedergeben. Wie man durch ein körperliches Abbild nicht etwas Geistiges ganz darstellen kann, so kann kein irgendwie geschaffenes Abbild das Wesen Gottes darstellen.

Gottes Wesen ist sein Sein. Gott nannte sich selbst: „Ich bin der Ich bin" (Ex 3,14). Gottes Wesen ist identisch mit seinem Dasein. Bei allen Geschöpfen ist das anders. Das Wesen des Menschseins ist nicht identisch mit meiner Existenz als Mensch. Auch wenn ich nicht da wäre, würde sich am menschlichen Wesen nichts ändern. Das gilt für alle Geschöpfe. Ob dieser Kalkstein vor meinem Fenster existiert oder nicht, das ändert nichts am Wesen des Kalksteins. Das Dasein dieses Steins ist ja nicht identisch mit dem Wesen des Kalksteins. Darin unterscheiden sich sämtliche Geschöpfe fundamental von Gott. Deshalb kann kein Geschöpf das Wesen Gottes abbilden, wie es ist.

Außerdem ist das Wesen Gottes grenzenlos, ohne Schranken. Jedes geschaffene Ding ist aber irgendwie begrenzt.

Wie aber sehen wir dann Gott? Muss dann unser Verstand zu Gott werden, damit wir ihn sehen können? Thomas erklärt es so: „Da unser geschaffenes Verstandeslicht nicht das Wesen Gottes ist, bleibt nur übrig, dass unser Verstand eine Ähnlichkeit mit Gott erhält, durch die er an Gott teilnimmt, welcher der allererste Verstand ist." Gott lässt uns also teilnehmen an sich. So vereinigt sich Gott mit uns, und wir sehen ihn, wie er ist.

Gott anschauen macht glücklich

Was macht uns denn im Himmel selig? Erschafft Gott für uns dort ein Glück und wir dürfen es genießen? Wird es im Himmel so ähnlich sein wie hier, wo Gott Schmetterlinge, Blumen und Sterne geschaffen hat und wir dürfen sie anschauen und uns an ihrer Schönheit freuen? Sind die Dinge dort einfach nur viel, viel schöner als hier?

Was uns im Himmel glücklich machen wird, ist nicht irgendetwas Geschaffenes, sondern Gott selbst. Aber Gott ist doch überall gegenwärtig, auch hier, und wir sind trotzdem nicht schon glücklich wie die Seligen im Himmel. Allein, dass Gott da ist, genügt noch nicht, um durch ihn ganz glücklich zu sein.

Der Habgierige sehnt sich nach Geld, das würde ihn glücklich machen. Und es gibt enorme Mengen Geld auf der Erde, und trotzdem sind nicht alle Habgierigen glücklich. Warum? Weil es ihnen nicht reicht, dass es Geld gibt, sondern sie wollen es besitzen, erst dann genießen sie das Geld. So genügt es den Menschen nicht zum Glücklich-Sein, dass Gott da ist. Sie sind erst glücklich, wenn sie Gott besitzen und genießen können.

Und noch etwas lehrt der Vergleich mit dem Habgierigen: Der Geldgierige wird nicht dadurch glücklich, dass er das Geld liebt. Denn er kann es lieben, so viel er will, deshalb besitzt er es noch nicht. Aber erst der Besitz macht ihn glücklich.

Für unser ewiges Glück bedeutet das: Gott lieben macht nicht aus sich schon glücklich. Wir müssen Gott zwar hier schon lieben, denn sonst werden wir ihn nicht anschauen dürfen. Aber vollkommen glücklich sind wir nicht schon durch die Liebe, sondern erst, wenn wir Gott besitzen. Und wie nehmen wir Gott in Besitz? Wir können ihn ja nicht mit Händen greifen, wie der Geldgierige das Geld.

Thomas antwortet: Wir nehmen Gott in Besitz, indem wir ihn mit unserem Verstand anschauen. Selig werden wir also dadurch, dass wir etwas tun, nämlich Gott anschauen. Es ist gar nicht denkbar, dass irgendein anderes Tun uns glücklich machen könnte als das Anschauen. Thomas erklärt das so: Wenn uns ein bestimmtes Tun glücklich macht, dann muss es die beste Tätigkeit sein, die wir Menschen vollbringen können, und nicht irgendwelche zweitrangigen Tätigkeiten. Wie ein Organist dann am glücklichsten ist, wenn er sein bestes Stück spielen kann.

Und was ist die beste Fähigkeit, die wir haben? Unser Verstand! Und damit die Tätigkeit unseres Verstandes die beste ist, darf er sich nicht mit primitiven Dingen beschäftigen, sondern mit der besten Sache überhaupt. Und was ist die beste Sache, mit der sich unser Verstand beschäftigen kann? Das Erkennen Gottes! Glückselig werden wir also, wenn unser Verstand Gott betrachtet.

Und noch einen zweiten Grund nennt Thomas: Nur betrachten tun wir um des Betrachtens willen, nicht für einen anderen Zweck. Wer z.B. eine Bedienungsanleitung liest, der tut das nicht, weil dieses Tun ihn glücklich macht, sondern der tut es, um ein anderes Ziel damit zu erreichen. Er will den Staubsaugerbeutel wechseln, um weiter saugen zu können. Und er will saugen, damit alles ordentlich ist für den Besuch. Und so tun wir das meiste nicht um seiner selbst willen, sondern wegen eines anderen Zieles.

Wer dagegen etwas betrachtet, der verfolgt damit kein weiteres Ziel. Wer einen Sonnenaufgang betrachtet, den braucht man nicht fragen: Warum schaust du das an? Er schaut ihn an, weil das Anschauen von etwas Schönem ein Stück weit glücklich macht. Das braucht nicht einen weiteren Zweck. Es ist in sich sinnvoll.

So macht uns das Anschauen Gottes im Himmel glücklich. Wenn wir Gott ergriffen haben, mit unserem Verstand, dann kann unser Wille ihn lieben und genießen. Darum sagt Augustinus: „Die Seligkeit ist die Freude über die Wahrheit". Unser Verstand erkennt die höchste Wahrheit, nämlich Gott, und unser Wille freut sich darüber. Die Liebe ist also nicht das Erste. Sie ist das Ergebnis des Anschauens. Weil wir ihn sehen, lieben wir ihn.

Gott genießen

Wir können uns freuen, wenn uns jemand von einem wunderschönen Kunstwerk erzählt. Der Erzähler schildert die Farben und die Formen. Er regt unsere Vorstellungskraft an. Wir stellen uns die ganze Pracht vor und vielleicht steigt auch die Hoffnung auf, dass wir irgendwann einmal dieses Gemälde sehen können. Beides macht Freude. Richtig genießen können wir das Kunstwerk aber erst, wenn wir es mit eigenen Augen sehen.

So können wir schon hier auf der Erde glücklich sein über Gott: entweder weil wir Gott schon ein wenig erkennen und uns seine Herrlichkeit vorstellen dürfen. Oder weil wir darauf hoffen können, einmal Gott tatsächlich zu sehen. „Manche werden in diesem Leben ‚selig' genannt wegen der Hoffnung, die Seligkeit im zukünftigen Leben zu erhalten ... oder wegen einer Teilnahme an der Seligkeit durch einen gewissen Genuss des höchsten Gutes."

Dieser „gewisse Genuss" ist aber keine echte Seligkeit. Vollkommene und wahre Seligkeit gibt es hier nicht. Zwei Gründe nennt der heilige Lehrer: Die vollkommene Seligkeit schließt jedes Übel aus und erfüllt jede Sehnsucht. Solange wir auf Erden leben, haben wir viele Übel zu ertragen: Unser Verstand ist schwach und lässt sich leicht täuschen, unsere Leidenschaften gehorchen uns oft nicht, unser Leib schmerzt. Auch von einer Erfüllung aller Sehnsucht kann keine Rede sein: Wir sehnen uns danach, dass uns nicht weggenommen wird, was wir gerade Gutes haben. Was wir aber hier auf Erden besitzen, vergeht wie unser irdisches Leben auch. Wir verlangen danach, ewig zu bleiben. Dieses Leben hier wird aber mit dem Tod enden. Also können wir in diesem Leben nicht voll und ganz glücklich werden.

Und zweitens macht uns nur eines glücklich: das Anschauen Gottes von Angesicht zu Angesicht. Das aber erreichen wir in diesem Leben nicht.

Wir können ein Bild erst dann wirklich genießen, wenn wir es mit eigenen Augen sehen. So können wir auch Gott erst dann ganz genießen, wenn wir ihn von Angesicht zu Angesicht schauen. In diesem Punkt sind alle Seligen gleich: sie sehen Gott tatsächlich.

Sind sie dann alle gleich selig? Sind alle unterschiedslos glücklich? Kann nicht einer seliger sein als der andere?

Er kann, antwortet der heilige Gelehrte. Einer kann das Anschauen Gottes mehr genießen als ein anderer. Das hängt davon ab, wie gut jemand vorbereitet ist aufs Anschauen Gottes: „Im Hinblick auf den Besitz und den Genuss Gottes kann der eine seliger sein als der andere. Es kommt nämlich vor, dass jemand Gott vollkommener genießt als ein anderer, weil er besser disponiert oder hingeordnet ist auf den Genuss Gottes. Darum kann der eine seliger sein als ein anderer."

Zwei Menschen können das gleiche Kunstwerk bestaunen. Der eine ist ein Kunstkenner. Er erfasst die Genialität des Meisters und genießt die Herrlichkeit des Gemäldes in jeder Hinsicht. Der andere ist ein Kunstbanause. Es sieht das Bild, aber er nimmt seine Schönheit viel weniger wahr. Wer zu Lebzeiten durch Betrachtung und Gebet sich eingeübt hat, Gott zu schauen, der kann ihn im Himmel viel mehr genießen, als einer, der sich zu Lebzeiten nie auf das Anschauen Gottes vorbereitet hat.

Obwohl die Bewohner des Himmels unterschiedlich selig sind, begehrt doch keiner mehr, als er hat. „Kein Seliger vermisst etwas im Himmel, sie alle besitzen ja das unendliche Gut. Aber der eine ist seliger als der andere, weil sie unterschiedlich teilnehmen an diesem Gut." Von beiden Aspekten der Seligkeit spricht der Herr im Evangelium. Alle Arbeiter im Weinberg erhalten am Abend den einen Denar (Mt 20,10). Dieser Denar bedeutet nach dem heiligen Thomas Gott. Alle erhalten den gleichen Gegenstand, der sie selig macht, nämlich Gott. Und dennoch sind im Hause des Vater viele Wohnungen (Joh 14,2), das heißt es gibt verschiedene Grade wie die Seligkeit genossen wird.

Von unserer Vorbereitung hier auf Erden wird es also abhängen, wie innig wir Gott einmal genießen dürfen.

Eine neue Welt

Himmel und Erde werden vergehen. – Was aber kommt dann? Nichts!, sagen die einen. Eine herrliche neue Welt, meinen die anderen. Thomas kennt die Argumente beider Lager.

Die Welt war nie anders, als sie jetzt ist. „Was geschehen ist, wird wieder geschehen. Es gibt nichts Neues unter der Sonne", sagt der Prediger (1,9). Also auch keine neue Welt. Außerdem ruht Gott nach dem sechsten Tag aus von seinem Werke, das er geschaffen hat (Gen 2,2). Er schafft also nichts Neues mehr, auch keine neue Welt.

Die Herrlichkeit des ewigen Lebens ist ein Lohn für gute Werke. Die Sonne, die Pflanzen und die Tiere verrichten keine guten Werke, denn sie haben keinen freien Willen. Also erhalten sie auch keinen Lohn, keine Herrlichkeit. Nur die guten Menschen werden herrlich sein, nicht die Welt, sie wird darum nicht verklärt.

Und schließlich kann man sich fragen, wozu denn eine neue Welt nützen soll. Die jetzige Welt ist der Menschen wegen da. Wir brauchen sie vor allem aus zwei Gründen. Erstens muss die Welt das Leben unseres Körpers erhalten. Wir brauchen Luft und Sonnenlicht und Wasser und Nahrung. Zweitens lässt uns die Welt Gott erkennen. Gottes unsichtbares Wesen ist aus seinen Werken zu erkennen, sagt Paulus (Röm 1,20). Die Welt ist schön, also muss ihr Schöpfer schöner sein. Das Weltall ist riesengroß, also muss sein Schöpfer gewaltig mächtig sein.

Beide Gründe fallen weg, wenn die Menschen von den Toten auferstanden sind. Der auferstandene, verherrlichte Mensch muss nicht mehr essen, trinken, atmen. Die glorreiche Seele lässt den auferstandenen Leib durch ihre Kraft leben. Und die Heiligen im Himmel schauen Gott von Angesicht zu Angesicht. Sie müssen nicht mehr Blumen anschauen, um die Schönheit Gottes erahnen zu können. Wozu also eine neue Welt?

Auf der letzten Seite der Heiligen Schrift aber wird eine neue Welt angekündigt: „Und ich schaute einen neuen Himmel und eine neue Erde. Der erste Himmel und die erste Erde sind vergangen, und das Meer ist nicht mehr" (Apk 21,1).

Schon achthundert Jahre vorher verkündet der Prophet Jesaia als einen Spruch des Herrn: „Seht, ich schaffe einen neuen Himmel und eine neue Erde, und das Frühere wird vergessen" (65,17).

Es wird also allen Einwänden zum Trotz eine neue Welt geben. Und das aus gutem Grund.

Die seligen Auferstandenen schauen Gott von Angesicht zu Angesicht, aber nur mit ihrer Seele, nicht mit ihren leiblichen Augen, denn Gott ist Geist. Aber auch der Leib soll am Glück der ewigen Herrlichkeit teilnehmen. Darum sollen die körperlichen Augen ein Stückchen Seligkeit erhalten. Sie sollen etwas sehen, was die Herrlichkeit und Majestät Gottes zeigt: vor allem den verklärten Christus, aber nicht allein ihn. Sie sollen Geschöpfe sehen, in die Gott seine Pracht hineingegossen hat, Geschöpfe, die die Herrlichkeit Gottes unübertrefflich widerspiegeln, viel mehr als die Dinge der jetzigen Welt. Thomas denkt hier vor allem an die Himmelskörper. Pflanzen und Tiere werden seiner Meinung nach nicht verklärt. Genau das wird die erneuerte Welt sein.

Diese Verwandlung der Welt lässt sich nicht mit dem erklären, was die Biologen und Physiker erforscht haben. Gottes Kraft wird das bewirken. Und Gott hört nicht auf zu wirken. Darum wird auch die neue Welt ewig sein.

Die neue Welt ist nicht eine ganz neue Schöpfung, die mit der alten Welt nichts zu tun hat. Gott wandelt um, was er am Anfang geschaffen hat. „Gott hat am siebten Tag insofern aufgehört, Neues zu schaffen, als nachher nichts geworden ist, was nicht vorher schon der Ähnlichkeit nach da war; entweder der Gattung oder Art nach oder wenigstens wie in einem Samenkorn." In diesem Sinne ruht Gott aus, und macht doch die Welt neu.

Sonne, Mond und Sterne haben sich die Verklärung zwar nicht verdient, sie werden aber trotzdem herrlich sein um der Menschen willen. Wie wenn ein Mensch ein geschmücktes Kleid trägt. Das Kleid hat es sich nicht verdient, geschmückt zu werden, aber es wird geschmückt um des Menschen willen, der es trägt.

VI. Teil

Gott und die Welt

Wie heißt Gott?

Kann man Gott einen Namen geben? Ist er nicht so anders, dass unsere Sprache nicht ausreicht, um Gott zu benennen?

Die vernünftigen Zweibeiner auf unserem Planeten Erde nennen wir „Menschen". Zu den kletternden Vierbeinern im Zoo sagen wir „Affen". Das setzt voraus, dass wir erkennen, was ein Lebewesen zu einem Menschen macht und was zu einem Affen. Würden wir weder so recht sagen können, was ein Mensch ist, noch beschreiben können, woran man einen Affen erkennt, dann wäre es nicht sinnvoll, die einen „Menschen" zu nennen und die anderen „Affen".

Weil wir aber erkennen können, was ein Mensch ist und wodurch er sich von allen anderen Lebewesen unterscheidet, können wir dem Lebewesen, das alle diese Merkmale besitzt, einen Namen geben und sagen: Dieses Lebewesen nennen wir „Mensch". Thomas zitiert ein Wort des Aristoteles: „Worte sind Zeichen des geistigen Verständnisses." Jedes Wort setzt also ein geistiges Verständnis voraus. Zuerst muss eine Sache geistig erfasst und verstanden werden, erst dann kann man ihr einen Namen geben. „Insofern von uns etwas durch den Verstand erfasst werden kann, insofern kann es auch benannt werden."

Wenn wir über den Namen Gottes nachdenken, liegt die Sache ähnlich. Wir können Gott nur insoweit einen Namen geben, insoweit wir ihn erkennen. Das Wesen Gottes können wir in diesem Leben nicht sehen. Wir können Gott nur aus den Geschöpfen erkennen, weil er ihr Schöpfer ist. Wer die Pieta im Petersdom anschaut, kann die Fähigkeiten des Michelangelo erkennen. Wer die Geschöpfe anschaut, kann etwas von den Eigenschaften Gottes erkennen. Wir können uns von Gott eine Vorstellung machen, wenn wir alle Mängel der Geschöpfe ausblenden und das Gute an den Geschöpfen ins Unendliche steigern. Ein Zeitgenosse des hl. Franz von Sales zum Beispiel betrachtete die Güte des Prälaten und sagte: „Wie gut muss Gott sein, wenn schon der Bischof von Genf so gut ist."

Weil wir Gott also nur aus seinen Werken erkennen können, ist es uns nicht möglich, Gott einen Namen zu geben, der sein Wesen vollständig beschreibt. Wir wissen, was ein Mensch seinem Wesen nach ist, wir können seine Gene beschreiben und seine geistige Seele erkennen. Eine solche Bezeichnung können wir Gott nicht beilegen. „Gott kann von uns nur so benannt werden, wie die Geschöpfe ihn uns zeigen, nicht aber so, dass der Name sein Wesen so ausdrückt, wie es ist. Also nicht so wie der Name „Mensch" das Wesen des Menschen so beschreibt, wie es ist."

Können wir über Gott also gar nichts sagen, weil wir sein Wesen nicht erkennen können? Wir können Gott zwar nicht so exakt beschreiben wie einen Menschen, aber wir können Gott einen Namen geben, der das ausdrückt, was wir von ihm sicher wissen. Aus den Geschöpfen können wir von Gott sicher erkennen, dass er ist. Also können wir das sicher von ihm sagen, ohne dass wir Gott dadurch irgendwie einschränken oder begrenzen.

Am Dornbusch (Ex 3,15) antwortet der Herr auf die Frage des Moses: „Und wenn sie mich fragen, wie ist sein Name; was soll ich ihnen sagen? So sollst Du ihnen sagen: Der da ist, hat mich zu euch gesandt." „Der da ist" ist also der Name, der Gott am meisten eigen ist. Den könnten wir Gott auch dann beilegen, wenn er ihn am Dornbusch nicht geoffenbart hätte.

Jeder andere Name würde nur eine einzelne Seite Gottes beschreiben, „Der da ist" aber beschreibt alle Eigenschaften insgesamt. Denn würden wir zum Beispiel sagen: Gott heißt „Der Barmherzige", dann könnte man daraus schließen, das Wesen Gottes besteht im Barmherzig-Sein und man könnte an seiner Gerechtigkeit zweifeln.

Darum sagt der hl. Johannes von Damaskus: „Der vorzüglichste und hauptsächlichste Name unter allen jenen, die Gott gegeben werden, ist: „Der da ist". Denn er drückt das Sein aus, welches Gott in aller Fülle in sich enthält – gewissermaßen wie ein unermessliches und in nichts beschränktes Meer der Substanz."

Kann Gott lieben?

Die Kerzenflamme brennt gerade noch oben – außer, ein Luftzug drängt sie zur Seite; hört der Luftzug auf, ist die Flamme wieder gerade. So entspricht es der Natur einer Flamme, sie strebt nach oben. Nur in diesem Zustand brennt sie ruhig. In jeder anderen Situation versucht sie, diesen ruhigen Zustand zu erreichen.

Ein Taschenbuch bleibt nicht offen liegen. Sobald man es aus der Hand legt, fällt es zu, denn der Buchrücken ist so gemacht, dass er gerade sein will, nicht gebogen. Er strebt immer wieder nach der Stellung, die für ihn normal ist. In dieser ist er ruhig.

Die Dinge wollen immer die Form annehmen, die ihnen natürlich ist. Das ist ihr natürliches Begehren. Wenn sie so sind, wie es ihrer Natur entspricht, dann ruhen sie; wenn nicht, streben sie danach, in diesen Zustand zu kommen.

Das gilt nicht nur für die Dinge, das gilt auch für unsere Seele. Mit unserem Verstand erkennen wir, was gut ist. Und wir streben nach dem, was wir als gut erkannt haben. Wir können gar nicht anders. Unsere Augen sehen dort eine Bank. Unser Verstand erkennt: Jetzt würde es guttun, wenn ich mich hinsetzen könnte. Und unser Wille will dorthin gehen, um die Bank zu nutzen.

Oder anders gesagt: Der Wille heißt es gut, zu sitzen. Dieses Gutheißen ist die Grundgestalt der Liebe.

Dasselbe geht in jedem Wesen vor sich, das einen Verstand hat, also nicht nur in uns Menschen, sondern auch in den Engeln und auch in Gott. Sie alle sind vernünftige Wesen. Und wie eine Kerzenflamme nach oben strebt und ein Taschenbuch danach, sich zu schließen, so strebt ein vernünftiges Wesen nach dem, was sein Verstand als gut erkannt hat. Wenn es das hat, dann ruht es. Hat es das nicht, strebt es danach. Ein vernünftiges Wesen kann gar nicht anders, als das erkannte Gute anzustreben. Und dieses Streben der vernünftigen Natur heißt „Wille".

Wo also eine Vernunft ist, ist immer auch ein Wille. Gott, die Engel und wir Menschen sind vernünftige Wesen. Darum haben wir, die Engel und Gott auch einen Willen.

Wo aber ein Wille ist, ist auch Liebe. Der Wille strebt nach dem, was gut ist, oder wenigstens vom Verstand als gut erkannt wurde. Er heißt etwas gut, und das ist der Kern der Liebe.

Darum ist die Liebe immer das erste und grundsätzlichste, was der Wille tut. Er tut zwar noch einiges andere: Der Wille sehnt sich nach dem Guten; er freut sich über das, was er als gut erkannt hat; er hasst das, was sich dem Guten entgegensetzt. Voraussetzung für das alles ist aber die Liebe. Niemand sehnt sich nach etwas, wenn er nichts liebt; niemand freut sich, wenn er nichts liebt; niemand hasst etwas, wenn er nichts liebt, das er jetzt bedroht sieht.

Das erste Tun des Willens ist also die Liebe. Darum muss in jedem, der einen Willen hat, auch die Liebe sein. Gott hat einen Willen, also ist in ihm auch Liebe.

Und wie verträgt sich das mit der Leidenschaftslosigkeit Gottes?

Gott ist Geist. In ihm gibt es nichts Leidenschaftliches, keine Trauer, keinen Zorn. Zeigt die Erfahrung aber nicht, dass Liebe immer irgendwie leidenschaftlich ist?

Unsere Liebe ist anders als die Liebe Gottes. In uns gibt es nicht nur einen vernünftigen Willen, der anstrebt, was die Vernunft für gut hält: In uns gibt es außerdem ein sinnliches Begehren. Es strebt nach dem, was den Sinnen gefällt, es strebt nach Ruhe, nach Vergnügen, nach Genuss. Und unser vernünftiger Wille bewegt uns oft zu etwas, mit Hilfe des sinnlichen Begehrens. Wir sehen die Bank. Wir gehen jetzt nicht nur dorthin, weil es vernünftig ist, sich auszuruhen, sondern auch, weil unser sinnliches Begehren nach Ruhe strebt. Dieses sinnliche Begehren ist oft körperlich spürbar, dann nennt man es Leidenschaft.

Bei uns ist diese Verbindung zwischen Wille und Leidenschaft immer da. Wir können nicht leidenschaftslos etwas lieben. Anders ist das bei Gott. In Ihm gibt es nur einen geistigen Willen, kein sinnliches Streben. Darum ist in Ihm echte Liebe ohne Leidenschaft.

Es fehlen die Worte

„Ein Wesen produziert ein Produkt." – das sagt keiner. Wir müssen im Alltag keine derartig abstrakten Worte verwenden, denn für alles um uns herum gibt es passendere Worte: Der Bäkker produziert nicht ein Produkt, sondern backt ein Brot. Der Zimmermann zimmert den Dachstuhl. Die Mutter gebiert eine Tochter. Der Philosoph spricht ein Wort.

Um also das Alltagsgeschehen um uns herum zu beschreiben, stehen uns treffende Worte zur Verfügung. Schwieriger wird das, wenn wir über Gott sprechen wollen. Für manche Vorgänge in Gott stehen uns passende Worte zur Verfügung, für andere nicht.

Johannes spricht im ersten Kapitel vom „Wort", das Gott ist. Er nimmt also ein geläufiges Wort, nämlich „Wort", und beschreibt damit einen Vorgang in Gott.

Unsere Seele ist eine geistige Seele und damit Gott ähnlich, der auch Geist ist. Darum können wir am ehesten die Worte auf Gott übertragen, die die geistigen Vorgänge in unserer Seele beschreiben. Thomas erklärt das so: „Wenn jemand irgendeine Sache erkennt, entsteht daraus ein geistiger Begriff der erkannten Sache im Verstand des Erkennenden." Ich erkenne zum Beispiel, was Gerechtigkeit ist, und mache mir davon einen geistigen Begriff. Diesen geistigen Begriff nennen wir „Wort", und das Hervorbringen dieses geistigen Begriffes nennen wir „sagen". Der Denker sagt ein Wort. Diese Begrifflichkeit können wir auf Gott übertragen: Gottvater spricht sein Wort, den Gottessohn. So können wir beschreiben, wie Gottvater den Sohn hervorbringt.

Damit ist aber nicht alles erklärt, was in Gott geschieht. Gott ist Geist, ein Geist ist ein Wesen, das erkennt und will. In Gott gibt es also Erkennen und auch Wollen. Aus beidem entsteht etwas:

„In Gott gibt es zwei Hervorgänge: einer auf die Weise des Erkennens, das ist der Hervorgang des Wortes; und einen Hervorgang auf die Weise des Wollens, das ist der Hervorgang der Liebe."

Um den ersten Vorgang zu beschreiben, können wir – wie gesagt – auf geläufige Wörter zurückgreifen. Für den Hervorgang aus dem Willen fehlen uns dagegen die Wörter.

„Der erste Hervorgang ist uns mehr bekannt. Es sind Wörter erfunden worden, um zu beschreiben, was wir darin betrachten können, nicht aber für den Hervorgang aus dem Willen. Daher benutzen wir gewisse Umschreibungen."

Es gibt zwar auch bei uns Menschen etwas, was aus unserem Willen hervorgeht, aber dafür gibt es keine Worte. Thomas beschreibt das so:

„Wie beim Erkennen irgendeiner Sache ein geistiger Begriff der erkannten Sache im Verstand des Erkennenden entsteht, der ‚Wort' genannt wird, so entsteht, wenn einer eine Sache liebt, aus der Liebe ein Eindruck der geliebten Sache im Gemüt des Liebenden. Deshalb sagt man, das Geliebte ist im Liebenden, wie das Erkannte im Erkennenden."

Was aus dem Erkennen entsteht, können wir beschreiben mit den Worten: Der Erkennende spricht geistigerweise das Wort. „Lieben" wird selbstverständlich in diesem Zusammenhang als eine rein geistige Tätigkeit verstanden, etwas, was sich allein im Willen abspielt. Für das, was der Liebende geistigerweise produziert, und für das Tun selbst gibt es leider keine Worte. Wir können kaum mehr sagen als: Der Liebende produziert in seinem Gemüt einen Eindruck. Es gibt kein spezielles Wort, mit dem wir den Eindruck bezeichnen können, den ein geliebtes Ding im Liebenden hinterlässt.

Dieser Mangel wird uns ganz deutlich bewusst, wenn wir darüber reden wollen, was aus dem Willen und der Liebe Gottes hervorgeht. Ständig zu reden vom „Eindruck, den die Liebe produziert" ist umständlich. Darum haben sich die Kirchenväter beholfen und haben dieses Produkt der Liebe kurzerhand „Liebe" genannt.

Das ist der Grund, warum der Heilige Geist „Liebe" genannt wird. Er ist das Produkt der Liebe des Vaters und des Sohnes, ähnlich dem Eindruck, der in uns entsteht, wenn wir etwas lieben. In Ermangelung eines passenderen Wortes wird er einfach „Liebe" genannt.

Das wäre so, als würden wir zum Sohn Gottes sagen: „erkannte Erkenntnis" oder „gezeugte Weisheit". Diese Bezeichnungen
sind treffend und richtig, aber die Bezeichnung „Wort" ist noch
passender, darum spricht Johannes vom „Wort", das Gott ist.

Das Wort ist Fleisch geworden

Warum gerade das Wort? Warum nicht der Vater oder der Heilige Geist? Der Arianismus wäre der Kirche erspart geblieben, wenn nicht der Sohn, sondern der Vater Mensch geworden wäre.

Wäre das nicht sowieso passender? Gott wurde Mensch, um die Menschen zu erlösen von der Sünde. Paulus sagt, diese Erlösung kommt einer Neuschöpfung gleich: Wer erlöst ist, ist ein neues Geschöpf (Gal 6,15). Das Erschaffen ist aber Sache des Vaters. Ihn reden wir im Glaubensbekenntnis als „Schöpfer" an. Also wäre besser Gottvater Mensch geworden und nicht der Sohn.

Und warum nicht der Heilige Geist? Gott wurde Mensch, um uns zu erlösen von unseren Sünden (Mt 1,21). Für die Sündenvergebung ist aber der Heilige Geist zuständig. Christus hat seinen Aposteln den Hl. Geist gegeben, damit sie Sünden nachlassen können: „Empfanget den Heiligen Geist: Wem Ihr die Sünden nachlasset, dem sind sie nachgelassen." (Joh 20,22)

In der Tat hat die Dreifaltigkeit aber nicht den Vater in die Welt gesandt, um Mensch zu werden und nicht den Heiligen Geist, sondern den Sohn. Vier Gründe findet der hl. Thomas:

Das Wort Gottes ist das, was Gottvater seit Ewigkeit denkt: geistiger Begriff, Selbsterkenntnis des Vaters und auch Plan der ganzen Schöpfung. Jedes Geschöpf existiert nur deshalb, weil es an diesem Plan teilnimmt und ihn in der Welt verwirklicht. Jedes Geschöpf nimmt also am Wort Gottes teil. Es empfängt von ihm sein Wesen. „Durch das Wort ist alles geschaffen und ohne es ist nichts geworden, von dem, was ist." (Joh 1,3) Gebäude, die im Krieg zerstört wurden, konnten wieder originalgetreu aufgebaut werden – vorausgesetzt die Pläne waren noch da. Durch die Sünde wurden die Menschen beschädigt. Sie können wieder repariert werden, wenn der Plan da ist, nachdem sie geschaffen wurden: Dieser Plan ist das Wort Gottes. Was war also passender, als dass dieser Plan auf die Erde herabsteigt und Mensch wird? So können wir Menschen nach dem ursprünglichen Plan wiederhergestellt werden.

Wir Menschen sind vernunftbegabte Wesen. Das unterscheidet uns von den Tieren. Wie vollkommen ein Mensch ist, hängt nicht davon ab, wie stark, wie groß oder wie schön sein Leib ist, sondern wie vollkommen sein Verstand ist. Ein wirklich weiser Mensch ist ein vollkommener Mensch. Wenn Gott die Menschen vollkommener machen wollte, dann musste er ihnen Weisheit schenken. Wie hätte er das besser machen können, als dass das Wort Gottes, die ungeschaffene Weisheit Gottes, sich mit den Menschen verbindet? So können wir Menschen an der Weisheit Gottes teilnehmen, wie Schüler am Wort des Lehrers.

Gott wollte uns Menschen zu seinen Erben machen. Wir sollen erben, was ihm gehört, nämlich seine himmlische Herrlichkeit. Erben ist Sache der Kinder. Wenn er uns zu seinen Erben machen wollte, dann auch zu seinen Kindern: „Wenn wir Kinder Gottes sind, dann auch Erben. Erben Gottes und Miterben Christi." (Röm 8,16f) Wer hätte uns besser zu Kindern Gottvaters machen können als der Sohn Gottes? „Er hat uns vorherbestimmt, dem Bild seines Sohnes gleichförmig zu werden, damit er der Erstgeborene sei unter vielen Brüdern." (Röm 8,29)

Die Erlösung wurde überhaupt erst nötig, weil Adam und Eva so wissend sein wollten wie Gott: „Wenn ihr davon esset werden euch die Augen aufgehen und ihr werdet sein wie Gott und wissen, was Gut und was Böse ist." (Gen 3,5) Durch die verkehrte Gier nach Wissen hat sich der Mensch von Gott getrennt. Durch die wahre Weisheit, das Wort Gottes, soll er zu Gott zurückgeführt werden.

Die Argumente, die gegen die Menschwerdung des Sohnes angeführt wurden, sind nicht stichhaltig: Selbst wenn der Vater Mensch geworden wäre, hätte man daraus irgendeinen Irrtum herleiten können.

Als Gott die Welt schuf, schuf er sie durch das Wort, den Sohn, also muss auch die Neuschaffung durch den Sohn geschehen.

Der Hl. Geist geht vom Vater und vom Sohn aus. Er ist Geschenk des Sohnes. Darum war es passend, dass der Sohn Mensch wird, und uns den Hl. Geist schenkt.

Ist Christus dem Vater untergeben?

Sind nicht Vater, Sohn und Heiliger Geist gleich groß, gleich mächtig? Und doch sagt Christus: „Der Vater ist größer als ich" (Joh 14,28). Ist Christus dem Vater untergeben? Es ist beides richtig. In einer Hinsicht ist Christus dem Vater gleich und in einer anderen Hinsicht dem Vater untergeben: Als Gott ist er dem Vater gleich, seiner Menschheit nach ihm untergeben. Christus ist also nicht absolut dem Vater unterworfen, sondern allein seiner menschlichen Natur nach. Christus ist nicht nur scheinbar Mensch, sondern wirklich. Nicht weniger Mensch als alle anderen Menschen. Was darum zum Mensch-Sein gehört, das gehört auch Christus. Thomas sagt im Hinblick auf die menschliche Natur Christi: „Wer eine Natur hat, dem kommt das zu, was dieser Natur eigen ist."

Mit der menschlichen Natur ist unlösbar die Unterordnung unter Gott verbunden. Thomas unterscheidet drei Arten des Untergeordnet-Seins:

Erstens dem Gut-Sein nach. Gott ist das Gut-Sein selbst, er ist seinem Wesen nach gut. Alles Gute, was die Geschöpfe an sich haben, ist von Gott. Der Mensch hat nichts Gutes aus sich, sondern er nimmt nur Teil am Gut-Sein Gottes, „an den Strahlen seiner Güte", sagt Thomas. Wer teilnimmt an einem anderen, ist diesem anderen untergeordnet.

Zweitens ist die menschliche Natur der Macht Gottes unterworfen. Gott wirkt auf die Geschöpfe ein, lenkt sie und hat alles in der Hand. Kein Sperling fällt zu Boden, ohne dass Gott es will oder zulässt. Kein Geschöpf, auch kein Mensch, kann etwas tun, was die Vorsehung Gottes nicht erlaubt.

Auf dieses Unterworfen-Sein unter die Macht und das Gut-Sein Gottes hat der Mensch keinen Einfluß. Ob er es weiß oder nicht, ob er es will oder nicht: er ist Gott untergeben.

Es gibt aber noch eine dritte Art der Unterordnung, und diese kann der Mensch mit seinem freien Willen beeinflussen: „Auf die dritte Art ist speziell die menschliche Natur Gott untergeben.

Weil sie vernünftig und frei handeln kann, kann sie freiwillig Gottes Geboten gehorchen."

Was für alle Menschen gilt, das gilt auch für den menschgewordenen Gottessohn. Auf alle drei Arten ist er dem Vater untergeben. Christus selbst zeigt uns durch seine Worte, dass er sich als Mensch in jeder der drei Hinsichten dem Vater unterwirft.

Als Mensch hat Christus alles Gute von Gott-Vater erhalten. Dem reichen Jüngling antwortet Jesus: „Was fragst du mich nach dem Guten? Einer ist gut, Gott." (Mt 19,17) Damit zeigt Christus, dass der Vater im Himmel seinem Gut-Sein nach größer ist, als er seiner Menschheit nach. Hieronymus merkt zu dieser Stelle an, dass der Jüngling Christus „guter Meister" genannt hatte und nicht „Sohn Gottes". Darum antwortet ihm Christus als Mensch und will ihn lehren, dass ein Mensch, auch wenn er heilig ist, im Vergleich mit Gott nicht gut ist. So gab Christus zu verstehen, dass er seiner menschlichen Natur nach nicht an die Fülle des göttlichen Gut-Seins heranreicht.

Auch im Hinblick auf die Macht und Vorsehung Gottes ist Christus als Mensch ganz dem Vater unterworfen. Alles, was die Menschheit Christi betrifft, wurde durch die Vorsehung Gottes angeordnet und gelenkt. Der Vater hat die Zeit und den Ort bestimmt für die Geburt Christi. Er hat alles so gefügt, dass Christus in Nazareth empfangen und in Bethlehem geboren wurde. Und so lenkte die Vorsehung alle Umstände des Lebens Jesu. Christus als Mensch war den Anordnungen des Vaters unterworfen wie ein Knecht den Anordnungen seines Herrn. Das gehört zum Geschöpf-Sein dazu, alle Geschöpfe sind Gottes Knechte und seinen Anordnungen unterworfen. In diesem Sinne sagt Paulus vom Sohn Gottes, dass er Knechtsgestalt angenommen hat (Phil 2,7).

Was das freiwillige Gehorchen betrifft, war niemand Gott so untergeben wie Christus. Das sagt der Herr selbst von sich: „Was ihm [dem Vater] wohlgefällig ist, tue ich immer." (Joh 8,29) Diese Unterwerfung unter den Vater durch den Gehorsam ging bei Christus bis zum äußersten, bis zum Tod. Darum sagt Paulus: „Er ist [dem Vater] gehorsam geworden bis zum Tod." (Phil 2,8)

Der dreifaltige Gott und die Welt

Bevor Michelangelo anfing, seinen Moses in Marmor zu mei-
ßeln, hatte er eine klare Vorstellung von diesem Moses im Kopf.
Er hämmerte nicht wild drauflos, sondern er wollte den Moses
schaffen, der vor seinem geistigen Auge stand. Das erste also
war die Vorstellung im Kopf. Michelangelo fand diese Idee gut,
er gewann sie lieb, so lieb, dass er sie ausführen wollte. Jedem
Werk eines Künstlers gehen also zwei Dinge voraus: der Plan,
also die konkrete Vorstellung im Kopf, und das Gutheißen dieses Planes, die Liebe zu diesem Plan. Erst diese Liebe führt dazu,
dass der Plan umgesetzt wird. Ideen, die uns nicht gefallen, verwerfen wir wieder.

Man kann also sagen, Michelangelo ist die Ursache des Moses-
Standbildes durch seinen Verstand, der den Plan entwarf, und
durch seinen Willen, der diesen Plan so guthieß, dass Michelangelo ihn ins Werk setzte.

Ähnliches gilt von Gott. Auch er ist Urheber der Welt durch seinen Verstand und seinen Willen. Gott denkt in seinem Verstand
einen Plan der Schöpfung, und in seinem Willen bejaht er diesen
Plan und setzt ihn um.

Doch Gottes Verstand und Gottes Willen sind nicht bloße Fähigkeiten, so wie unser Verstand und unser Wille Fähigkeiten unserer Seele sind. Gott ist sein Verstand und Gott ist sein Wille. Aus
seinem Verstand und seinem Willen gehen der Sohn und der Hl.
Geist hervor.

Was Gottvater denkt, das ist der Sohn, das geistige Wort Gottes,
der Begriff, den Gott in seinem Verstand trägt. In diesem Denken
des Vaters – Johannes nennt es „Wort" – ist die ganze Schöpfung enthalten, wie das Werk in seinem Plan enthalten ist. So ist
Gottvater Urheber der Welt durch den Plan in seinem Verstand,
oder besser gesagt durch das Wort in seinem Verstand, und das
ist der Sohn.

Mit dem Plan allein entsteht noch nicht die Welt. Gott muss
diesen Plan gutheißen und ihn umsetzen. Das geschieht durch

den Willen, durch die Liebe. Die Liebe Gottes aber ist der Heilige Geist.

Thomas sagt es kurz und knapp: „Gott ist die Ursache der Dinge durch seinen Verstand und seinen Willen, wie der Künstler Ursache seiner Kunstwerke ist. Der Künstler wirkt durch das Wort, das er in seinem Verstand trägt, und durch die Liebe, mit der sein Wille etwas bejaht. Daher hat auch Gottvater die Schöpfung geschaffen durch sein Wort, welches der Sohn ist, und durch seine Liebe, die der Heilige Geist ist."

Alle drei Personen der Dreifaltigkeit haben also mitgewirkt, als Gott die Welt schuf.

Im Credo der hl. Messe bekennen wir den Vater als „den Schöpfer des Himmels und der Erde, aller sichtbaren und unsichtbaren Dinge". Vom Sohn sagen wir: „Durch ihn ist alles erschaffen." Und den Hl. Geist nennen wir „den Herrn und Lebensspender". Wenn die ganze Dreifaltigkeit die Welt erschaffen hat, warum nennen wir dann nur den Vater eigens „Schöpfer"?

Vater, Sohn und Heiliger Geist haben die Macht, die Welt zu erschaffen. Aber diese Macht besitzt jede göttliche Person auf eine ihr eigene Art und Weise, nämlich so, wie sie auch ihre göttliche Natur besitzt.

Der Sohn hat sein Gott-Sein vom Vater erhalten; der Heilige Geist hat sein Gott-Sein vom Vater und vom Sohn empfangen. Ihre Schöpferkraft besitzen die drei göttlichen Personen auf die gleiche Weise, wie sie ihr Gott-Sein besitzen. Der Sohn hat die Schöpfermacht vom Vater, der Heilige Geist hat sie vom Vater und vom Sohn.

Nur den Vater nennen wir im Glaubensbekenntnis „Schöpfer", weil nur er die Kraft, zu erschaffen, von keinem anderen empfangen hat. Vom Sohn sagen wir, dass alles „durch ihn" erschaffen wurde, denn er hat die Schöpferkraft nicht aus sich selbst, sondern vom Vater. Er empfängt die Schöpferkraft und lässt sie wirken.

Der Heilige Geist hat diese Kraft vom Vater und vom Sohn, darum schreibt das Glaubensbekenntnis ihm zu, dass er beherrscht und regiert, was vom Vater durch den Sohn erschaffen wurde.

Gott ist die Exemplarursache der Geschöpfe

Wenn ein Maurer Steine in die Hand nimmt und anfängt zu mauern, dann braucht er eine Vorstellung von dem, was das werden soll. Sonst arbeitet er planlos. Meistens wird er einen Bauplan aus Papier haben, nach dem er die Wände aufstellt. Es würde aber auch reichen, wenn er im Kopf eine ganz klare Vorstellung von dem hat, was er bauen will.

Das gilt nicht nur für Maurer, sondern für alle Handwerker und Künstler: Wenn der Tischler die Säge ansetzt, muss ihm klar sein, was er aus diesem Brett machen will; er braucht einen Plan, wenigstens im Kopf. Der Kunstmaler braucht eine klare Vorstellung von dem, was er auf die Leinwand bringen will; oft leisteten die berühmten Künstler eine umfangreiche Vorarbeit und machten viele Entwürfe, bis sie das Kunstwerk wirklich ausführten. Diese Vorstellung, diesen Plan nennt Thomas exemplar, d. h. Vorbild: „Um ein Ding hervorzubringen, ist ein Vorbild nötig, nachdem das Ding geformt wird."

In der Natur geht es planmäßig zu. Wir stehen nicht einem riesigen Chaos gegenüber, sondern es ist alles geordnet. Ein Schwalbennest erkennen wir sofort, ebenso ein Spinnennetz, eine Bienenwabe. Die Sterne haben ihre Bahn, es gibt Ökosysteme mit präzisen Abläufen. Entsprechend stellt Thomas fest: „Es ist offensichtlich, dass die Dinge in der Natur nach einem bestimmten Plan gemacht sind und planmäßig wirken."

Und wo kommt dieser Plan her? Er muss in dem sein, der die Natur gemacht hat, so wie der Plan des Tisches im Geiste des Tischlers sein muss. Weil Gott der Schöpfer aller Dinge ist, muss in seinem Geist der Plan für alle seine Geschöpfe sein, er hat sich den Plan für das ganze Universum ausgedacht, er ist in seinem Verstand.

Was die Naturwissenschaftler nach und nach erforscht haben, den Körperbau, die Verhaltensmuster der Tiere, die Vorgänge in einem ökologischen Gleichgewicht usw., das war vor aller Schöpfung bereits im Geiste Gottes. Nach diesem Plan hat er die Welt erschaffen.

Darum ist Gott quasi das Vorbild der Welt; Thomas spricht davon, dass er die Exemplarursache ist: Die Geschöpfe stellen dar, was in Gottes Plan grundgelegt ist.

In dieser Sicht unterscheidet sich Thomas grundlegend von Platon. Platon dachte sich, dass die Urbilder der Dinge irgendwo stehen wie Gußformen für Schokoladen-Hasen. Diese Urformen nannte Platon „Ideen". Nach diesen „Ideen" seien alle Dinge geformt. Thomas gibt Platon zwar darin recht, dass alle Geschöpfe ein Urbild haben. Er korrigiert Platon aber darin, dass die Urbilder der Dinge nicht irgendwo stehen wie in einer Galerie. Sie existieren nicht an sich außerhalb von Gott, sondern diese Ideen sind im Geiste Gottes: In Gott sind die Urbilder aller Dinge.

Die Geschöpfe ahmen damit auf verschiedene Weise Gott nach. Sie machen Gedanken Gottes sichtbar, zeigen seine Vollkommenheit. Jede Blume spricht uns davon, was Gott über die Blumen gedacht hat und macht eine Vollkommenheit Gottes sichtbar: die Schönheit. So ist Gott das Vorbild aller Dinge.

Thomas setzt sich wie immer auch mit Einwänden auseinander: Wie kann Gott Vorbild aller Dinge sein, wo doch die Dinge himmelweit von Gott verschieden sind? Gott ist Geist, die Dinge hingegen sind materiell, Gott ist vollkommen, die Geschöpfe haben Mängel, Gott ist unendlich, die Geschöpfe begrenzt. Thomas antwortet: Gott ist nicht so Urbild der Geschöpfe, wie der Vater Urbild seiner Söhne ist. Die Geschöpfe sind ihrer Art nach ganz verschieden von Gott. Trotzdem sind sie Gott ähnlich, nämlich so wie das gemauerte Haus dem Plan ähnlich ist, den der Baumeister im Kopf hat. Der Plan im Kopf des Baumeisters ist etwas Geistiges, man kann ihn nicht anfassen, er hat keine Ausdehnung, er ist nicht aus Stein, sondern nur etwas Gedachtes, das keinen Platz braucht. Und doch ist ihm das Haus aus Steinen ähnlich, das man anfassen kann, und das Raum einnimmt.

Die Geschöpfe verwirklichen, materialisieren also einen Plan, der in Gott auf geistige Weise existiert und der gleichzeitig etwas aussagt über seine Vollkommenheit. So können wir in den Geschöpfen etwas von der Herrlichkeit Gottes entdecken: Unser Verstand abstrahiert in der Betrachtung des sichtbaren Ge-

schöpfs die geistige Idee Gottes, die zur Erschaffung dieses Ge-
schöpfs geführt hat.

Ähnlichkeit mit Gott

Wie ähnlich sind die Geschöpfe ihrem Schöpfer? Immer wieder beschäftigt sich Thomas mit dieser Frage. Auch da, wo er sich über die Vollkommenheit Gottes Gedanken macht, erörtert Thomas diese Frage.

Zwei Dinge sind sich ähnlich, wenn sie eine ähnliche Form haben. Das kann auf unterschiedliche Weise geschehen.

Zwei Dinge können genau die gleiche Form besitzen, wie zum Beispiel zwei Kaffeelöffel derselben Marke. Solche Dinge sind nicht nur ähnlich, sondern gleich. Sie können die gleiche Form aber auch auf unterschiedliche Weise besitzen. So haben ein Kaffeelöffel und ein Suppenlöffel zwar die gleiche Form, aber auf unterschiedliche Art. Auf beide Weisen ist kein Geschöpf Gott ähnlich.

Es gibt aber noch eine dritte Art von Ähnlichkeit: Zwei Dinge können sich ähnlich sein, indem sie zwar etwas gemeinsam haben, das Gemeinsame aber auf wesentlich andere Weise besitzen.

Die Sonne ist eine Ursache für das Wachstum der Pflanzen. Es gilt aber der Grundsatz: Jede Wirkung ist ihrer Ursache ähnlich (omne agens agit sibi simile). Also sind die Pflanzen der Sonne irgendwie ähnlich. Zwar nicht so, wie der Kaffeelöffel dem Suppenlöffel ähnlich ist, denn sie sehen nicht aus, wie die Sonne, sie leuchten nicht. Und trotzdem haben sie etwas von der Sonne in sich: sie speichern ihre Energie und werden so selber zu Energielieferanten. In diesem Punkt sind sie der Sonne ähnlich. Gemeinsam ist der Sonne und den Pflanzen, dass sie Energie in sich haben und weitergeben können. Allerdings besitzen die Sonne und die Pflanzen die Energie auf wesentlich andere Weise. Die Sonne ist gewissermaßen die Energie selbst, die Pflanzen haben von ihrer Energie einen winzig kleinen Tropfen erhalten.

So sind auch die Geschöpfe Gott ähnlich. Gott ist ihre Ursache, darum müssen sie etwas von Gott in sich haben. Das Gemeinsame zwischen Gott und den Geschöpfen ist das Sein. Die Geschöpfe besitzen das Sein aber auf wesentlich andere Weise als es Gott besitzt. Gott ist das Sein schlechthin, er ist der „Ich bin", die Geschöpfe haben nur ein winziges Sein von Gott empfangen, einen kleinen Tropfen von seiner Fülle.

Im dritten Teil der Summa macht sich Thomas Gedanken über die Annahme der Menschen an Kindesstatt. In diesem Zusammenhang kommt er wieder auf die Ähnlichkeit der Geschöpfe mit Gott zu sprechen und zwar auf die Ähnlichkeit mit dem Sohn Gottes, dem Wort Gottes.

Dem Wort Gottes kann ein Geschöpf auf drei verschiedene Weisen ähnlich sein, d. h. mit seiner Form übereinstimmen. Da Gott durch das Wort alles erschaffen hat (Joh 1,2), ist das Wort sozusagen der „Bauplan" für die ganze Welt.

Ein Geschöpf kann mit diesem Wort übereinstimmen wie das Haus mit dem Plan, den der Architekt im Kopf hat. Das Haus ist zwar ein ganz andersartiges Ding als die Idee im Kopf des Architekten. Das Haus kann man anfassen, die Idee im Kopf des Architekten nicht, das Haus kann man kaputt machen, die Idee ist etwas Geistiges und damit unzerstörbar. Und dennoch ist das Haus dem Plan ähnlich. Es setzt ihn um. Ebenso sind auch die Geschöpfe materiell, die Idee von ihnen im Geiste Gottes ist dagegen geistig und trotzdem sind sie ähnlich. So ist jedes Geschöpf dem Wort Gottes ähnlich.

Ein Geschöpf kann dem Wort Gottes auch ähnlich sein, wie das Wissen im Kopf des Schülers dem Wissen im Kopf des Lehrers ähnlich ist. Der Lehrer hat sein Wissen an den Schüler weitergegeben. Jetzt ist es im Kopf des Schülers. Auf diese Weise sind die vernünftigen Geschöpfe, die Engel und die Menschen, Gott ähnlich. Sie können denken und wollen. Beides tut auch Gott.

Und schließlich kann ein Geschöpf dem Wort Gottes dadurch ähnlich sein, dass es mit Gottvater ähnlich verbunden ist, wie das Wort Gottes mit dem Vater. Und das geschieht durch die Gnade und die Liebe. Diese verbinden uns mit Gott. Darum betet der Herr (Joh 17,21-22) „Wie du, o Vater, in mir und ich in dir, so sollen auch sie in uns eins sein."

Wir hängen an Gott

Ein Tischler baut einen Schrank normalerweise so, dass der Schrank ohne weitere Hilfe alleine stehen bleiben kann. Kein Tischler stellt einen Schrank her, neben dem er stehen bleiben muss, um ihn zu halten, damit er nicht umfällt. Wenn es schon Menschen gelingt, etwas herzustellen, was existieren kann, ohne dass es gehalten werden muss, dann um so mehr Gott. Es muss für Gott also problemlos möglich sein, die Welt so zu schaffen, dass sie ohne ihn existieren kann. Klingt logisch – ist aber falsch.

„Gott trägt alles durch das Wort seiner Allmacht", heißt es im Hebräerbrief (1,3). Und Thomas schreibt: „Man muss notwendig sagen, sowohl auf Grund des Glaubens als auch auf Grund der Vernunft, dass die Geschöpfe von Gott im Sein erhalten werden." Damit ist nicht gemeint, dass Gott von seinen Geschöpfen fernhält, was sie zerstören kann. Er bewahrt uns nicht bloß so, wie ein Babysitter auf ein Kind achtet, damit es nicht ins Wasser und nicht ins Feuer fällt. Gott tut mehr. Er bewahrt das Dasein der Geschaffenen an sich und unmittelbar: „Das Sein (esse) eines jeden Geschöpfes hängt so von Gott ab, dass es nicht einen Augenblick bestehen könnte, sondern ins Nichts versinken würde, wenn das Wirken Gottes es nicht im Sein erhalten würde."

Thomas erklärt mit einem Bild, wie alles Geschaffene in jedem Augenblick von Gott abhängt. Die Luft draußen wird hell, wenn die Sonne scheint. An einem strahlenden Sonnentag sieht die Luft aus, als wäre sie selber gleißendes Licht. Ihr Leuchten hat sie aber alleine von der Sonne.

Die Sonne leuchtet durch ihre Natur. Als Stern gehört es zu ihrem Wesen, dass sie stahlt. Die Luft hier auf der Erde bekommt etwas ab vom Licht der Sonne. Sie nimmt teil am Licht der Sonne. So wird die Luft hell. Trennt man die Luft von den Sonnenstrahlen ab, ist sie dunkel. Die Luft in der leeren Regentonne ist so lange hell, wie die Sonne in die Tonne scheint. Macht man den Deckel zu, ist die Luft darin dunkel.

Wie die Luft am Licht der Sonne teilnimmt, so nehmen wir Geschaffene am Sein Gottes teil. Wir haben es nur, solange er uns damit anstrahlt. Würden wir abgeschnitten von ihm, hätten wir so viel Sein, wie die Luft in der verschlossenen Regentonne Licht hat, nämlich keines.

Aber warum kann der Tischler etwas, was Gott nicht kann, nämlich etwas herstellen, was ohne ihn weiter existieren kann? Der Tischler ist Ursache des Schrankes; Gott ist Ursache der Geschöpfe, beide aber auf einer ganz anderen Ebene.

Gott ist Ursache des Seins (esse) der Dinge, der Tischler ist nur Ursache des Werdens (fieri) des Schrankes. Gott hat die Geschöpfe aus Nichts gemacht. Der Tischler kann nicht aus Nichts einen Schrank herstellen. Er braucht Holz, Dübel, Schrauben, Beschläge. Diesen Dingen gibt er nur eine neue Form, die Form des Schrankes, und diese Form behalten sie bei, wenn er seine Arbeit abgeschlossen hat. Er kann sie formen, weil sie schon da sind. Nur die Form ist also vom Tischler, nicht das Sein. Das Dasein des Schrankes hängt vom Dasein des Holzes, der Dübel und Schrauben ab. Würden diese Dinge verschwinden, wäre auch der Schrank nicht mehr.

Gott ist der Schöpfer von allen Dingen. Er kann nicht machen, dass ein Geschöpf anderswoher seine Existenz bekommt. Darum kann er auch nicht machen, dass die Geschöpfe existieren können, ohne dass er ihnen das Sein mitteilt, jeden Augenblick.

„Gott kann einem Geschöpf nicht die Kraft verleihen, dass es im Sein erhalten bleibt, wenn seine Tätigkeit aufhört; wie Er ihm auch nicht verleihen kann, dass Er nicht die Ursache seines Seins wäre. Denn insoweit bedarf das Geschöpf der Erhaltung durch Gott, als das Sein der Wirkung abhängt von der Ursache des Seins.“

Er trägt das Weltall
durch sein machtvolles Wort

Wenn die Mutter auf das Kind achtgibt, damit es nicht ins Wasser fällt und ertrinkt, dann trägt sie dazu bei, dass das Kind weiter existiert; sie erhält es dadurch im Dasein. Zwar gibt sie ihm nicht das Dasein direkt – sie hat das Kind ja nicht erschaffen –, aber indirekt, indem sie das fernhält, was das Dasein des Kindes zerstören könnte.

So hält Gott von manchen seiner Geschöpfe fern, was ihnen schaden könnte. Es gibt Geschöpfe, die keine natürlichen Feinde haben, die Sterne zum Beispiel. Manche Geschöpfe aber lässt er verschwinden, zugunsten von anderen. Er schützt das Gras nicht davor, von den Schafen abgeweidet zu werden und er bewahrt die Fliege nicht vor dem Spinnennetz.

Gott sorgt aber noch auf ganz andere Weise, dass die Geschöpfe weiterhin da sein können. Alle Dinge hängen von dem ab, von dem sie gemacht wurden.

„Ein jedes Geschöpf hängt so von Gott ab, dass es keinen einzigen Augenblick existieren könnte, sondern ins Nichts zurückfallen würde, wenn es nicht durch die Kraft des göttlichen Wirkens im Dasein erhalten werden würde."

Um das näher zu erklären, unterscheidet Thomas verschiedene Arten, wie eine Ursache von ihrer Wirkung abhängen kann. Wenn ein Architekt ein Haus baut, dann hängt dieses Haus irgendwie von ihm ab. Es wäre ohne ihn nicht da. Er gibt diesem Gebäude seine Form.

Ähnlich hat Gott alle Geschöpfe gemacht. Er hat sie sich ausgedacht und ihnen ihre Gestalt gegeben. Aber das ist noch nicht alles. Gott und Architekt unterscheiden sich nämlich in einem ganz grundlegenden Punkt: Der Architekt hat das Haus nicht aus nichts gemacht. Sondern er hat dazu Steine, Mörtel und Balken verwendet. Diese waren schon da, bevor der Architekt zu bauen begann. Ohne sie hätte er nicht bauen können. Er hat dieses Baumaterial nur in die Form gebracht. Das Haus hängt ebenso von diesen Baumaterialien ab, wie vom Architekt. Würden die Steine und der Mörtel sich in nichts auflösen, könnte der Plan des Architekten das Haus auch nicht im Sein erhalten.

Gott dagegen hat seinen Geschöpfen nicht nur die Form gegeben. Es war nichts da, was er hätte formen können. Er hat sie aus nichts gemacht. Damit ist er auf ganz andere Weise Ursache seiner Geschöpfe als der Architekt Ursache seines Bauwerks ist.

Thomas führt ein anderes Beispiel an, um zu beschreiben, wie die Geschöpfe von Gott abhängen: Wenn die Sonne scheint, wird es draußen hell. Geht die Sonne unter, ist es dunkel. Die Luft kann das Sonnenlicht nicht speichern. Genau so verhalten wir Geschöpfe uns Gott gegenüber. Solange er uns das Sein gibt, sind wir da, würde er uns nicht mehr anstrahlen mit seinem Sein, wären wir sofort verschwunden wie das Licht nach Sonnenuntergang. Wir können das Sein nicht speichern.

Das Wesen der Sonne ist das Leuchten. Die Luft kann darin die Sonne nicht nachahmen, sie kann nicht selber leuchten. Die Luft kann nur teilnehmen an dem Licht, das sie von der Sonne empfängt. Sie nimmt also nur an der Wirkung der Sonne (dem Hell-Sein) teil, nicht am Wesen der Sonne (dem Leuchten).

Das Wesen Gottes ist das Sein. „Ich bin, der ich bin", sagt Gott zu Moses. Darin können wir Geschöpfe Gott nicht nachahmen. Wir können nur einen kleinen Teil erhalten von dem Sein, das er spendet.

Wie die Luft nicht selbständig hell sein kann, so können wir nicht selbständig da sein. Wir sind nur unter der Voraussetzung da, dass Gott uns in jedem Augenblick von seinem Sein etwas mitteilt.

Für Gott ist es nicht anstrengend, die Dinge im Sein zu erhalten, er muss nicht jeden Augenblick neu etwas unternehmen, damit wir nicht verschwinden. Sondern er setzt einfach die Handlung fort, durch die er uns das Sein gegeben hat. Er wirkt also ganz kontinuierlich, so wie auch die Sonne ganz kontinuierlich die Helligkeit in der Luft erhält.

Das Ziel der Welt

Ein Pfeil fliegt schnurgerade auf die Zielscheibe zu und trifft ins Schwarze. Der Pfeil ist blind, er hat keine Augen, kein Radar; er sieht die Zielscheibe nicht. Und trotzdem fliegt er direkt auf das Ziel zu. Der Bogenschütze hat das Ziel gesehen, er hat den Pfeil genau darauf gerichtet und abgeschossen.

Ein Ding muss also nicht selber das Ziel sehen, um es zu treffen. Es kann von einem anderen auf das Ziel hin ausgerichtet werden. Der Grashalm sieht nicht, wozu er da ist. Er weiß nicht, welchem Ziel er dient. Er erkennt nicht, welche Stelle er in der Nahrungskette einnimmt. Und trotzdem dient er einem Ziel.

„Wir sagen, dass ein Ding für ein Ziel handelt, wenn es von einem anderen auf das Ziel hin bewegt oder ausgerichtet wird. Wie der Pfeil vom Bogenschützen direkt auf die Zielscheibe hinbewegt wird. Der Bogenschütze erkennt das Ziel, nicht der Pfeil."

Dieses Beispiel zeigt etwas, was ganz grundlegend ist, um die Welt zu verstehen:

„Wie die Bewegung des Pfeiles auf ein bestimmtes Ziel hin offensichtlich zeigt, dass der Pfeil von jemand Richtung erhalten hat, der das Ziel sieht, ebenso sicher zeigt der Lauf der natürlichen Dinge, die keine Erkenntnis haben, dass die Welt von einer Vernunft gelenkt wird."

Tatsächlich zeigt sich überall in der Natur, dass der „Lauf der natürlichen Dinge" zweckmäßig ist, also ein Ziel verfolgt: die Biologen sprechen von Nahrungskette, von Ökosystem, vom natürlichen Gleichgewicht ... In ihnen dient ein Ding dem anderen. Ein Wesen hat ein anderes zum Ziel. Tatsächlich funktionieren die Ökosysteme in den Wäldern, Wiesen und Flüssen schon jahrtausendelang. Sie funktionieren gut, sonst wären sie schon längst zusammengebrochen.

Thomas schreibt: „Wir sehen, dass in den natürlichen Dingen immer oder meistens das geschieht, was das bessere ist. Das wäre nicht der Fall, wenn nicht eine Vorsehung die natürlichen Dinge ausrichten würde auf das Ziel des Guten. Das bedeutet aber, die

Welt zu lenken." Es muss also Einen geben, der alle Dinge der Welt in eine Ordnung gebracht und auf ein Ziel ausgerichtet hat.

Das haben schon die Heiden erkannt. Thomas verweist auf Aristoteles und Cicero. Bei ihnen hat er diesen Gedanken gefunden: „Wer ein Haus betritt, in dem alles gut geordnet ist, der bedenkt, dass der Hausherr einen guten Ordnungssinn hat."

Kurz gesagt: In der Natur sind die einen Dinge auf die anderen ausgerichtet. Weil sie selber das Ziel nicht erkennen, dem sie dienen, muss ein Anderer sie auf das Ziel ausgerichtet haben, wie der Schütze den Pfeil. Es gibt also einen Lenker der Welt. Er lenkt diejenigen, die selber das Ziel nicht erkennen.

Welches Ziel verfolgt dieser göttliche Lenker? Thomas fasst es in die Worte: „Das Ziel der Lenkung der Welt ist das, was seinem Wesen nach gut ist. Alles zielt darauf ab, daran teilzunehmen und ihm ähnlich zu werden." „Seinem Wesen nach gut" ist Gott allein. Er selbst ist also das Ziel der Welt.

Er ist nicht so Ziel, als ob ihm alle Dinge dienen müssten, ohne selbst einen Nutzen davon zu haben. Diesem Ziel dienen heißt, selber besser zu werden. Gott ist selber gut, er schenkt den Geschöpfen, was sie Gutes an sich haben. Gottes Lenkung macht, dass die Dinge ihm ähnlich sind.

Er lässt die Sonne teilnehmen an seinem Gut-Sein und schenkt ihr ein Stückchen von seiner Kraft und Herrlichkeit. Er lässt die Blumen teilnehmen an seiner Schönheit und schenkt ihnen ein Stückchen von seiner Pracht. „Die Geschöpfe werden Gott ähnlich … im Hinblick darauf, dass Gott gut ist und auch die Geschöpfe gut sind."

Und wozu das alles? Zu welchem Zweck? Sie sollen das Gut-Sein Gottes zeigen und ihn so verherrlichen. Das ist ihr Ziel, dazu sind sie da. Das Buch der Sprüche sagt prägnant: „Alles hat Gott seinetwegen gemacht." (Spr 16,4)

Der gute Gott und das Übel

Wer nur für einen einzigen Birnbaum zu sorgen hat, der würde am liebsten Amseln und Drosseln ausrotten. Sie fressen die Birnen an. Für die Birnen wäre es am besten, es gäbe keine gefräßigen Vögel.

Wer sich aber nicht nur um einen einzigen Birnbaum zu kümmern hat, sondern um den ganzen Garten, dem sind auch die Vögel wichtig. Was wäre ein Garten, in dem kein Vogel singt, in dem keine Amsel von einem Baum zum anderen flattert? Wer für das Ganze Sorge trägt, der nimmt in Kauf, dass ein paar Birnen kaputtgehen. Ihr Untergang ist Lebensgrundlage für die Vögel.

Mit dieser Überlegung antwortet Thomas auf einen Einwand gegen die Vorsehung Gottes. Der Einwand lautet so: „Jeder, der klug ist und für etwas zu sorgen hat, schließt davon, soviel er kann, allen Schaden und alles Üble aus. Tatsächlich sehen wir aber viele Übel in den Dingen. Entweder kann Gott diese nicht verhindern, und dann ist er nicht allmächtig, oder er kümmert sich nicht um alle Dinge."

Weder noch, antwortet der heilige Gelehrte. Das Übel hat einen anderen Grund: „Wer nur Sorge trägt für einen kleinen Bereich, der schließt – soweit er kann – jeden Schaden von dem aus, was seiner Sorge anvertraut ist. Wer dagegen für das Ganze vorsorgt, lässt für manche Teile einen Schaden zu, damit nicht das Gut des Ganzen behindert wird."

Was für die Birnen und die Amseln gilt, das gilt ganz allgemein: „Der Schaden des Einen dient zum Wohl eines Anderen oder sogar zum Wohl der ganzen Welt."

Gott kümmert sich um das Ganze, um alles, was ist, um alles, was war, um alles, was sein wird. Er lässt bestimmte Mängel zu, weil es für das Ganze so besser ist. Es klingt paradox: „Wenn alles Böse verhindert werden würde, würde dem Ganzen viel Gutes fehlen."

Mit anschaulichen Beispielen illustriert Thomas dieses Wort: Die Löwen könnten nicht leben, wenn Gott verhindern würde, dass andere Tiere getötet werden. Noch könnten wir Gott preisen für die Geduld der Märtyrer, wenn die Christen nicht verfolgt worden wären. Das ist nicht allein die Idee des hl. Thomas. So dachte auch schon Augustinus. Thomas zitiert ihn hier: „Der allmächtige Gott ließe auf keine Weise etwas Böses bei seinen Werken zu, wenn er nicht so allmächtig und gut wäre, auch aus dem Bösen Gutes zu schaffen." (Enchiridion c. 11)

Ist dann Gott der Urheber des Schlechten? Der gelehrte Heilige unterscheidet zwischen schlechten Handlungen und schlechten Dingen: Eine Handlung ist schlecht, wenn ihr etwas fehlt, was da sein müsste. Der Handelnde versagt in irgendeiner Hinsicht. Ein Wort ist schlecht, wenn es nicht mit der Wirklichkeit übereinstimmt. Dann hat der Sprechende versagt. Gott ist nie Urheber von solchen Mängeln. Gott ist das Sein, er kann nicht Urheber eines Mangels, eines Nicht-Seins sein.

Anders sieht es aus bei den Dingen. In ihnen gibt es etwas „Schlechtes", insofern sie kaputtgehen können. Für das einzelne Ding ist das ein Übel, sein Dasein hört auf. Und die Ursache von diesem „Schlechten" in den Dingen ist tatsächlich Gott. Er hat die Welt so geschaffen, dass es Dinge gibt, die kaputtgehen können und es auch wirklich tun: „Die Ordnung in der Schöpfung verlangt, dass es Dinge gibt, die verderben können, und auch manchmal verderben. Gott schafft in den Dingen, was gut ist für das ganze Weltall. Und als Folge davon wirkt er beiläufig, dass manche Dinge zerstört werden." Wenn Gott Amseln schafft, die von Natur aus gerne Obst fressen, dann ist er die Ursache dafür, dass die eine oder andere Birne verdirbt.

Das gilt nicht nur von den Dingen. Thomas geht noch weiter: „Zur Ordnung des Weltalls gehört auch die Ordnung der Gerechtigkeit. Diese verlangt, dass Sünder bestraft werden. So ist Gott der Urheber des Übels, mit dem jemand bestraft wird. Er ist aber nie Urheber der Schuld." So ist es am besten für das Ganze.

Ewige und menschliche Gesetze

Auf dem Wohnzimmertisch steht ganz unerwartet ein Blumenstrauß. Von selbst drängt sich uns die Frage auf: Wer hat ihn da hingestellt? In dieser konkreten Situation wenden wir einen allgemeingültigen Grundsatz an, nämlich den Satz: Alles, was ist, braucht eine passende Ursache. Dieser Grundsatz hilft uns hier weiter: Es ist ausgeschlossen, dass der Strauß von selbst entstand, und auch die Katze kann es nicht gewesen sein, sie ist keine passende Ursache für einen Blumenstrauß. Allgemeine Denk-Grundsätze helfen uns also, über konkrete Situationen richtig zu denken und richtig zu urteilen. Wie es Grundsätze gibt, die für unser Denken gelten, so gibt es auch allgemeingültige Grundsätze, die für unser Handeln gelten. Sie helfen uns, in konkreten Situationen das Richtige zu tun.

Die obersten Grundsätze für unser Handeln nennt Thomas „ewiges Gesetz – lex aeterna". Ein Gesetz ist eine Anweisung eines Herrschenden, die sagt, was zu tun oder zu lassen ist. Gott ist der Herr der Welt. Er lenkt alles durch seine Vorsehung. Er gibt allen Dingen Anweisungen. Durch das Erschaffen hat er angeordnet, wie die Dinge sein und handeln sollen. Die Sonne soll scheinen, die Vögel sollen fliegen und die Würmer kriechen. Die Menschen sollen vernünftig sein. Gott hat von Ewigkeit her an die Schöpfung gedacht, der Plan der Schöpfung lag in seinem Denken bereit, lange bevor er sprach: „Es werde". In diesem Plan sind Anweisungen für alle Geschöpfe eingeschlossen. Daraus schließt Thomas: „Deshalb ist der Plan, durch den Gott als der Herrscher des Weltalls alles regiert, ein Gesetz." Und zwar ein ewiges Gesetz, weil es schon ewig in den Gedanken Gottes ist.

Zum Beispiel hat Gott sich schon immer den Menschen gedacht als ein Wesen, das nicht Gedanken lesen kann wie die Engel, das dafür aber sprechen kann. Er hat für den Menschen die Sprache vorgesehen als das Mittel, um Informationen auszutauschen.

Die DIN-Norm für Papier steht im Regelwerk des Instituts für Normung, sie ist aber auch in jedem genormten Blatt Papier. An einem DIN-A4-Blatt kann man sie fast so gut ablesen wie aus dem Normen-Merkblatt.

So ist die Norm für die Schöpfung im Geist Gottes. Dieser Plan ist das, was die Regel festlegt und normt. Man kann sie aber auch aus den Geschöpfen herauslesen, denn sie sind das Genormte. Thomas sagt es so: „Da das Gesetz Regel und Richtmaß ist, kann es auf zweierlei Weise in jemandem sein: einmal in dem, der regelt und mißt; das zweite Mal in dem, was geregelt und bemessen wird; denn etwas wird insoweit geregelt und gemessen, als es an einer Regel oder einem Richtmaß teilhat."

So nehmen alle Geschöpfe am ewigen Gesetz Gottes teil. Sie sind so gebaut, wie es dem Plan Gottes entspricht. Dem Menschen hat Gott eine Hinneigung gegeben, dass er so handelt, wie es seinem Wesen entspricht. Zum Beispiel entspricht es dem Wesen des Menschen, durch die Sprache Informationen auszutauschen. Darum hat der unverdorbene Mensch die Neigung, die Sprache dafür zu benutzen, und scheut vor der Lüge zurück, denn die Lüge pervertiert die Sprache: Sprache ist da zur Information. Wer lügt, verwendet sie zur Desinformation.

Der gelehrte Heilige stützt sich auf ein Wort des hl. Paulus im Römerbrief: „Die Heiden erfüllen aus reinem Antrieb der Natur die Forderungen des Gesetzes."

Durch diese Hinneigung zu dem, was dem menschlichen Wesen entspricht, nimmt der Mensch teil am ewigen Gesetz Gottes – wie das DINA4-Blatt an der DIN-Norm. Diese Teilnahme nennt Thomas „natürliches Gesetz – lex naturalis".

Das ewige und das natürliche Gesetz sind die Grundsätze des menschlichen Handelns. Von diesen Grundsätzen müssen wir ableiten, wie wir in jeder konkreten Situation richtig handeln. Manche Situationen sind so häufig, dass es sich lohnt, die Anwendung schriftlich festzuhalten. Das geschieht durch menschliche Gesetze. Das Bürgerliche Gesetzbuch sagt zum Beispiel im § 123, dass Verträge anfechtbar sind, die jemand geschlossen hat, weil er von einem anderen arglistig getäuscht wurde.

Machen Gesetze die Menschen besser?

Aristoteles hatte zu dieser Frage eine klare Meinung: „Es ist der Wille eines jeden Gesetzgebers, dass er die Menschen zu guten Menschen macht." (Ethic, lib.1 cap. 13)

Der heilige Thomas schließt sich dieser Lehre an und begründet das so: Ein Gesetz ist nichts anderes als die vernünftige Anordnung eines Leitenden, durch die er die Untergebenen lenkt. Die Aufgabe der Untergebenen ist es, gute Untergebene zu sein. Und auch hier stützt sich der heilige Lehrer wieder auf Aristoteles: „Die Tugend eines jeden Untergebenen besteht darin, dass er sich gut dem Oberen unterwirft." (Politeia, lib.1)

Gesetze helfen den Untergebenen, sich gut ihrem Oberen unterzuordnen. Das ist ja geradezu der Sinn eines jeden Gesetzes: Es fordert Gehorsam ein, leitet zum Gehorchen an. Wer das Gesetz befolgt, übt die Tugend, die ihm als Untergebenem zukommt. Wer Tugend hat, ist gut.

Hier aber unterscheidet Thomas zwei Arten von Gesetzen: die einen machen den Menschen schlechthin gut, die anderen nur in einer speziellen Hinsicht.

Wenn der Gesetzgeber durch seine Gesetze die Menschen zum Gemeinwohl (bonum commune) anleiten will, wie es dem Willen Gottes entspricht, dann macht ein solches Gesetz die Menschen schlechthin gut. Nicht alle Gesetzgeber genügen diesem hohen Anspruch.

Manchmal will der Gesetzgeber durch seine Gesetze nur erreichen, dass alles zweckmäßig abläuft, dass alle genügend Vergnügen haben, oder er will sogar mit seinen Gesetzen etwas erreichen, was dem Willen Gottes nicht entspricht. Solche Gesetze machen den Menschen nicht an sich gut, sondern sie machen ihn nur innerhalb eines solchen Regimes zu einem „guten" Untertan. Er ist dann in dem Sinn ein „guter" Untertan, wie man einen schlauen, erfahrenen Dieb einen „guten" Dieb nennen kann.

Natürlich kann man dagegen einiges einwenden. Mit vier Einwänden setzt sich der gelehrte Heilige auseinander:

Nicht Gesetze würden den Menschen besser machen, sondern nur die Tugenden. Dazu bemerkt Thomas, dass das Gesetz für die Tugenden eine wichtige Bedeutung hat. Das Gesetz will zu guten Gewohnheiten verhelfen. Gute Gewohnheiten aber sind sowohl für die erworbenen als auch für die von Gott eingegossenen Tugenden wichtig; freilich auf unterschiedliche Weise: „Bei beiden Arten von Tugenden bewirkt die Gewöhnung an das Tugendwerk etwas, aber auf unterschiedliche Weise: die erworbene Tugend wird gerade durch die Gewohnheit erworben; die eingegossene Tugend wird durch die Gewohnheit vorbereitet; und die eingegossene Tugend, die bereits vorhanden ist, wird durch die Gewohnheit bewahrt und gefördert."

Ein anderer Einwand gibt zu bedenken, dass ein Mensch nicht gut werde, weil er dem Gesetz gehorche, sondern dass er schon gut sein müsse, damit er dem Gesetz gehorche.

Thomas weist diesen Einwand zurück, mit einem Argument, das seine Menschenkenntnis verrät: Nicht alle gehorchen dem Gesetz, weil sie tugendhaft und gut sind. Sondern manche gehorchen, weil sie sich vor der Strafe fürchten oder weil sie die Anordnung des Gesetzes einfach für vernünftig halten.

Der dritte Einwand weist auf Menschen hin, die sich den Gesetzen und der Allgemeinheit gegenüber zwar gut verhalten, in eigener Sache aber nicht gut sind.

Das ist für Thomas' Begriff von einer guten Gesellschaft schlichtweg unmöglich. Das Ganze kann nicht gut sein, außer es ist aus guten Gliedern zusammengesetzt. „Daher ist es unmöglich, dass es um das Allgemeinwohl einer Gesellschaft gut steht, wenn nicht die Bürger tugendhaft sind, wenigstens die, denen es zukommt zu leiten."

Wie aber steht es mit den Gesetzen eines Tyrannen? Ein Tyrann sucht nicht das Wohl seiner Untergebenen, sondern nur seinen eigenen Nutzen. Solche Gesetze können die Menschen doch nicht gut machen!

In der Antwort des Heiligen zeigt sich wieder der Stellenwert, den bei ihm die Vernunft einnimmt: „Weil ein tyrannisches Gesetz nicht der Vernunft entspricht, ist es an sich kein Gesetz, sondern eine gewisse Verkehrtheit des Gesetzes, eine perversitas legis."

Quellenangaben:

V. Teil – Die letzten Dinge

VI. Teil – Gott und die Welt